2024

BLF

Original-Prüfungsaufgaben
mit Lösungen

Thüringen

Deutsch 10. Klasse

STARK

19. ergänzte Auflage
www.stark-verlag.de

Inhalt

Sobald die **Original-Prüfungsaufgaben 2023** freigegeben sind, können sie als PDF auf der Plattform **MyStark** heruntergeladen werden (Zugangscode vgl. Umschlaginnenseite).

Autorinnen und Autoren:

Karin Klett:	Prüfungsaufgaben 2 / 2016, 3 / 2017
Birgit Raida:	Prüfungsaufgaben 4 / 2018, 3 / 2019, 2 / 2021, 2 / 2022
Sunnihild Schmidt:	Hinweise
Michaela Stocker:	Prüfungsaufgabe 3 / 2022
Redaktion:	Prüfungsaufgaben 1,3 und 4 / 2016; 1, 2 und 4 / 2017; 1, 2 und 3 / 2018; 1, 2 und 4 / 2019; 1–4 / 2020; 1,3 und 4 / 2021; 1 und 4 / 2022

Vorwort

Liebe Schülerin, lieber Schüler,

dieses Buch soll Ihnen helfen, sich auf die **Besondere Leistungsfeststellung im Fach Deutsch in der Klasse 10** des Gymnasiums vorzubereiten.

Zunächst werden die allgemeinen **Grundlagen** zur Durchführung der Besonderen Leistungsfeststellung und die Anforderungen speziell im Fach **Deutsch** beschrieben, damit Sie wissen, was Sie in der Prüfung erwartet. Außerdem erhalten Sie **Hinweise für Ihre Arbeitsorganisation** während der Prüfung. Zu den verschiedenen Aufgabentypen finden Sie wichtiges **Basiswissen**, das zur erfolgreichen Bearbeitung notwendig ist.

Der Band enthält **Original-Prüfungsaufgaben** (**2016 bis 2022** im Buch, **2023** online) sowie **ausformulierte Lösungsvorschläge** unserer Autorinnen und Autoren. Allen Lösungsvorschlägen gehen – mit ✎ gekennzeichnet – konkrete **Bearbeitungshinweise** voraus, die Ihnen hilfreiche Tipps für die Gestaltung Ihres Aufsatzes geben.

Für die **Arbeit mit diesem Buch** empfehlen wir Ihnen folgende Vorgehensweisen:

- Versuchen Sie zunächst, die Aufgaben gänzlich selbstständig zu bearbeiten, um Ihre Lösungen im Anschluss mit den Musterlösungen zu vergleichen und ggf. Verbesserungen vorzunehmen.
- Fällt es Ihnen schwer, die Anforderungen einer Aufgabe zu erfassen, erarbeiten Sie sich auf der Grundlage des jeweiligen Basiswissens und/oder der Bearbeitungshinweise zuerst eine Gliederung und schreiben dann den Aufsatz.
- Auch können Sie die Möglichkeit nutzen, einzelne Aufsatzteile gezielt zu trainieren. Hierfür orientieren Sie sich mithilfe der Randspalten in den Musterlösungen und stellen Vergleiche zu Ihren eigenen Lösungen her.
- Sie trainieren einzelne Aufsatzteile gezielt und vergleichen dann Ihre Teillösungen mit den Lösungsvorschlägen im Buch.
- Für die unmittelbare Prüfungsvorbereitung ist die konzentrierte Lektüre von Basiswissen und Aufgabenlösungen nützlich.

Sollten nach Erscheinen dieses Bandes noch **wichtige Änderungen** für die Besondere Leistungsfeststellung 2024 vom Kultusministerium bekannt gegeben werden, erhalten Sie **aktuelle Informationen** dazu im **Internet** unter:
www.stark-verlag.de/mystark

Viel Erfolg bei der Besonderen Leistungsfeststellung!

Die Autorinnen und Autoren

Hinweise und Tipps

1 Die Besondere Leistungsfeststellung

Die Besondere Leistungsfeststellung (BLF) ist eine Qualifikation im Werdegang eines Gymnasiasten. Alle Schülerinnen und Schüler der 10. Klasse an einem Thüringer Gymnasium sind **verpflichtet, an der Besonderen Leistungsfeststellung teilzunehmen**. Bestehen sie die Prüfung, steht der Aufnahme in Klasse 11 nichts mehr im Wege. Mit der bestandenen BLF hat man einen **Abschluss** erreicht, der mit der Abschlussprüfung an der Regelschule zu vergleichen ist und als solcher auch akzeptiert wird.
Es gibt für die BLF einen Haupttermin, der jedes Jahr neu und zentral festgelegt wird, sodass alle Prüflinge am selben Tag die Aufgaben bearbeiten. Für erkrankte Schülerinnen und Schüler gibt es die Möglichkeit, die Prüfung nachzuholen, ebenfalls mit zentral gestellten Aufgaben, die bis zu einem eventuellen Abruf der Schule beim Schulamt unter Verschluss bleiben.
Grundlage für alle Entscheidungen und Vorgehensweisen sind die Thüringer Schulordnung in der jeweils geltenden Fassung, der gültige Lehrplan für das Gymnasium sowie die Bildungsstandards in den einzelnen Fächern für den Mittleren Schulabschluss.

2 Inhalt der Prüfung im Fach Deutsch

Im Fach Deutsch werden Sie aufgefordert, einen Aufsatz zu schreiben, also etwas zu tun, was Ihnen seit vielen Jahren vertraut ist. Die zur Bearbeitung vorgesehene Zeitspanne beträgt **3,5 Stunden** (210 Minuten). In diesem Zeitraum wählen Sie **eine von vier zentral gestellten Aufgaben** aus und verfassen einen entsprechenden Lösungstext.

In der Regel kommen die folgenden **Aufgabentypen** vor, wobei diese auch miteinander kombiniert sein können:

1. Nichttextgebundene Erörterung/Freie Erörterung
2. Textgebundene Erörterung
3. Interpretation literarischer Texte (meistens zwei der vier Aufgaben)
4. Analyse eines Sachtextes

3 Hinweise zu den einzelnen Aufgabenstellungen

3.1 Die nichttextgebundene Erörterung

Die nichttextgebundene Erörterung verlangt die Auseinandersetzung mit einem Ausspruch, einem Zitat oder einer Problemstellung in umfassender und aussagekräftiger Form. Hierfür ist es notwendig, dass Sie zum jeweiligen Thema über ein gewisses **Faktenwissen** verfügen, also an den Zusammenhängen interessiert sind und Zeitungsberichte verfolgt haben. In der Ausarbeitung sollten Sie die verschiedenen möglichen Aspekte und **Sichtweisen der Problemstellung** verdeutlichen, diese mit Beispielen aus dem eigenen Erfahrungsbereich oder der Literatur belegen und entsprechende Schlussfolgerungen ziehen, die in einem Fazit oder einer Zusammenfassung deutlich gemacht werden.
Es gibt zwei verschiedene Formen der Erörterung: die **dialektische** oder die **lineare/steigernde**. Meist ergibt sich aus der Aufgabenstellung, welche Form der Erörterung notwendig ist. Ein Beispiel für eine Aufgabenstellung, die eine lineare Erörterung verlangt, könnte wie folgt lauten: „Legen Sie dar, weshalb man sich ehrenamtlich engagieren sollte.“ Hier sollen nur Gründe angeführt werden, die für ehrenamtliches Engagement sprechen. Dagegen läuft eine Themenstellung wie die der textgebundenen Erörterung von 2020 auf eine dialektische Erörterung hinaus: „Erörtern Sie auf der Grundlage der Argumentation im Text und Ihrer Erfahrung die These aus der Überschrift.“

In beiden Fällen ist Ihre **Argumentation** das zentrale Element. Sie ist eine Art Beweisführung, die sich aus miteinander verknüpften Argumenten zusammensetzt. Beachten Sie die Dreiteilung eines Arguments in: These – Beweis/Begründung – Beispiel(e). Um die Gültigkeit Ihrer Behauptungen zu festigen, gibt es verschiedene Möglichkeiten der Beweisführung:

- **Faktenargument**
  Eine These wird durch eine unbestreitbare Tatsachenaussage untermauert.
  Beispiel: „Immer mehr Eltern und Lehrer wollen sich und ihren Kindern das ‚Schaulaufen‘ rechtsgesinnter Schüler […] ersparen. Einige Berliner Schulen haben in den vergangenen Monaten entsprechend ihre Schulordnungen ergänzt und das Tragen derartiger Kleidungsstücke verboten.“
- **Autoritätsargument**
  Eine These wird dadurch fundiert, dass man sich auf einen Fachmann oder eine Expertin beruft, der bzw. die sich zum betreffenden Thema geäußert hat.
  Beispiel: „Professor Henning Haase, Markt- und Kommunikationspsychologe, weiß, warum Statussymbole für junge Menschen so wichtig sind: ‚Solche Symbole signalisieren: Ich bin wer. […]‘ “.

- **Normatives Argument**
  Eine These wird gestützt, indem man sie mit allgemeinen oder weithin akzeptierten Wertmaßstäben (Normen) verknüpft. (Beachten Sie: In der Gesellschaft gibt es verschiedene und zum Teil voneinander abweichende Normen.)
  Beispiel: „Eine generelle Löschung von Beiträgen, die sogenannter Hatespeech zugerechnet werden, halte ich für problematisch. Die im Grundgesetz verankerte Meinungsfreiheit ist ein zu hohes Gut, als dass sie durch solche Maßnahmen beschnitten werden sollte."
- **Indirektes Argument**
  Eine These wird durch Aufzeigen des Gegenteils als nicht stichhaltig entkräftet.
  Beispiel: „Der Meinung, dass Hausaufgaben wenig sinnvoll seien, kann ich mich nicht anschließen, denn das Erledigen der Hausaufgaben verlangt ein konzentriertes Wiederholen, was das Vergessen des Stoffs verhindert."
- **Erfahrungsargument**
  Hier wird auf gemeinsame Erfahrungen Bezug genommen.
  Beispiel: „Den Vorschlag zu einem zeitlich begrenzten Verzicht auf das Smartphone finde ich sinnvoll. Wer kennt es nicht, dass man reflexartig zum Handy greift, auch wenn die Situation dies gar nicht erfordert?"

Bei der **dialektischen Erörterung** haben Sie in Ihrem Aufsatz sowohl Argumente für als auch gegen die Aussage in der Aufgabenstellung zu finden. Sie müssen sich bei dieser Art der Erörterung nicht von Anfang an auf eine Seite festlegen. Wägen Sie zunächst **Pro und Kontra** ab und entscheiden dann, welcher Standpunkt der überzeugendere ist.
Häufig ist ein Zitat oder der kurze Ausschnitt aus einem Text Grundlage der freien Erörterung. Ebenso denkbar ist ein Sprichwort oder ein Aphorismus.
Bei der Entscheidung für dieses Thema und die kontroverse Erörterung ist zu bedenken, ob man **ausreichend Argumente** für beide Seiten des Problems findet. Es gilt immerhin, einen Aufsatz zu schreiben, der als umfangreich zu bezeichnen ist. Der Text soll im Durchschnitt etwa 800–1100 Wörter umfassen, auch wenn es dafür keine genauen Angaben gibt.
Sie sollten also gut überlegen und per **Stoffsammlung** Ihre Argumente sortieren, um einen Überblick zu erlangen. In diesem Fall ist es sehr sinnvoll, die Beispiele aus verschiedenen Erfahrungsbereichen zu wählen, also etwa Schule, Privatleben, Gesellschaft, Literatur, Politik.
Sehr gut sind Argumente, die Sie anhand von Beispielen aus Ihrer persönlichen Lektüre belegen. Dabei kommt es gerade bei der dialektischen Erörterung darauf an, dass Sie verdeutlichen, **wie Sie sich selbst positionieren**, zu welchen Handlungsweisen, Einsichten und Erkenntnissen Sie durch das Verhalten von Figuren aus der Literatur oder anderen Bereichen gelangt sind. Zudem sollten Sie stets

darauf achten, dass der Aufsatz **sprachlich und stilistisch** auf dem gleichen Niveau bleibt und nicht in die Umgangssprache abgleitet. Eine Ausnahme ist allenfalls möglich, wenn Sie ein Zitat einbeziehen möchten, das wichtig erscheint. Die Anordnung der Argumente, Beispiele und Erkenntnisse muss stets nachvollziehbar und in der Abfolge aufeinander abgestimmt sein. Achten Sie auf die Textverknüpfung, eine korrekte und abwechslungsreiche Satzbildung, den intentionsgerechten Ausdruck, Wortvielfalt und sprachliche Originalität.

Als Einführung Ihrer kontroversen Gedanken können Sie zum Beispiel folgende Formulierungsansätze verwenden:

- dennoch
- (da) aber
- jedoch
- wenngleich
- dem gegenüber
- bedenkenswert ist jedoch auch …
- einerseits – andererseits
- allerdings ist es …
- außerdem
- ergänzend
- es spricht daher dafür/dagegen …
- durchaus denkbar ist …
- ohne Einschränkung gilt …
- einschränkend ist zu sagen …
- hinzufügen muss man jedoch …
- auch wenn … möglich erscheint …

Dies sind nur einige Anregungen, die verdeutlichen, dass es sich hier um eine Erörterung handelt, die sowohl zustimmende als auch ablehnende Argumente und Einsichten enthält.

Besondere Bedeutung erhält in diesem Zusammenhang auch Ihr **Fazit**. Überlegen Sie gut, womit Sie grundlegende Erkenntnisse verdeutlichen. Wenn möglich, gehen Sie auf Ihren Aufsatzbeginn ein, sodass Ihr Text eine abgerundete Einheit darstellt. Vielleicht beginnen Sie mit einem Beispiel, auf das Sie wieder zurückkommen. Oder Sie stellen eine Frage, die den Leser/die Leserin zum Weiterdenken anregt. Berücksichtigen Sie dabei: Die Lehrkraft, die Aufsätze korrigiert, hat eine große Anzahl von Texten zu den gleichen Themen zu lesen. Ihr wird das Besondere gefallen. Nehmen Sie sich also Zeit, um die Schlusspassage möglichst zu einem inhaltlichen und sprachlichen Höhepunkt zu gestalten.

Ist in der Aufgabenstellung die Bearbeitungsrichtung des Themas schon vorgegeben, geht es darum, entweder Pro-Argumente oder Kontra-Argumente zu sammeln und sinnvoll steigernd anzuordnen. Es gilt also, eine **lineare/steigernde Erörterung** zu verfassen. Ihre Argumente sollten Sie überlegt anordnen: Beginnen Sie mit dem schwächsten und enden Sie mit dem stärksten, um die Leser Ihres Aufsatzes von Ihren Ansichten zu überzeugen. Für welchen Standpunkt Sie argumentieren, ist entweder durch die Aufgabenstellung vorgegeben oder kann von Ihnen bestimmt werden: **Pro oder Kontra**. Hier geht es also darum, eine von vornherein feststehende Position zu begründen.

Die Schwierigkeit dieser Erörterungsform liegt darin, sich argumentativ nicht ständig zu wiederholen. Ihre Aussagen sollten Sie interessant aufbauen und Beispiele **aus vielen verschiedenen Erfahrungsbereichen** verwenden, um glaubhaft zu erscheinen. Stilistisch gilt auch hier, dass der Aufsatz ein einheitliches Niveau aufzuweisen hat. Achten Sie besonders im Schlussteil darauf, da häufig am Ende einer Prüfung die Konzentration nachlässt und man dazu neigt, oberflächlich zu werden. Ebenso sollten Sie die Schlusspassage der linearen/steigernden Erörterung interessant und fesselnd gestalten.

Einige Beispiele für die gelungene Einleitung eines Arguments in der linearen Erörterung sind:

- daher
- in diesem Fall
- besonders
- hervorzuheben ist …
- es zeigt sich wiederum …
- umso mehr muss man …
- auch/ebenso
- daraus kann man schlussfolgern …
- unweigerlich führt dies zu …
- es ist unerlässlich …
- dafür spricht …
- ohne Zweifel
- ausnahmslos
- keinesfalls

3.2 Die textgebundene Erörterung

Hier steht die **Auseinandersetzung mit einem Text** im Vordergrund. Deshalb ist die oberste Grundregel: Arbeiten Sie mit dem vorliegenden Material, beziehen Sie es in die Argumentation ein. Zitieren Sie immer dann, wenn es wichtig ist, die Position des Verfassers/der Verfasserin zu verdeutlichen, oder wenn sie gegen diese Stellung beziehen möchten. Sie sollten klären, was Sie für richtig, für diskussionswürdig oder für falsch halten und warum. In Ihrer Argumentation müssen Sie natürlich Thesen formulieren, Fakten, Belege und Beispiele suchen und logisch schlussfolgern (zum Argumentieren vgl. Seite II f.). Es handelt sich also in der Erörterung um eine Auseinandersetzung zwischen der Position, die im Ausgangstext dargelegt wird, und derjenigen des bzw. der Schreibenden.

Als **Textgrundlage** werden häufig **Zeitungsartikel** verwendet, also Texte, die mehr oder minder aktuell sind. Die Textgrundlagen können aus völlig verschiedenen Bereichen stammen (z. B. Gesellschaft, Jugendleben, Politik). Es kann sich um wissenschaftliche Texte handeln, jedoch genauso gut um einen Redeausschnitt, einen Kommentar, eine Kolumne oder eine Stellungnahme, häufig in der Form eines Leserbriefes. Man unterscheidet Zeitungstexte (bzw. Sachtexte) im Allgemeinen nach der Absicht des Verfassers /der Verfasserin:

- informierende Textsorten: Nachricht, Bericht, Reportage, Interview;
- kommentierende Textsorten: Kommentar, Glosse, Kritik, Rezension;
- appellative Textsorten: Leserbrief, offener Brief, Werbung, Rede /Aufruf.

Es ist auch möglich, dass Ihnen als Grundlage der textgebundenen Erörterung ein literarischer Text begegnet, also zum Beispiel eine Fabel oder eine Parabel. Achten Sie also darauf, ob es sich um einen fiktionalen (literarischen) Text oder einen nicht fiktionalen (Zeitungstext/Sachtext) handelt, denn Ihre Aussagen werden auch auf die Herkunft des Textes eingehen und entsprechend unterschiedlich zu gestalten sein. Ziehen Sie für Ihre Aussagen die **Zitate aus der Textgrundlage** heran. Achten Sie auf eine große Vielfalt von Formulierungen und vermeiden Sie Wiederholungen.
Häufig finden Sie in der Aufgabenstellung zu einer textgebundenen Erörterung auch eine Kombination aus einem Text und einer Statistik, einer tabellarischen Übersicht oder einem Diagramm. Diese Materialien sollten Sie in Ihre Ausführungen als Beweismittel einbeziehen. Sie bieten die Möglichkeit, eigene Sichtweisen zur Thematik des Textes zu unterstützen oder auch zu hinterfragen. Bei der Einbeziehung derartiger Materialien sollten Sie logisch und geordnet vorgehen, sodass Ihren Aussagen ein nachprüfbarer Wert zukommt. Achten Sie dabei auf besondere Informationen, wie zum Beispiel Jahreszahlen, Befragungsart, Anteil der angegebenen Daten in Hinblick auf die Gesamtheit usw. Meistens enthält das Zusatzmaterial in Fußnoten oder in der Überschrift relevante Hinweise, die Sie unbedingt miteinbeziehen müssen. Sehen Sie in einer solchen grafischen Veranschaulichung der Thematik eine Chance, die eigenen Gedanken zu erweitern und Beweise nachprüfbarer zu machen.

3.3 Interpretation literarischer Texte

Bei dieser Aufgabenstellung nähern Sie sich dem Verfasser bzw. der Verfasserin mehr als in der Erörterung. Als Prüfling sollen Sie erkennen, welche **Botschaft der Text** transportieren möchte. Sie befinden sich gewissermaßen als „Detektiv“ auf der Spur des Dichters/der Dichterin und überlegen, welchen Gehalt der vorliegende Text hat. Dabei müssen Sie natürlich bedenken, in welcher Zeit und unter welchen Umständen er entstand. Ebenso ist es Ihre Aufgabe, die **Sprache** intensiv zu betrachten und herauszufinden, wie diese die Aussage des Werkes unterstreicht (Sprachniveau, Stil, Stilmittel, Reimformen …). Schließlich muss es Ihnen gelingen, **Inhalt und Form als Einheit** zu sehen, denn ein Text „lebt“ durch seine sprachliche Form.

Für die Gestaltung einer Interpretation ist die folgende **Anordnung** hilfreich:
1. Einordnung des Textes (Titel, Verfasser/-in, Erscheinungsjahr, literarische Epoche, biografische Fakten [falls bekannt], Textart, Thema)
2. Inhaltliche Zusammenfassung in kurzer, angemessener Form
3. Punktuelle Arbeit an wichtigen Textaussagen (Was wird wo wie ausgesagt?)

4. Detailanalyse von Form, Sprache und Inhalt bei

lyrischen Texten	**dramatischen Texten**	**epischen Texten**
• lyrischer Sprecher/lyrisches Ich	• Kommunikationssituation	• Erzählperspektive, Erzählhaltung
• lyrische Stimmung	• Handlung	• Handlung
• Aufbau	• Aufbau	• Aufbau
• Reime, Rhythmus	• Figurencharakteristik	• Figurencharakteristik
• direkte/indirekte Bilder	• Gesprächsverhalten und Redeanteile	• Darstellung von Ort und Zeit
• Strophen, Verse	• Konflikte und ihre Entwicklung	• Konflikte und ihre Entwicklung
• sprachliche Mittel	• sprachliche Mittel	• sprachliche Mittel

5. Zusammenfassung der Erkenntnisse

Dabei ist es wichtig, Aussagen zum Inhalt mit den entsprechenden sprachlichen Erscheinungsformen zu kombinieren. Literatur ist Sprache und existiert nicht „neben“ ihr. Sie dürfen auf keinen Fall Inhalt und Sprache getrennt bearbeiten. Fügen Sie also immer **Textausschnitte/Zitate** ein und zeigen Sie damit, dass Sie am und mit dem Text und seiner sprachlichen Form arbeiten können.

Im Bereich der **Prosa** kann es sich um unterschiedliche Textformen handeln. Zu rechnen ist mit einer Kurzgeschichte, einer Fabel, einer Anekdote, einer Kalendergeschichte, einer Satire oder einem Ausschnitt aus einer längeren Erzählung bzw. Novelle. Hierbei sollte man die entsprechenden **Merkmale dieser Gattungen** kennen und sie am Text nachweisen.

Bei **Gedichten** sind viele Formen und Arten möglich. Häufig tauchten in den vergangenen Prüfungsjahrgängen auch moderne Fassungen auf, die mit freien Rhythmen experimentieren und ohne Reimform sind. Teilweise wirken sie durch die äußere Form besonders interessant und sprechen junge Menschen mehr an als die traditionelle Lyrik. Denkbar sind Texte der Gedanken- und Ideenlyrik, der Liebes- und Stimmungslyrik, politische Gedichte oder auch Balladen. Volksliedhafte Formen sind ebenfalls vorstellbar. Hier ist es notwendig, dass Sie die **Formen und Genres** in ihren Merkmalen beschreiben und diese am vorgegebenen Beispiel belegen können.

Bei **Dramenaufgaben** kommen Ausschnitte aus einem Drama infrage. Da Sie das Drama nicht immer kennen werden, ist es wichtig, Zusatzinformationen zum Szenenkontext, die sich vor oder nach dem Auszug finden, zu berücksichtigen.

Welche Aufgabe Sie auswählen, ist sicher eine Frage persönlicher Vorlieben. Grundsätzlich sind die Arbeitstechniken bei den literarischen Aufgaben jedoch die gleichen und unterscheiden sich nur in den zu betrachtenden Aspekten (s. o.).

3.4 Analyse eines Sachtextes

Bei einer Textanalyse besteht Ihre Aufgabe darin, einen Sachtext hinsichtlich all seiner Aspekte zu untersuchen. Dazu gehört neben dem **Inhalt des Textes** auch dessen **Aufbau** und die **sprachliche Gestaltung**. Es kommt darauf an, die Untersuchungsergebnisse zusammenhängend und gut gegliedert darzustellen. Als Untersuchungsgegenstand kommen journalistische und populärwissenschaftliche Texte, aber auch Reden und Essays infrage. Um einen Text in seiner Gesamtheit verstehen zu können, muss man unbedingt die kommunikativen Zusammenhänge (Wirkungsabsicht des Autors/der Autorin, Verwendungszweck des Textes, Zielgruppe, Veröffentlichung) beachten.

Im **Einleitungsteil** sollten Sie das Thema des Textes benennen und dessen Kerninhalt wiedergeben, indem Sie die Absichten des Autors bzw. der Autorin herausstellen. Zudem sollte die Einleitung die wichtigsten Angaben zum Text (Autor/-in, Titel, Textsorte, Erscheinungsdatum, Quelle) enthalten.

Im **Hauptteil** ist die Eigenart des gegebenen Sachtextes herauszuarbeiten. Geben Sie hierzu die wesentlichen Inhalte in Form einer Textzusammenfassung wieder. Auch auf den Aufbau des Textes sollten Sie dabei eingehen, indem beispielsweise die Gedankenführung des Autors/der Autorin oder der Argumentationsaufbau des Textes herausgearbeitet wird. In einem zweiten Schritt setzen Sie sich mit auffälligen sprachlichen Gestaltungsmitteln auseinander. Achten Sie hierbei nicht nur auf besondere Stilmittel, sondern auch auf Auffälligkeiten im Bereich des Satzbaus und der Wortwahl. Wichtig bei der Analyse der sprachlichen Mittel ist, den Zusammenhang mit der Wirkung des Textes zu beachten und korrekt zu zitieren. Sie können Ihre Beobachtungen zur Sprache strukturieren, indem Sie diese auf übergeordnete Absichten des Autors/der Autorin beziehen.

Im **Schlussteil** bietet es sich an, die Analyseergebnisse zu bündeln und abschließend zu beurteilen, ob es dem Autor/der Autorin gelungen ist, seine bzw. ihre Absichten zu realisieren und einen sprachlich wirkungsvollen Text zu gestalten. Auch die eigene Position zu einer im Text behandelten Fragestellung kann dargelegt werden.

4 Arbeitsschritte

Bei der Bearbeitung der Aufgaben müssen Sie konzentriert und planmäßig vorgehen, sich also die verfügbare **Zeit gut einteilen**.
Der erste Arbeitsschritt besteht in der **Entscheidung für ein Thema**. Hier spielen persönliche Neigungen und Interessen sowie Vorlieben für bestimmte Aufgabenarten mit Sicherheit eine Rolle. Dennoch ist jeder gut beraten, nicht voreilig

zu handeln, sondern mehrfach sorgfältig die Formulierungen der Fragen zu lesen, sie zu durchdenken und erst nach Abwägung der Vor- und Nachteile eine Entscheidung zu fällen. Steht fest, welche der vier angebotenen Aufgaben gelöst werden soll, geht es an die Planung und Arbeit. Hier helfen Unterstreichungen und Notizen sowohl in der Aufgabenstellung als auch im zugehörigen Text weiter.
Im Anschluss erarbeiten Sie eine **Gliederung**, nach der Sie sich im Arbeitsprozess stets richten können. Wichtig ist eine logische, klare Strukturierung, ein „roter Faden“, der sich durch die gesamte schriftliche Darstellung zieht.
Es hat sich gezeigt, dass das Erstellen eines vollständigen Entwurfes mit anschließender Reinschrift zeitlich nicht zu bewältigen ist. Sinnvoll aber ist eine ausreichende **Stoffsammlung**, deren Material man den einzelnen Gliederungspunkten zuordnet. Erst dann beginnen Sie mit dem **Schreiben des Aufsatzes**.
Das als **Hilfsmittel** zugelassene Wörterbuch zur deutschen Rechtschreibung sollte bei Unsicherheiten genutzt werden. Kalkulieren Sie auch Zeit ein, um den Gesamtaufsatz noch mindestens ein Mal **auf Fehler durchlesen** zu können.

5 Inhalt des vorliegenden Bandes

Dieser Band enthält die **Prüfungsaufgaben** aus den vergangenen Jahren jeweils mit Lösungsvorschlägen.
Die **angebotenen Lösungsaufsätze** stellen keine einzig gültigen Musterlösungen dar, an die Sie sich sklavisch halten müssen. Selbstverständlich können jeweils auch andere Aspekte und Meinungen angeführt werden.
Allen Aufgaben sind **Bearbeitungshinweise** vorangestellt. Diese sollen Ihnen die ersten Schritte beim Durchdringen des Themas erleichtern und Sie auf zentrale Gesichtspunkte aufmerksam machen. Außerdem deuten diese Hinweise Schwerpunkte der Bearbeitung an und ersetzen zu einem gewissen Teil eine Gliederung. Sie dienen Ihnen als ein Gerüst, das Sie durch das Thema führt. Dabei gehen die Bearbeitungshinweise immer von der Aufgabenstellung aus und versuchen, diese zu verdeutlichen.

Thüringen – Besondere Leistungsfeststellung Deutsch 2016
Aufgabe 1: Nichttextgebundene Erörterung

„Ich schlief und träumte, das Leben sei Freude.
Ich erwachte und sah, das Leben war Pflicht.
Ich handelte, und siehe, die Pflicht war Freude.“

Rabindranath Tagore (indischer Dichter und Philosoph 1861–1941)

Quelle: http://www.aphorismen.de/zitat/194929 (12. 06. 2015)

Arbeitsauftrag

Erörtern Sie die Position des Autors.

Lösungsvorschlag

*Für die Bearbeitung der hier geforderten **freien Erörterung** müssen Sie zunächst die Kernaussage von R. Tagores Aphorismus genau erschließen. Die Herausforderung besteht darin, dass in dem Sinnspruch drei einzelne Aussagen einander gegenübergestellt werden: (1) Im Traum erschien dem Sprecher das Leben zunächst als reine Freude, doch (2) in der Wirklichkeit, nach dem Erwachen, zeigte sich das Leben dann als Pflicht. Am Schluss (3) werden beide Aspekte vom Sprecher zusammengeführt und positiv gewendet: Durch eigenes Handeln entpuppte sich die reale Pflicht zugleich als Freude.*

Die Aufgabenstellung verlangt von Ihnen eine argumentative Auseinandersetzung mit dieser Sichtweise auf das Leben und lässt dabei offen, ob die Erörterung linear oder dialektisch anzulegen ist. Sehen Sie die Aussage eher kritisch, sollten Sie Pro- und Kontra-Argumente gegeneinander abwägen. Stimmen Sie dem Autor zu, ist ein lineares Vorgehen ratsam, bei dem Sie Tagores Position mit überzeugenden Argumenten und Beispielen unterstützen und belegen. In beiden Fällen müssen Sie beachten, dass der zentrale dritte Satz „Ich handelte, und siehe, die Pflicht war Freude" nicht diskutiert werden kann, ohne die darin enthaltene Behauptung aus dem vorherigen Satz („das Leben [ist] Pflicht") zu thematisieren. Vor dem Schreiben sollten Sie auf einem Konzeptblatt stichpunktartig Ihre Argumente und Belege sammeln sowie eine Aufsatzgliederung anfertigen, die Ihre Gedanken strukturiert und Ihnen hilft, nicht vom Thema abzukommen.

*Führen Sie in Ihrer **Einleitung** mit einem interessanten Gedanken zum Thema hin und fassen Sie die zu erörternde Position des Autors mit eigenen Worten zusammen. Im **Hauptteil** erläutern Sie Ihre Argumente mit anschaulichen Beispielen aus verschiedenen Lebensbereichen. Es liegt hierbei nahe, eigene Erfahrungen einzubringen. Wenn Sie dafür die Ich-Perspektive wählen, müssen Sie sich besonders bemühen, sachlich zu bleiben und verallgemeinerbare Beispiele auszuführen. Schließlich sollen Sie keinen persönlichen Erfahrungsbericht vorlegen, sondern ein Zitat für die Allgemeinheit nachvollziehbar erörtern. Beachten Sie grundlegend das Steigerungsprinzip eines erörternden Textes (wichtigstes Argument am Ende). Am **Schluss** können Sie Ihre Ausführungen z. B. in Form eines Appells oder Ausblicks abrunden.*

Einleitung

Hinführung zum Thema

Wer kennt sie nicht, die Träume, aus denen man einfach nicht aufwachen möchte? Wenn man in Schokoladeneis badet oder olympisches Gold erreicht, wenn sich einfach alles luftig, locker und wunderbar leicht anfühlt. Irgendwann aber ist immer Schluss. Man wacht auf und erkennt, dass alles nur ein schöner Traum war und nun das echte, anstrengende Leben ruft. Diesen Zusammenhang hat auch der indische Dichter und Philosoph

Rabindranath Tagore aufgegriffen und in dem folgenden Spruch positiv gewendet: „Ich schlief und träumte, das Leben sei Freude. Ich erwachte und sah, das Leben war Pflicht. Ich handelte, und siehe, die Pflicht war Freude."

Auslegung des Aphorismus

Man kann Tagores Worte so verstehen: Das Leben bringt viele Pflichten mit sich und besteht nicht – wie im schönen Traum – nur aus Freude. Wird man jedoch aktiv und nimmt das Leben mit all seinen Herausforderungen an, entpuppen sich diese Pflichten oftmals als Freude. Mit dieser Sichtweise setzt sich die folgende Erörterung näher auseinander. Dabei soll gezeigt werden, dass sie sich in verschiedenen Lebensbereichen bestätigen lässt.

Hauptteil

Leben als Pflicht

Zunächst ist zu fragen, was dafür spricht, dass sich das Leben häufig als Pflicht zeigt. „Pflicht" wird dabei in Tagores Sinn als Gegenstück zu einer unbeschwerten, erträumten „Freude" verstanden – also vor allem als Aufgabe, die man übernehmen muss, und als Verantwortung für sich selbst und andere.

Schulpflichten

Der Blick auf eine normale Schulwoche zeigt schnell, dass das Leben viele Aufgaben bereithält. Kinder und Jugendliche sind dazu verpflichtet, zur Schule zu gehen, um in Fächern wie Mathematik, Deutsch, Biologie und Geschichte wichtige Dinge für den späteren Lebensweg zu lernen. Lehrer prüfen die Leistungen ihrer Schüler in Tests und Klassenarbeiten, für die manche sehr lange lernen und üben müssen. Das ist in der Tat anstrengend und hat nichts mit reiner Freude zu tun. Die Schule soll gewissermaßen auf den Ernst des Lebens vorbereiten: Wenn man nicht lernt, richtig zu schreiben und sich gut auszudrücken, kann man später auch keine guten Bewerbungen schreiben und daher vielleicht nicht den gewünschten Beruf ausüben. Richtig rechnen zu können, ist zum Beispiel wichtig, um später mit Steuererklärungen, Stromrechnungen und Versicherungen zurechtzukommen. Gerade die Eltern weisen uns deshalb immer wieder auf die Pflicht zum Lernen hin.

Verantwortung in der Familie übernehmen

Aber auch nach der Schule, in der Freizeit, gibt es so einige Pflichten, die an jeden von uns herangetragen werden. Ich denke da vor allem an meine Mitverantwortung im Haushalt und in der Familie. Jeden zweiten Sonntag ist es zum Beispiel meine Aufgabe, bei meinen Großeltern den Rasen zu mähen und je nach Jahreszeit auch beim Hecke- und Bäumebeschneiden zu helfen. Ebenso muss ich jeden Donnerstag meine Mutter beim Wocheneinkauf und der Wäsche unterstützen. Als ältester

Sohn wird außerdem von mir verlangt, dass ich auf meine jüngere Schwester aufpasse und mich um sie kümmere. Das fängt damit an, dass ich morgens mit ihr frühstücke und Zähne putze. Manchmal, wenn meine Eltern länger arbeiten müssen, soll ich meine Schwester auch vom Kindergarten abholen und muss dafür dann das Fußballtraining ausfallen lassen. Meine Klassenkameraden ohne jüngere Geschwister haben es da leichter, denn sie müssen nicht so viel Verantwortung übernehmen.

Pflicht als Freude

Nun behauptet Tagore in seinem Sinnspruch, dass sich die Pflichten im Leben als Freude erweisen können, wenn man handelt. Auch damit hat er meines Erachtens recht.

Freude in der Schule

Natürlich bringt die Schule viele Pflichten mit sich. Doch es hilft nicht, den Kopf in den Sand zu stecken und sich von den Aufgaben abschrecken oder sogar entmutigen zu lassen. Dann würde man die schönen Seiten des Schülerseins ja verpassen! So machen viele Schulfächer in der Tat auch Spaß und sind nicht nur eine lästige Pflicht.

– Interessen

Neben dem Sportunterricht freue ich mich beispielsweise besonders auf Mathe und Chemie. Es liegt mir einfach, mit Zahlen und Formeln umzugehen, weshalb mir die Herausforderungen in diesen Fächern gefallen.

– Erfolge

Hinzu kommt, dass das Lernen oft auch zu Erfolgen führt, mit denen dann nicht nur meine Eltern zufrieden sind, sondern über die vor allem ich selbst mich freue. Gerade dann, wenn man sich richtig anstrengen muss, um gut vorbereitet eine Klassenarbeit zu schreiben, ist man nachher sehr stolz und glücklich, mit einer guten Note belohnt zu werden.

– Freundschaften

Was mir an der Pflicht, zur Schule zu gehen, aber am meisten Freude bereitet, sind schließlich die Freundschaften, die ich dort geschlossen habe. In der ersten Klasse habe ich meinen besten Freund kennengelernt. Schon in der Grundschule saßen wir nebeneinander, haben zusammen für Tests gelernt, uns gegenseitig geholfen und in den Pausen dann Quatsch gemacht. Ohne meine Schulfreunde, mit denen man lachen und Spaß haben kann, wäre die Schulzeit nur halb so schön.

Freude in der Familie

Ähnliches gilt für die oben genannten Alltagspflichten in der Familie. Auch wenn ich hin und wieder keine Lust habe, die Gartenarbeit bei meinen Großeltern zu erledigen, so ist es doch toll, wenn ich sehe, wie sie sich über meinen Einsatz und das Ergebnis freuen.

– anderen Freude bereiten

Freude bedeutet nämlich auch, anderen Menschen eine Freude zu machen. Meine Großeltern sind in jedem Fall dankbar, dass ich sie unterstütze. Genauso schätzt es meine

Mutter, wenn ich die schweren Einkäufe und Flaschenkisten in die Wohnung trage. Dass ich für meine kleine Schwester zudem Mitverantwortung übernehme, hat mir ebenfalls schon oft Freude bereitet. Ich habe beispielsweise miterlebt, wie sie zum ersten Mal ohne Stützräder selbst Fahrrad gefahren ist, weil ich an diesem Nachmittag auf sie aufgepasst habe. Sie hat stolz und glücklich bis über beide Ohren gestrahlt. Das war toll zu sehen. Ohne die Pflicht hätte ich dies vermutlich verpasst. Außerdem bekomme ich es immer wieder mit, wie froh meine Schwester ist, mich als großen Bruder zu haben, der sie auf dem Spielplatz vor groben Kindern ganz selbstverständlich beschützen würde. Das macht auch mich stolz und glücklich, sodass ich die Verantwortung, mich um sie zu kümmern, nicht abgeben möchte.

– Stolz und Glück teilen

Ein Leben ohne Pflichten, ohne Verantwortung und persönliche Aufgaben – gibt es das überhaupt? Und wenn ja: Würde dann nicht etwas fehlen? Ich denke, dass Tagore mit seinem Spruch eine tolle positive Sichtweise auf das Leben bietet. Die Dinge haben oft im ersten Augenblick nur eine Seite. Wenn man sich jedoch auf eine Sache einlässt, sei es das Lernen oder die Pflichten in der Familie, dann zeigt sich schnell, wie viel mehr diese mit sich bringen kann. Also stellt euch ruhig euren Pflichten, denn sie können euch und anderen viel Freude bereiten!

Schluss mit Appell

Thüringen – Besondere Leistungsfeststellung Deutsch 2016
Aufgabe 2: Interpretation eines Prosatextes

Reiner Kunze (geb. 1933): **Revolte**

„Marcuse? Du hast ein Buch von Marcuse? Leihst du mir das mal?“

Ich sagte, in diesem Buch sichte Marcuse die Philosophie von sechshundert vor Christi bis zur Gegenwart.

„Macht doch nichts.“

Zweieinhalb Jahrtausende Philosophie, das sei schon etwas, sagte ich. Da könne einem mit sechzehn der Durchblick schon noch fehlen.

„Trotzdem. Ich muß das unbedingt lesen.“

Ich gab ihr das Buch. Mir täte es nur leid, sagte ich, wenn sie es nach den ersten Seiten weglege, um es nie wieder in die Hand zu nehmen.

„Ach, bestimmt nicht. Wenn's von dem ist.“

Ich sagte, sie wisse, daß es zwei Marcuse gibt.

„So? Aber der hier, das ist doch der, der die Studentenrevolten gemacht hat?“

Sie meine Herbert Marcuse[1], sagte ich. Das hier sei Ludwig Marcuse[2]. In diesem Buch gehe es darum, was den Menschen zum Menschen macht.

„Ach so.“ Ihr Blick streifte den Buchrücken. „Dann brauche ich's nicht.“

Kunze, Reiner: Revolte. In: Kunze, Reiner: Die wunderbaren Jahre. Prosa. S. Fischer Verlag GmbH, Frankfurt/Main 1976, S. 46.

1 Herbert Marcuse (1898–1979): deutscher Philosoph, Politologe und Soziologe, Idol der deutschen Studentenbewegung der 1968er-Jahre

2 Ludwig Marcuse (1894–1971): deutscher Philosoph und Schriftsteller mit amerikanischer Staatsbürgerschaft

Arbeitsauftrag

Interpretieren Sie den Text unter Berücksichtigung des Verhältnisses der Figuren zueinander.

Lösungsvorschlag

Der Arbeitsauftrag verlangt von Ihnen die ***Interpretation eines Prosatextes****, bei der das* ***Verhältnis der Figuren zueinander*** *zu berücksichtigen ist. Sie sollten also bei allen Überlegungen die Beziehung der beiden Dialogpartner im Blick behalten. Insgesamt geht es darum, den Gehalt und die Gesamtaussage des Textes herauszuarbeiten. Der Text zeichnet sich durch seine Kürze aus, was aber kein Zeichen für mangelnde Tiefe sein muss. Gerade weil er nicht sonderlich lang ist, steckt viel in den einzelnen Formulierungen bzw. der Figurenkonstellation. Verbinden Sie bei Ihrer Interpretation äußere Textmerkmale wie die Handlungsstruktur, die Erzählperspektive und die sprachliche Gestaltung mit dem Inhalt und der Aussage des Textes. Nur so können Sie ihm wirklich auf den Grund gehen.*

Die hinführende ***Einleitung*** *kann den Leser auf das* ***Thema*** *einstimmen. In der daran anschließenden* ***Überleitung zum Hauptteil*** *sollten die Basisinformationen zum Text gegeben werden: Autor, Titel, Erscheinungsjahr, Textsorte, Thema. Stellen Sie sich bereits hier die Frage nach der Intention des Autors, da Sie nur so das Thema angemessen auf den Punkt bringen können.*

Der ***Hauptteil*** *beginnt mit einer* ***kurzen Inhaltszusammenfassung****, bei der Sie darauf achten müssen, die Geschichte nicht einfach nur nachzuerzählen. Konzentrieren Sie sich auf die zentralen Aspekte und formulieren Sie möglichst in eigenen Worten. Im Anschluss daran erfolgt die* ***Textdeutung*** *unter* ***Berücksichtigung der Figurenbeziehung****. Hier ist es wichtig, dass Sie Ihre Behauptungen mit Zitaten aus dem Text belegen, da Ihre Interpretation sonst Gefahr läuft, willkürlich zu erscheinen. Zeigen Sie durch eine anschauliche und nachvollziehbare Darstellung Ihr Textverständnis. Um überflüssige Wiederholungen zu vermeiden, bietet es sich an, die sprachliche mit der inhaltlichen Untersuchung zu verknüpfen. Dazu müssen Sie ausgehend von den Figuren und deren Beziehung zueinander Handlungsstruktur, Ort, Zeit, Erzählperspektive, Titel und sprachliche Gestaltung einbeziehen. Wichtig ist die deutliche Übertragung des vorliegenden Inhalts auf eine allgemeine Ebene. Fragen Sie sich dazu z. B., inwiefern Kunzes Text zeitlos und auch heute noch gültig ist oder wie er unabhängig von der konkret geschilderten Situation zu verstehen ist.*

Zum ***Schluss*** *haben Sie die Möglichkeit, eine persönliche Wertung abzugeben, den Einleitungsgedanken aufzugreifen, weiterführende Ideen zu nennen oder auf andere, Ihnen bekannte Kurzgeschichten zu verweisen.*

Einleitung

Hinführung über das Lebensgefühl Jugendlicher

Das Lied „Sweet Sixteen“ von Billy Idol war in den 1980er-Jahren ein Welterfolg und wird noch immer auf Partys gespielt, weil der Song das Lebensgefühl auch der heute heranwachsenden Generation widerspiegelt. Auf der Suche nach sich selbst, nach der großen romantischen Liebe oder nach einer besseren Welt verlieren sich viele Jugendliche in ihren Träumen, Wünschen und Wertvorstellungen. Einigen gelingt der nahtlose Übergang ins Berufsleben, andere erleben Brüche oder stolpern auf dem Weg ins Erwachsensein von einem Extrem ins andere. Der Selbstfindungsprozess verläuft in den Jugendjahren nicht immer reibungslos. Aufbegehren, Widerspruch und Kritik an der älteren Generation müssen sein. Allerdings haben diese nicht zwingend immer auch eine politische oder gesellschaftliche Komponente, wie es in den Sechziger- und Siebzigerjahren des 20. Jahrhunderts in Deutschland der Fall war. Damals revoltierten in vielen Großstädten vor allem Studenten gegen politische und religiöse Bevormundung sowie gegen alles, was einem freiheitlichen Lebensgefühl widersprach. Ausdruck fand das in der Mode, in der Musik, in der Sexualität, in politischen Demonstrationen und in der Literatur.

Überleitung mit Basisinformationen: Autor, Titel, Erscheinungsjahr, Textsorte, Thema

Auch wenn die 68er nicht direkt benannt werden, so bildet die Bewegung doch den Hintergrund für die vorliegende Kurzgeschichte „Revolte“ von Reiner Kunze, der den Text 1976 in seiner Sammlung „Die wunderbaren Jahre“ im Fischer Verlag in Frankfurt/Main veröffentlichte. Darin geht es um die schwierige Zeit der persönlichen Selbstfindung in jungen Jahren, die oft von Naivität und Orientierungslosigkeit, aber auch von Neugier und Begeisterungsfähigkeit begleitet wird.

Hauptteil

Inhaltszusammenfassung

Ein fiktiver Dialog zwischen einem Erwachsenen und einer Sechzehnjährigen wird dem Leser aus der Sicht des älteren Dialogpartners mitgeteilt. Das Mädchen interessiert sich für einen Autor, von dem sie ein Buch im Regal entdeckt zu haben glaubt, das sie unbedingt ausleihen möchte. Der Erwachsene, der von ihrem plötzlichen Interesse an der Geschichte der Philosophie, die in dem betreffenden Buch behandelt wird, überrascht ist, macht sie auf die Namensgleichheit des vermuteten und des tatsächlichen Autors aufmerksam. Da das Buch nicht von dem erwarteten Autor, einer Legende der Studentenrevolten, verfasst ist, erlahmt das Interesse der Jugendlichen, obwohl der genannte Inhalt sie eigentlich besonders fesseln müsste.

Textaufbau der Kurzgeschichte, Handlungsstruktur, Erzählweise, Figuren

Ganz im Sinne einer Kurzgeschichte wird der Leser durch den unvermittelten Beginn sofort in die Handlung hineingezogen, gerade so, als ob er selbst Teil der Unterhaltung wäre, da die Erzählung ohne vorherige Einleitung mit wörtlicher Rede beginnt. Diese wechselt im weiteren Verlauf mit der indirekten

Redewiedergabe der Erwiderungen des Ich-Erzählers ab, wodurch die beiden Figuren deutlich voneinander abgegrenzt werden. Während die direkten Äußerungen der Sechzehnjährigen sehr lebendig und unbedarft wirken, zeigen die komplexeren Sätze des Erwachsenen dessen größere Lebenserfahrung und sein überlegteres Handeln. Die indirekte Rede sowie seine rückblickende Erzählung in der Ich-Form verleihen seinem Bericht außerdem eine gewisse Distanz, aus der heraus er sogar über das Erlebte schmunzeln kann. Der Leser übernimmt dabei die Rolle eines stummen Zuhörers. Gleichsam ist er am Ende des kurzen Textes indirekt aufgefordert, zu reagieren und Stellung zu beziehen, denn die letzte Aussage der Sechzehnjährigen bildet eine Art Pointe, die sowohl den Leser als auch den Gesprächspartner des Mädchens verblüfft.

Kunze wählt für seine Geschichte typische, allgemeine Figuren, die stellvertretend für eine ganze Gruppe von Intellektuellen in den 1970er-Jahren stehen. Eine Sechzehnjährige und ein Erwachsener, der ihr Vater sein könnte, stehen sich freundschaftlich im Gespräch gegenüber. Dennoch wird schnell ein Konflikt sichtbar, der aber nicht bis zum Ende ausgetragen wird. Gezeigt wird nur die relativ ungerichtet aufbegehrende Haltung der Jugendlichen, aber nicht der Umgang damit. Über diesen kann und soll sich jeder Leser seine eigenen Gedanken machen.

Textdeutung

Der Gesprächsverlauf offenbart schnell und direkt das Anliegen der Heranwachsenden: Sie möchte ein bestimmtes Buch eines Autors namens Marcuse unbedingt ausleihen. Der Besitzer will es ihr gern geben, warnt aber vor der anspruchsvollen Lektüre über „[z]weieinhalb Jahrtausende Philosophie" (Z. 5). Davon lässt sie sich jedoch nicht beirren, da sie sich in den Kopf gesetzt hat, das Buch unbedingt lesen zu wollen. Der Erwachsene zögert weiterhin, da er es bedauern würde, wenn sie das Buch, dessen Inhalt er anscheinend für wertvoll erachtet, gleich wieder aus der Hand legen und es danach nie wieder lesen würde (vgl. Z. 8 f.). Diese Bedenken teilt die Sechzehnjährige nicht, da sie den Autor für ein Idol der Studentenbewegung hält, von dem sie offenbar alles lesen würde. Erst der Hinweis des Erwachsenen auf eine Namensgleichheit von Herbert und Ludwig Marcuse lässt sie zögern. Letzterer ist Autor des zur Diskussion stehenden Buches, hat aber mit den Studentenunruhen der 1960er-Jahre nichts zu tun. Obwohl der Erwachsene ihr verrät, dass das Buch die Frage behandle, „was den Menschen zum Menschen macht“ (Z. 14), also eine an sich grundlegende und spannende Frage, verzichtet die Jugendliche mit den Worten „Dann brauche ich’s nicht.“ (Z. 15) auf das Buch. Es geht ihr also nicht wirklich um Inhalte und um grundlegende Gedanken, sondern um momentane soziale Einflüsse und Interessen.

Faszination der Studentenbewegung für Jugendliche

Wahrscheinlich ist sie fasziniert von der Studentenbewegung, die sich gegen die Welt der Erwachsenen aufgelehnt hat, und sieht es als ihre Art der „Revolte“ (Titel) nach einem Buch des 68er-Idols Marcuse zu fragen. Von ihm erhofft sie sich vielleicht eine Anleitung für ihr eigenes Aufbegehren oder Orientierungshilfen auf dem Weg zum Erwachsenwerden. Dabei hat sie sich auf den plakativen Namen des Studentenführers versteift, sodass sie ein Buch, das inhaltlich genauso ihrer Intention dienen könnte, zurückweist, weil es von einem anderen Autor verfasst wurde. Dieses Verhalten offenbart ihre jugendliche Naivität und ihren von Neugier geleiteten Drang, mitreden zu können. Ein grundsätzliches Interesse an gesellschaftlichen Entwicklungen und Veränderungen ist bei ihr durchaus vorhanden, jedoch ist dieses aufgrund ihrer Jugend noch recht oberflächlich auf einzelne Berühmtheiten der 68er-Bewegung und nicht auf die eigentlichen Inhalte gerichtet.

Verhältnis der beiden Figuren:

Sechzehnjährige Jugendliche

Innerhalb einer Minute, denn länger dürfte das Gespräch nicht gedauert haben, schwankt ihr Interesse von freudiger Begeisterung zu ablehnendem Desinteresse. Nicht nur in den Stimmungsschwankungen, auch in dem, was sie sagt, wird deutlich, dass sie noch nicht erwachsen ist, auch wenn sie Marcuse lesen möchte. Ihre kurzen, einfachen Sätze zeigen, dass sie der Komplexität der philosophischen Gedanken wahrscheinlich noch nicht gewachsen ist. Auch ihre Erwiderungen offenbaren, dass sie noch nicht die nötige geistige Reife besitzt, um sich mit zentralen philosophischen Fragestellungen auseinanderzusetzen. Statt über den Umfang und die Durchdringung von 2 500 Jahren Philosophiegeschichte von Marcuse zu staunen, zeigt sie ihre Unbedarftheit, wenn sie darauf mit „Macht doch nichts.“ (Z. 4) reagiert. Auf den Hinweis, dass es in dem Buch darum gehe, „was den Menschen zum Menschen macht“ (Z. 14), antwortet sie: „Ach so. […] Dann brauche ich’s nicht.“ (Z. 15), ohne den Wert der Thematik auch nur ansatzweise zu erkennen. Vielleicht besteht aber ja genau darin ihre Revolte, dass sie selbst entscheidet, wann oder warum sie sich für etwas interessiert.

Sie ist jung und hat das Recht aufmüpfig, neugierig und kritisch zu sein. Sie darf auch Fehler machen und während ihrer Suche nach Gerechtigkeit, Freiheit und Würde stur ihren eigenen Weg gehen. Dabei wird sie natürlich anecken, lernen und Schritt für Schritt die Welt erkennen, bis sie irgendwann vielleicht auch den Wert eines Buches schätzt, das versucht, das Menschsein zu ergründen.

Erwachsener Gesprächspartner

Ihr erwachsener Gesprächspartner (möglicherweise ihr Vater) geht freundlich auf sie ein und zeigt sich erfreut über ihr Interesse an einem Buch, das auch ihm wichtig zu sein scheint. Allerdings kennt er das Mädchen und möchte sie vorsichtig leiten und vor Enttäuschungen bewahren, wenn er zögert, ihr ein Buch zu leihen, das sie vielleicht überfordern könnte. Es wirkt so, als ob er schon ahne, dass es der Jugendlichen mehr um ihr Idol als um die Inhalte des Buches geht. Trotzdem ist er am Ende förmlich sprachlos, als sie das Buch, dessen Thematik er für grundlegend und bedeutend hält, rundheraus ablehnt. Wahrscheinlich war er insgeheim doch stolz auf die unerwartete Reife des Mädchens und hat gehofft, sie mit der Nennung des Themas zu fesseln. Als ihm das nicht gelingt, muss er einsehen, dass die Jugend und ihre Interessen sich doch von seiner Generation unterscheiden und junge Leute nicht auf die gleiche Weise wie er und seine Altersgenossen für die Beschäftigung mit einem Thema zu begeistern sind.

Allgemeine Deutung: Generationenkonflikt

Kunzes Kurzgeschichte thematisiert also eine Art Generationenkonflikt, der allerdings nicht ausgetragen wird, sondern eher als Erklärungsansatz im Hintergrund steht. Trotzdem wird ganz deutlich, dass es sich hier um ein Gespräch zwischen Personen verschiedenen Alters handelt, die ganz unterschiedliche Vorstellungen von Revolte haben: Der Jugendlichen geht es um bekannte Namen und Gesichter bzw. um eine Führungsfigur, während der Erwachsene die zentralen Inhalte für wichtiger hält.

Einordnung in den Entstehungskontext

Die Kurzgeschichte erschien 1976, als die Zeit der studentischen Unruhen langsam zu Ende ging. Doch noch immer ist der Geist Herbert Marcuses in den Köpfen junger Intellektueller und solcher, die es gern sein möchten. Sie wollen die Welt revolutionieren und ihren eigenen Weg gehen.

Schluss

Aktualisierung des Inhalts

Da es auch heute ähnliche oder sogar gleiche Entwicklungszustände gibt, ist die Kurzgeschichte nach wie vor aktuell. Außerdem ist sie brillant erzählt und offenbart trotz ihrer Kürze das Lebensgefühl einer ganzen Generation. Zwar unterscheidet sich die heutige Jugend im äußeren Erscheinungsbild von der 68er-Generation und auch politisch ist sie mehrheitlich weniger interessiert, aber dennoch sucht auch sie nach Möglichkeiten und Wegen, ihre eigenen Interessen auszuleben. Solange Erwachsene und Jugendliche im Gespräch bleiben, Fragen klären und sich gegenseitig ernst nehmen, kann ein junger Mensch in der Auseinandersetzung mit der Elterngeneration zu einem selbstbewussten und mündigen Erwachsenen heranreifen. So kann er sich auf seine eigene Suche begeben und herausfinden, „was den Menschen zum Menschen macht“ (Z. 14).

Thüringen – Besondere Leistungsfeststellung Deutsch 2016
Aufgabe 3: Textgebundene Erörterung

Brief an … den Buchladen

SPIESSER-Autoren schreiben Briefe. Diesmal schreibt whityhumbuk an den Buchladen, von dem sie schon ewig nichts mehr gehört hat.

Hey lieber Buchladen,

ich bins wieder, deine kleine Schmökerliese. Sag mal, wo steckst du denn? Ich weiß, dass lange kein Schriftverkehr zwischen uns bestand, aber wer verdammt hat diese sogenannten „e-books" eingeführt? Ich frage mich manchmal, ob die Leute heutzutage noch das Gefühl kennen, wenn man bedrucktes Papier berührt. In der Uni blättern die meisten nur noch auf ihren Tablets durchs Skript. Alle Zeitschriften sind kostenlos auf der Bibliothekswebsite verfügbar und wenn die Leute in der Bibliothek sitzen, dann meist nur wegen der ruhigen Atmosphäre. Du kränkelst doch nicht etwa? Hör mal, falls dich diese, wie sie sich selbst nennen, eher haptisch und mit der Zeit gehenden Menschen verunsichern: Du brauchst dich vor niemandem zu verstecken!

Schon dein Betreten hat sein ganz eigenes Ritual. Ich liebe es: Wie eine Königin werde ich empfangen, wenn sich dein Hausherr noch persönlich für mich Zeit nimmt. Er führt mich durch dein Labyrinth – von Lyrik aus der Romantik bis hin zum neuesten Spiegel-Bestseller. Hier und da greife ich zu, halte inne, fühle mich nicht gehetzt von grimmig dreinblickenden Verkäuferinnen oder einer von Menschen überfüllten Atmosphäre. Du lässt mich in Ruhe deinen Inhalt erkunden in deiner eigens eingerichteten Leseecke. Du wachst über mich und deinen jahrelang gehüteten Schatz der Kulturen, der Geschichte und Menschen, die diese gelebt haben.

Ganz besonders bezaubernd finde ich die kleine Ecke für besonders große Liebhaber von Altem. Sie enthält die von den Generationen vor uns hinterlassenen Erinnerungen. Dieses von dir eingerichtete Antiquariat riecht noch nach vergilbtem Papier. Die Einbände sind schon durch die unterschiedlichsten Hände gegangen. Durch eines dieser Bücher blättern, heißt durch die verschiedensten Jahrhunderte flanieren. Und ich liebe ausgedehnte Spaziergänge mit Schiller, Hesse und Sartre. Es kann kein Zufall sein, dass auch diese sogenannten „alten Schinken" nur bei dir Zuflucht suchen und dabei ihre zweite, gar dritte Heimat finden, bis sie irgendwann den Weg zu mir nach Hause antreten. Doch bis dahin machen sie es sich bei dir gemütlich. Bei dir kann man sich auch nur wohl fühlen!

Doch jetzt genug geschwafelt. Die Leseratte in mir erwacht nach Langem wieder zum Leben. Also, wie wär's: Ich bringe eine Thermoskanne voll Tee mit, du stellst das Sitzmobiliar und wir verbringen mal wieder einen wundervollen Nachmittag zusammen. Du hast mir bestimmt vieles zu erzählen und ich habe ein paar von deinen Buchtipps nötig.

Ich hab dich sehr gern. Lass dich ja nicht unterkriegen, ok?

Du bist der Beste.
Deine Anh.

SPIESSER-Autorin whityhumbuk: Brief an … den Buchladen, 9. Oktober 2013
In: http://www.spiesser.de/artikel/brief-an-den-buchladen (13. 07. 2015)

Arbeitsauftrag

Verfassen Sie einen Antwortbrief des Buchladens, in dem er seine Beobachtungen zur Bedeutung des gedruckten Buches im E-Book-Zeitalter und sein Verhältnis zum Leser reflektiert.

Lösungsvorschlag

Die Aufgabenstellung fordert Sie auf, sich in die Rolle des personifizierten Buchladens hineinzuversetzen und eine Antwort auf den vorliegenden Brief zu verfassen. Darin sollen Sie Überlegungen zur Bedeutung des gedruckten Buchs im heutigen E-Book-Zeitalter anstellen und das Verhältnis zwischen Buchladen und Leser reflektieren. Diese Arbeitsanweisung ist offener als ein Operator wie „erörtern". Sie müssen in Ihrer Lösung keinem strukturierenden Grundmuster (linear/dialektisch) folgen, doch stellt die Aufgabe nicht weniger Ansprüche an Sie: Auch hier sollen Sie Ihre Gedanken schlüssig entlang eines roten Fadens entwickeln, einen vielseitigen Zugang zum Thema finden und auf passende Überleitungen und Verknüpfungen achten. Zudem muss der ***Bezug zu Ausgangsbrief und Adressatin*** *berücksichtigt werden. Auch eine der brieflichen Kommunikationssituation angemessene Sprache ist gefordert.*

Nehmen Sie die ***Perspektive eines Buchladens*** *ein, einer Einrichtung also, die seit jeher für den Verkauf von Büchern aller Art zuständig ist. Überlegen Sie, ob der Buchladen tatsächlich Grund hat, zu kränkeln oder sich zu verstecken, wie Anh. es befürchtet. Der Ausgangsbrief gibt Aspekte vor, die Sie aufgreifen, aber auch um* ***eigene Ansätze und Ideen erweitern*** *sollten. Wie wichtig ist das gedruckte Buch im 21. Jahrhundert – für Verkäufer und Käufer/Leser? Welche Nachteile ergeben sich durch den E-Book-Boom, welche Vorzüge bringt ein Wandel der Lesekultur eventuell ebenso mit sich? Sammeln Sie Ihre Ideen hierzu auf einem Konzeptblatt und markieren Sie anschließend die Aspekte, auf die Sie in Ihrem Brief näher eingehen möchten.*

In der ***Anrede*** *und* ***Briefeinleitung*** *nehmen Sie direkt Bezug zum vorliegenden Text. Sie können sich entscheiden, ob Sie den lockeren, umgangssprachlichen Ton Ihrer Adressatin aufgreifen oder sich von diesem durch eine formellere Sprache abgrenzen möchten. Im* ***Hauptteil*** *legen Sie* ***Ihre Position*** *dar – formale Vorgaben für die Gedankenführung gibt es hierbei nicht. Am Ende können Sie die zentrale Aussage noch einmal wiederholen, ehe Sie den Brief mit einer* ***Grußformel*** *schließen.*

Liebe Anh., meine kleine Schmökerliese,

Anrede

ich freue mich, von dir zu hören – du hast mich also nicht vergessen! Natürlich nicht, du liebst schließlich all die alten und neuen Bücher, die ich dir bieten kann. Nicht ganz unbegründet machst du dir Sorgen um meine Zukunft. Bei mir und den Lesern ist zurzeit wirklich einiges im Umbruch. Doch sei beruhigt, ich werde mich nicht verstecken, auch wenn manche Leseratten immer häufiger zu E-Books greifen.

Einleitung mit Bezug zum Ausgangstext

Ich vertraue darauf, dass die Menschen auch im 21. Jahrhundert die Wohlfühlatmosphäre und den Service zu schätzen wissen, die ich Ihnen bieten kann. Besonders freut es mich, wenn schon die Kleinsten sich für die Schmökerecken begeistern, die ich liebevoll eingerichtet habe, und wenn sie dort mit großen Augen in Bilder-, Zauber- und Bastelbüchern blättern. Oder wenn Jugendliche bei mir vorbeikommen und sich so in den neuesten Vampirroman vertiefen, dass sie ganz die Zeit vergessen. Und natürlich, wenn Leser wie du, liebe Anh., die antiquarischen „Spezialitäten" meines Hauses lieben und sich mit der Thermoskanne Tee wie zu Hause bei mir fühlen. Nach wie vor lege ich ja außerdem Wert darauf, dass jeder, der mein Reich betritt, fachkundig beraten und betreut wird. Erst neulich kam ein älterer Herr zu mir, der seiner Tochter – einer Grundschullehrerin – ein ganz besonderes Buchgeschenk machen wollte. Gemeinsam haben mein Hausherr und er lange überlegt und Kataloge durchforstet. Am Ende kamen sie zu dem Schluss, dass eine reich illustrierte Sonderausgabe der Grimm'schen Märchen das Richtige wäre. Und so war es dann auch, wie der Herr eine Woche später freudestrahlend berichtete.

Hauptteil

Was der Buchladen den Lesern bieten kann:

Wohlfühlatmosphäre …

… und Service

Natürlich hätte er das Buch auch online bestellen können und sich auf Tipps sowie anonyme Bewertungen im Netz verlassen können, aber eine solche persönliche Beratung und die ganz besondere Atmosphäre in meinen „heiligen Hallen" werden Internet und E-Books nie ersetzen können. Heutzutage gibt es die meisten Neuerscheinungen auch als E-Book – ganz praktisch zum Download. Da kann man einen 600-Seiten-Krimi auf dem Weg zur Arbeit lesen, ohne dass das viele Papier die Handtasche zum Überlaufen bringt oder spürbar beschwert. Ich kann das schon verstehen! Und deshalb biete auch ich meinen Kunden neuerdings diese E-Books an, berate sie auch hierbei gerne. Ich werde doch nicht tatenlos dabei zuschauen, wenn sich der Buchmarkt und das Leseverhalten verändern. Natürlich machen mir die großen Online-Versandhäuser Konkurrenz, weshalb einige meiner Freunde leider schon schließen mussten. Aber so einfach gebe ich nicht auf! Ich gehe mit der Zeit – und wenn ich bestimmte Kunden nur halten kann, indem ich zusätzlich papierlose Bücher anbiete, dann mache ich das gerne. Denn die Hauptsache ist doch, dass in der heutigen, schnelllebigen Zeit weiterhin gelesen wird und Bücher verkauft werden.

Konkurrenz aus dem Internet und durch E-Books

Buchladen geht mit der Zeit

Aber Grimms Märchen oder Homers „Odyssee" als E-Book? Das funktioniert in meinen Augen einfach nicht. Da stimmst du mir doch sicher zu, liebe Schmökerliese? Hier braucht man das gedruckte Buch – Trend hin oder her. Schließlich trägt hier auch die beeindruckende Überlieferungsgeschichte zum Leseerlebnis bei. Ich denke, das sehen auch meine Kunden so. Aber wer sagt denn auch, dass es künftig nur noch eine Form des Buchs geben soll? Das gedruckte Buch und das E-Book können meines Erachtens friedlich nebeneinander existieren, sie haben ja jedes seine Vorteile: E-Books sind wirklich handlich und schnell zu bekommen – mögliche Wartezeiten durch Bestell- oder Versandfristen entfallen. Man braucht jedoch auch Technik, die bezahlt und gewartet werden will. Das gedruckte Buch ist da gewissermaßen anspruchsloser und weniger störanfällig: Einmal gekauft, kann es an jedem Ort, selbst auf einer einsamen Insel, ganz ohne Stromquelle studiert werden. Das Berühren der Seiten, das Vor- und Zurückblättern hat eine ganz andere Qualität als das Wischen über ein Display. Bei antiquarischen Büchern können Randnotizen früherer Leser Erstaunen, Freude oder Nachdenklichkeit bewirken. Das gedruckte Buch ist langlebig und hart im Nehmen, wie die ganz alten überlieferten Exemplare beweisen. Es dürfte also auch im 21. Jahrhundert ein wichtiger Hüter der Kultur sein.

Zur Rolle des gedruckten Buchs

Friedliche Koexistenz von gedrucktem Buch und E-Book

Kurzum, liebe Anh., sowohl das gedruckte als auch das elektronische Buch sind bei mir willkommen! Ich werde sie hegen, pflegen und meinen Kunden empfehlen. Das ist meine Berufung. Und wie du siehst, habe ich keine Angst davor, dass irgendwann nur noch Hörbücher und E-Book-Listen meine Regale füllen könnten.

Fazit

Also komm doch nächste Woche vorbei, bring deine Thermoskanne und gerne auch deine Freunde mit. Mein Reich steht jedem offen.

Liebe Grüße
Dein Buchladen

Thüringen – Besondere Leistungsfeststellung Deutsch 2016
Aufgabe 4: Gedichtinterpretation

Karl Krolow (1915–1999): **Der Baum**

Dann war da dieser Baum.
Nichts weiter als grün,
wenn es soweit war,
mit einem Schatz von Blättern und Vögeln,
Schatten, je nach Tageszeit,
bei schönem Wetter,
ohne Umwelt, für sich,
mit Gewitter und Leuten,
die sich kurz unter ihm liebten,
den Kopf voll Sonne –
ein Gedicht wert wie dieses.
Dieser Baum. Ich warf
einen Stein nach ihm.
Er kam nicht zurück.
Ich bestieg ihn langsam
und verirrte mich
in einem fernen Land. (1971)

In: Krolow, Karl: Gesammelte Gedichte 2. Suhrkamp Verlag, Frankfurt/Main 1985, S. 171–172.

Arbeitsauftrag

Interpretieren Sie das Gedicht.

Lösungsvorschlag

Vor der Interpretation sollten Sie sich Zeit nehmen, das Gedicht ***mehrmals langsam zu lesen*** *und sich* ***erste Notizen*** *zu Ihren Beobachtungen zu machen. Denn wie Sie festgestellt haben,* ***entzieht sich „Der Baum" einer schnellen Deutung****. Deswegen ist es umso wichtiger, dass Sie Vers für Vers die* ***inhaltliche, formale*** *(z. B. Strophen, Reimschema, Metrik)* ***und sprachliche*** *(z. B. Sprachbilder, Wortwahl, Sprachniveau)* ***Gestaltung*** *analysieren und dabei das* ***korrekte Vokabular der Lyrikanalyse*** *verwenden. Im Idealfall stützt die formale und sprachliche Analyse Ihre inhaltliche Deutung. Bei schwierigen Gedichten ist es ein guter Ansatz, den Text zuerst* ***einer lyrischen Gattung zuzuweisen****. Handelt es sich beispielsweise um ein Naturgedicht, um ein Liebesgedicht oder um Ideenlyrik? Weitere* ***wichtige inhaltliche Leitfragen*** *für „Der Baum" lauten: Wer spricht in diesem Gedicht? Wie wird der Baum dargestellt? In welchem Verhältnis steht der Sprecher zum Baum? Will das Gedicht eine Botschaft übermitteln? Anhand dieser Fragen kann man sich einer Gesamtdeutung des Gedichts annähern.*
Ein ***Blick auf das Erscheinungsdatum*** *liefert meist Hinweise für eine schlüssige* ***Deutung im historisch-gesellschaftlichen Kontext****. Ein Bezug darauf kann den Schluss Ihres Aufsatzes bilden.*

Einleitung

Basisinformationen zum Gedicht: Autor, Titel, Erscheinungsjahr, Textsorte, Inhalt

Karl Krolows Gedicht „Der Baum" von 1971 ist der Gattung der Naturlyrik zuzuordnen und thematisiert auf sprachlich und inhaltlich ungewöhnliche Weise die hohe Bedeutung, die der Baum – in seiner Stellvertreterfunktion für die gesamte Natur – vor allem für die Menschen besitzt.

Form des Gedichts

Das Gedicht besteht aus einer einzigen Versgruppe mit insgesamt 17 Versen. Es weist keinerlei Reimstruktur auf und folgt keinem festen Rhythmus: Der schnelle Wechsel zwischen teils jambischen, teils trochäischen Metren und der oftmalige Gebrauch der Füllungsfreiheit zwischen den einzelnen Hebungen sprechen dafür, dass hier ein freier Rhythmus vorliegt. Dieser spiegelt den nachdenklichen Ton des Gedichts, in dem ein lyrisches Ich assoziativ den Wert eines Baums reflektiert.

Hauptteil

Titel und 1. Sinnabschnitt

Der schlichte Titel „Der Baum" verrät zunächst einmal wenig vom Inhalt des gesamten Gedichts. In seiner Einfachheit und Fokussierung auf einen einzigen Gegenstand passt er jedoch, wie sich noch zeigen wird, gut zum folgenden Thema. Der erste Sinnabschnitt lässt sich bereits in Vers 1 festmachen. Es handelt sich um einen in seiner Kürze äußerst markanten Aussagesatz, der aus einem Hauptsatz besteht und eine bloße Feststellung im Präteritum formuliert: „Dann war da dieser Baum." (V. 1)

Schlichter Gedichteinstieg

Dieser unvermittelte und sprachlich karg gestaltete Gedichteinstieg konfrontiert den Leser sofort mit dem im Gedichttitel angekündigten Baum. Der lyrische Sprecher verortet diesen in einem bereits festgelegten zeitlichen („Dann“), örtlichen („da“) und genauer definierten („dieser“) Rahmen, obwohl der Leser eigentlich nicht wissen kann, von welchem Baum die Rede ist. Die dreifache Alliteration „Dann“, „da“, „dieser“ unterstützt dabei klanglich auf nachhaltige Weise das Bestreben des Sprechers, auf diesen besonderen Baum zu verweisen.

Fokussierung des Sprechers auf den Baum

Bereits der Gedichtanfang zeigt, wie „dieser Baum“, um den sich die gesamten folgenden Verse drehen, den Sprecher gefangen nimmt und beschäftigt. Die Wendung „Dann war da“ erinnert außerdem an die berühmte Floskel „Es war einmal“ von Märchen und fungiert ebenso wie diese als Einstieg in einen Text. Der Beginn vermittelt den Eindruck, als hätte der Baum den Sprecher auf eine gewisse Weise beeindruckt und zum Nachdenken gebracht. Infolgedessen fühlt sich der Sprecher beinahe verpflichtet, den Baum genauer zu thematisieren.

Märchenhaftes Element

2. Sinnabschnitt:

Elliptische Gestaltung einer Auflistung zu den Eigenschaften des Baums

Dies tut er im zweiten Sinnabschnitt, der sich von Vers 2 bis 11 erstreckt: Der ganze Abschnitt besteht aus einem einzigen langen Satz, der verschiedene Beobachtungen des lyrischen Sprechers zum Baum unverbunden aneinanderreiht. Auffallend ist, dass der ganze Satz elliptisch gestaltet ist, d. h. kein Prädikat aufweist und syntaktisch unvollständig ist. Nur zwei zwischengeschaltete Nebensätze enthalten ein Prädikat (vgl. V. 3/9). Dadurch erhält die Beschreibung des Baums einen Auflistungscharakter, der bewirkt, dass dem Leser die ganze Vielfalt, die so ein Baum zu bieten hat, bewusst wird. Der Sprecher ist bestrebt, viele Informationen über den Baum schlaglichtartig zu liefern und ihn näher zu charakterisieren. Bezüglich der Farbe wird zunächst lediglich angemerkt, dass der Baum grün ist (vgl. V. 2), und selbst diese Feststellung wird aus einer Verneinung heraus getroffen. Das beinahe abschätzige „Nichts weiter als grün“ (V. 2) stellt eine absichtliche Untertreibung dar. Der Baum als Stellvertreter der Natur wird wegen seiner sehr einfachen Erscheinung oftmals unterschätzt, dabei wird im weiteren Verlauf des Gedichts gezeigt, wie viel mehr als nur grün der Baum ist und wie bedeutsam er in vielerlei Hinsicht sein kann.

Metapher zur Verdeutlichung der Bedeutung des Baums

Sein Wert wird schon dadurch betont, dass im nächsten Vers mit dem Temporalsatz „wenn es soweit war“ (V. 3) auf den eigenen Lebensrhythmus des Baums hingewiesen wird. Im

Frühling und im Sommer trägt der Baum Blätter und Vögel. Der Sprecher verwendet hier bildhafte Sprache, nämlich die Metapher „Schatz" (V. 4), um die Vielzahl und den Reichtum an Blattwerk und Tieren zu beschreiben, die den Baum in seiner Blütezeit kennzeichnen und denen er Schutz bietet. Bereits dieser Aspekt verweist auf die Bedeutung des Baums und veranschaulicht rückwirkend nochmals, wie falsch man liegt, wenn man den Baum bloß als etwas Grünes ohne näher bestimmbare Eigenschaften wahrnimmt.

Zeilenstil vermittelt sukzessive mehr Informationen über den Baum

Der Leser hat in den ersten vier Versen also bereits mehr und mehr über den Baum erfahren. Durch den verwendeten Zeilenstil – d. h. jede Satzeinheit endet genau am jeweiligen Versende – erschließt sich die Bedeutung des Baums von Vers zu Vers. Sieht man auf den ersten Blick vielleicht nur das Grün seiner Blätter, wird bei näherem Hinsehen deutlich, dass er noch viel mehr zu bieten hat. Dass er auch Schatten wirft (vgl. V. 5), stellt eine weitere Leistung dar, die der Baum seiner Umwelt zur Verfügung stellt. Die vom Sprecher aufgezählten Eigenschaften beschreiben keinesfalls eigentümliche Merkmale eines speziellen Baums, sondern sind prototypisch, sodass vor den Augen des Lesers das Bild eines Musterbaums entsteht. Dieser symbolisiert die Gesamtheit aller Bäume. Das beinahe vollständige Fehlen von handlungsbestimmenden Prädikaten und beschreibenden Adjektiven hat erheblichen Anteil an der sprachlichen Schlichtheit und damit an der Unbestimmtheit des Baums. Dieses Gedicht ist somit nicht einem speziellen, sondern einem repräsentativen Baum gewidmet, der alle Bäume und damit auch die gesamte Natur vertritt.

Der Baum als Stellvertreter der Natur

Isolation des Baums spiegelt sich im Satzbau wider

Im Rest dieses Sinnabschnitts charakterisiert der Sprecher den Baum näher: Er steht scheinbar völlig isoliert auf einer größeren Fläche („ohne Umwelt, für sich", V. 7), erlebt „Gewitter" und zieht „Leute[…]" (V. 8) an. Er scheint der einzige Schatten- und Schutzspender weit und breit zu sein. Das Nebeneinanderstellen der aus verschiedenen Lebensbereichen stammenden Worte Gewitter und Leute unterstreicht dabei die alles umfassende Bedeutung des Baums: Er bietet dem Betrachter einen ansehnlichen Anblick, den „Vögeln" (V. 4) eine Heimat und den Menschen Schutz. Die Perspektive des lyrischen Sprechers verschiebt sich in den Versen 6 bis 11 weg von der Beschreibung des Aussehens des Baums hin zu seinem unmittelbaren Umfeld. Dadurch erfährt der Leser von der Verbundenheit des

Leistungen des Baums: Schmuck, Schutz, Zuflucht

Baums mit dem Leben der Menschen, die ohne die Natur nicht existieren könnten. Die Leute bleiben zwar genauso unbestimmt wie der Baum, dennoch fügt der Sprecher dem Baum durch ihre Erwähnung eine weitere wertvolle Eigenschaft hinzu. Er fungiert als Sammel- und Ruheplatz für Menschen, in diesem Fall sogar als geheimer Zufluchtsort für ein Liebespaar. Dieses wird scheinbar vom Baum angezogen, „sich kurz unter ihm" (V. 9) zu lieben. Der Baum hat in seiner herausgehobenen, isolierten Platzierung (vgl. V. 7) und seiner Fülle an Blättern (vgl. V. 4) eine Sogwirkung auf Menschen und lädt dadurch zu angenehmen Gefühlen und liebevollem Verhalten ein. Der Ausdruck „den Kopf voll Sonne" (V. 10), mit dem die Liebenden versehen werden, ist eine Metapher, die verdeutlichen soll, dass das Liebespaar nur von positiven, frohen und zärtlichen Gefühlen getragen ist.

Wert der Natur für die Menschen

Der Bindestrich am Ende von Vers 10 signalisiert ein Innehalten, ein Luftholen des Sprechers, dem eine Art Fazit der vorhergehenden Verse folgt: „ein Gedicht wert wie dieses." (V. 11) Damit macht der Sprecher explizit deutlich, für wie wertvoll er den Baum hält, dessen Eigenschaften er vorher aufgezählt hat.

Ausgeprägter Selbstbezug des Gedichts

Außerdem weist er damit auch auf das eigene, gerade eben im Entstehen begriffene Gedicht „Der Baum" hin. Dass der Sprecher sich dafür entschieden hat, sein Gedicht dem Baum zu widmen, drückt seine Wertschätzung für die Natur aus. Das Gedicht zeichnet sich demnach durch einen ausgeprägten Selbstbezug aus, indem es über sich selbst nachdenkt und damit seinen eigenen Wert und den des Gedichtthemas unterstreicht.

3. Sinnabschnitt:

Lyrisches Ich tritt selbst auf

In Vers 12 folgt eine Feststellung des Sprechers, die an den Gedichtanfang („Dann war da dieser Baum", V. 1) erinnert und zeigt, dass das lyrische Ich nicht aufhören kann, an den Baum zu denken. Die Ellipse „Dieser Baum" (V. 12) klingt deshalb fast wie ein verblüfftes Seufzen über die überraschend große Bedeutung des Baums. Der Sprecher will den Baum als Mittelpunkt seines Gedichts beibehalten und ihn noch genauer darstellen. Deswegen tritt er nun selbst als Akteur in Erscheinung, rückt sich dabei aber nicht gerade in ein positives Licht. Stattdessen zeigt er durch seinen Steinwurf nach dem Baum die allgemeine Rücksichtslosigkeit, mit der die Menschen der Natur begegnen. Die Flugkurve des geworfenen Steins ist dabei als Enjambement von Vers 12 zu 13 sprachlich abgebildet. Der Zeilensprung dient außerdem auch dazu, die Unglaublichkeit dieser Tat zu verdeutlichen. Wie die ausbleibende Reaktion des Baums im Gedicht („Er kam nicht zurück.“, V. 14) zeigt, hat die Natur der menschlichen Gewalt nichts entgegenzusetzen. Sie ist wehrlos und auf die Besonnenheit der Menschen angewiesen.

Gelingende Kontaktaufnahme durch behutsame Annäherung

Erst als das lyrische Ich sich dem Baum behutsam und langsam nähert, gelingt ihm die Kontaktaufnahme mit dem Baum (vgl. V. 15 ff.). Über die vorsichtige Besteigung des Baums gelangt es „in ein[…] ferne[s] Land“ (V. 17), kann also eine ganz neue Welt entdecken, die ihm zuvor verborgen geblieben ist.

Bedeutung des „fernen Lands“

Hoffnungsvolles Schlussstatement des lyrischen Sprechers

Die Wortwahl „fernes Land“ erinnert an eine geheimnisvolle Märchenwelt – eine Verbindung, die bereits im ersten Vers angeklungen ist. Die hoffnungsvoll und magisch klingenden Worte „fernes Land“ und die Vorstellung, dass man sich auf einem Baum „verirren“ könne (vgl. V. 16), verdeutlichen abschließend noch einmal den Wert des Baums über seinen Nutzen hinaus. Bei einem behutsamen Umgang mit ihm eröffnet er Einblicke in ganz neue Welten, die die Fantasie anregen und Raum für Entdeckungen geben.

Schluss

Stellvertreterfunktion des Baums

Der Baum steht, wie gezeigt, stellvertretend für alle Bäume und die gesamte Natur. Dabei wird ein für die Lyrik eher ungewöhnliches Bild der Natur vermittelt: stumm und geheimnisvoll, aber schön und existenziell wichtig. Gerade die teils unvollständige Syntax, die freien Rhythmen, die Formlosigkeit des Gedichts und die sprachlich karge Wortwahl greifen die weit verbreitete Tendenz auf, die Natur und ihre Bedeutung für den Menschen zu unterschätzen. Die im Gedicht angesprochenen Funktionen der Natur – als ästhetischer Ort, der Heimat, Schutz, Zuflucht und Hoffnung bietet – entkräften allerdings die Bestrebungen, die Natur in ihrer Bedeutung zu schmälern, und stellen ihren einmaligen Wert heraus.

Das Gedicht als Plädoyer für Wertschätzung der Natur

Veränderung des Naturbilds nach zwei Weltkriegen

Das Gedicht „Der Baum“ ist 1971 erschienen: Wahrscheinlich spielen die einschneidenden Erfahrungen in der ersten Hälfte des 20. Jahrhunderts eine entscheidende Rolle bei der Veränderung des Naturbilds in der Lyrik. Der Glaube an die ästhetische und helfende Wirkung der Natur auf den Menschen wurde in den beiden Weltkriegen erschüttert. Karl Krolow zeigt mit seinem Gedicht, dass es nach den Grausamkeiten an den Kriegsfronten und in den Konzentrationslagern zwar unmöglich geworden ist, Naturlyrik im traditionellen Sinn zu verfassen, die Natur selbst jedoch ihren unermesslichen Wert für die Menschen beibehält.

Thüringen – Besondere Leistungsfeststellung Deutsch 2017
Aufgabe 1: Nichttextgebundene Erörterung/Freie Erörterung

„Mit dem Wissen wächst der Zweifel."

Johann Wolfgang von Goethe (1749–1832)

Quelle: https://www.aphorismen.de (21. 09. 2016)

Arbeitsauftrag

Erörtern Sie die Aussage. Beziehen Sie wahlweise Beispiele aus Naturwissenschaft oder Literatur ein.

Folgende Synonyme können verwendet werden:

Wissen	Kenntnis, Erkenntnis, Bildung, Bewusstsein, Einsicht, Einblick, Erfahrung, Verständnis
Zweifel	Ungewissheit, Zwiespalt, Unsicherheit, Zaudern, Doppelsinn, Skrupel, Ungläubigkeit

Lösungsvorschlag

Die vorliegende Aufgabe fordert Sie dazu auf, ein von Goethe stammendes ***Zitat zu erörtern****. Ihnen steht also nur ein kurzer Satz als Ausgangsmaterial zur Verfügung, über den Sie sich Gedanken machen müssen. Dazu ist es nötig, dass Sie Goethes Sinnspruch zunächst einmal mit Ihren* ***eigenen Worten erläutern****. Nur so wird dem Leser Ihres Aufsatzes klar, mit welchem Thema Sie sich in Ihrer Erörterung auseinandersetzen. Im Hauptteil sollten Sie dann sowohl* ***zustimmende Argumente*** *zu Goethes Äußerung ausführen als auch* ***gegenläufige oder relativierende Argumente*** *darlegen. Wichtig ist dabei, dass Sie Ihre Behauptungen mit* ***Beispielen*** *stützen. Diese sollen laut der Aufgabenstellung aus dem Bereich der* ***Naturwissenschaft oder der Literatur*** *stammen. Überlegen Sie also, welche literarischen Werke Sie kennen oder von welchen Wissenschaftlern Sie gehört haben, die sich mit dem Thema Wissen und Zweifel in Verbindung bringen lassen. Achten Sie außerdem darauf, sich bei den Beispielen* ***nicht in Details zu verlieren****, sondern diese immer konkret auf das zu erörternde Zitat und Ihr jeweiliges Argument zu beziehen. Am Ende können Sie Ihre Darstellung mit einem* ***abwägenden Fazit*** *beschließen.*

Einleitung

Erläuterung von Goethes Aphorismus

Johann Wolfgang von Goethe gilt als *der* deutsche Dichter schlechthin und Werke wie das Drama „Faust", der Roman „Die Leiden des jungen Werther" oder die Ballade „Der Zauberlehrling" haben Weltruhm erlangt. Weniger bekannt ist, dass Goethe seine Gedanken und Überzeugungen auch in Sinnsprüche gefasst hat. Das vorliegende Zitat setzt sich mit dem Verhältnis von Wissen und Zweifel auseinander. Der Dichter behauptet, je mehr ein Mensch wisse, desto mehr zweifle er. Im Umkehrschluss bedeutet der Aphorismus, dass ein weniger gebildeter Mensch weniger von Zweifeln gequält wird. Im Folgenden wird nun erörtert, ob bzw. inwiefern Goethes Aussage zuzustimmen ist.

Hauptteil

Pro-Argumentation

Pro-Argument 1: Schwierigkeit der Vereinbarung von Glaube und Wissenschaft

Dem Dichter ist zunächst einmal Recht zu geben, wenn man sich dem Bereich Glaube und Religion zuwendet. Dieser scheint oft nur schwer mit wissenschaftlichen Erkenntnissen vereinbar zu sein, wodurch sich Glaubenszweifel ergeben können. Ein Blick in die Geschichte kann diese Behauptung bestätigen: So gerieten Forscher oft in Konflikt mit der Kirche oder mit bestimmten Glaubensüberzeugungen, weil sie durch ihre Entdeckungen bislang feststehende Wahrheiten in Zweifel zogen. Galileo Galilei war beispielsweise ein Verfechter des kopernikanischen Weltbildes, wonach die Erde nur einer unter vielen Planeten ist, die um die Sonne kreisen. Diese Erkenntnis wich von der herrschenden

Beispiel: Galileo Galilei

Lehrmeinung und vermeintlich sogar von der Bibel ab, weshalb Galilei von der katholischen Kirche verurteilt wurde. Das Mehr an Wissen konnte den Zweifel am überlieferten Weltbild nähren – und deshalb schritten die Glaubensvertreter gegen den Wissenschaftler ein.

Pro-Argument 2: Wissen als Grundlage für weitere Fragen

Jemand, der weniger über weltpolitische Strukturen, Ereignisse oder Gefahren weiß, kann auch sorgloser im Augenblick leben und sein Dasein genießen. Er muss nicht immer im Hinterkopf haben, wie er sich vor Gefahren schützen kann, welche Verantwortung er trägt oder wie er noch mehr Wissen anhäufen könnte.

Beispiel: „Faust"

Menschen, die wie Goethes Titelfigur aus „Faust" wissen wollen, „was die Welt im Innersten zusammenhält", haben es schwerer, zu akzeptieren, dass kein Mensch eine allumfassende Erkenntnis gewinnen kann. Wenn sie trotz ihrer hohen Bildung immer wieder an die Grenzen ihres Wissens stoßen, werden sie aufgrund ihres Höherstrebens immer unzufriedener. Diese Erfahrung macht eben auch Goethes Faust, der an seiner Gelehrsamkeit und seinem Forscherdrang zu verzweifeln droht. Je mehr er weiß, desto größer und grundsätzlicher werden seine Fragen im Hinblick auf die Weltzusammenhänge, desto stärker will er seine Erkenntnis weiter vorantreiben – und desto mehr zweifelt er auch an sich selbst.

Pro-Argument 3: Belastung zwischenmenschlicher Beziehungen

Zu viel Einsicht kann auch zwischenmenschliche Beziehungen erschweren. Dies klingt zunächst einmal paradox, da es Freundschaften oder Paarbeziehungen eigentlich vertieft, je mehr man voneinander weiß. Allerdings gibt es durchaus auch Bereiche, in denen weniger Kenntnis vom anderen manchmal mehr ist. So ist es in einer Liebesbeziehung oft nur belastend, wenn man sich zu viele Gedanken über frühere Partner des Freundes oder der Freundin macht. Besser kann es hier sein, die Vergangenheit ruhen zu lassen, ohne die gemeinsame Gegenwart durch etwas zu beschweren, was längst vorbei ist und nur dazu führt, dass man an sich selbst und der bestehenden Beziehung zweifelt. Manchmal gibt es in der Vergangenheit einer Bezugsperson auch andere Ereignisse, die die gegenwärtige Beziehung sehr belasten oder sogar Zweifel an ihr hervorrufen würden.

Beispiel: „Der Vorleser"

Diese Erfahrung macht zum Beispiel Michael, der Protagonist in Bernhard Schlinks Roman „Der Vorleser", der als junger Mann während seines Jurastudiums mit der NS-Vergangenheit seiner ersten großen Liebe konfrontiert wird. Obwohl er längst nicht mehr mit Hanna zusammen ist, wirft diese Erkenntnis auch noch nachträglich ein dunkles

Licht auf seine Erinnerungen an die Geliebte, sodass er sich sicher manchmal wünscht, nie von ihrer Vergangenheit erfahren zu haben.

Kontra-Argumentation

Kontra-Argument 1: Wissen als Voraussetzung für Fortschritt

Trotzdem wäre es falsch, zu glauben, ein Zuwachs an Wissen würde immer nur Zweifel säen. Schließlich ermöglicht ein Mehr an Kenntnissen und Erfahrungen erst den Fortschritt, der unsere Welt voranbringt. Ohne den Wissensdurst von Menschen wie dem oben genannten Galileo Galilei oder auch Leonardo da Vinci wären viele noch heute nützliche Erfindungen unmöglich gewesen. So hat zum Beispiel da Vinci durch seine anatomischen Studien die Medizin weiterentwickelt und Zweifel bezüglich der Behandlung bestimmter Krankheiten ausgeräumt. Auf diese Weise haben seine Erkenntnisse zur Rettung zahlreicher Menschenleben beigetragen. Gäbe es seine Forschungen nicht, wären Ärzte heute möglicherweise immer noch ratlos, wie mit bestimmten Erkrankungen der inneren Organe umzugehen ist. Das medizinische Wissen schafft hier Sicherheit – und nicht Zweifel.

Beispiel: Leonardo da Vinci

Kontra-Argument 2: Wissen als Schutz vor Intoleranz

Doch nicht nur auf dem Gebiet der Medizin und der Technik ist die Zunahme von Kenntnissen nützlich, sondern auch für das gesellschaftliche Zusammenleben. Wie oft entstehen Konflikte und Vorurteile durch Unwissenheit und Ignoranz? Gerade in immer stärker multikulturell geprägten Gesellschaften ist es wichtig, sich um Verständnis für fremde Lebensgewohnheiten sowie für unbekannte religiöse Riten und Vorschriften zu bemühen. Nicht umsonst heißt es, dass Aufklärung und Kennenlernen des Andersartigen am ehesten vor Intoleranz und Fremdenhass schützen. Nur wenn man Kenntnisse über das Fremde besitzt, gewinnt man Sicherheit im Umgang mit Menschen, die anders sind, und ist gefeit vor unbegründeten Ängsten und Zweifeln. Dies beweist auch der Protagonist in Gotthold Ephraim Lessings „Nathan der Weise“, der durch seine Lebenserfahrung gelernt hat, dass man Menschen nicht nach ihrer Religionszugehörigkeit beurteilen sollte.

Beispiel: „Nathan der Weise“

Kontra-Argument 3: Wissen als Chance für die Bewältigung von Herausforderungen

Goethes Aphorismus vernachlässigt auch, dass ein Zuwachs an Wissen Chancen auf persönlichen Erfolg und Sicherheit bietet, während Unwissenheit oft Unsicherheit zur Folge hat. Gerade wenn man mit einer schwierigen und fast unlösbar scheinenden Herausforderung konfrontiert wird, kann es helfen, sich so viele Informationen wie möglich zu beschaffen, um der Aufgabe nicht länger hilflos gegenüberzustehen. Dies verhilft nicht nur zur erfolgreichen Bewältigung der Aufgabe, sondern verschafft vor allem die nötige Selbstsicherheit, diese überhaupt anzugehen. So vermittelt auch Joanne K. Rowling in ihren Harry-Potter-Romanen den Lesern, wie wichtig es für ihren Protagonisten ist, Jahr für Jahr mehr über seine Rolle im Kampf gegen das Böse zu erfahren. Indem er am Ende mehr über Horkruxe weiß als Voldemort, schafft er es, diesen endgültig zu besiegen.

Beispiel: „Harry Potter“

Wie die Argumente gezeigt haben, wächst mit dem Wissen nicht nur der Zweifel, sondern in vielen Fällen auch die Sicherheit, das Verständnis oder der Fortschritt. Deshalb muss Goethes Aphorismus in seiner Einseitigkeit zurückgewiesen werden. Hinzu kommt, dass Zweifel ja nicht immer nur negativ oder erschwerend zu verstehen sind. Oft können sie auch vor Gefahren bewahren oder zur Veränderung schlechter Gewohnheiten beitragen, indem sie herkömmliche Ansichten infrage stellen. Unter Abwägung der aufgeführten Aspekte ist also Lernen und Erlangung von Bildung nach dem Motto „Bildung gefährdet die Dummheit“ uneingeschränkt zu befürworten.

Schluss

Befürwortung von Wissenserwerb und Bildung

Text 1
Brief an … die Plastiktüte

Liebe Plasiktüte,
ich muss jetzt mal etwas sehr Wichtiges loswerden: Du nervst. Du drängst dich total in den Vordergrund, ganz im Gegensatz zu deinem großen und etwas zurückhaltenden Bruder Stoffbeutel.

Ich weiß, du magst auf den ersten Blick vielleicht als billigste und schnellste Variante gelten. Aber hast du gar kein schlechtes Gewissen, dass deine Freunde und du fast nie recycelt werden? Viel lieber macht ihr es euch nach einmaliger Verwendung auf dem Müll gemütlich – und wandert dann später ins Meer oder an die Küste. Ist dir eigentlich bewusst, dass jedes Jahr fast sieben Millionen Tonnen von euch in den Meeren landen?

Natürlich verrottest du dann auch nicht, nein, du zerfällst viel lieber in deine Einzelteile und wirst das neue Leibgericht von Fischen und Schildkröten. Apropos Essen: Ich weiß ja nicht viel über Fische, aber als Fischfutter bist du sicherlich nicht geeignet.

Und auch für uns Menschen, die dann später den Fisch essen wollen, kannst du nicht gut sein. Wobei, schließlich kommst du so immerhin zu deinem Erzeuger und Verbraucher zurück.

Noch eine wichtige Frage: Warum zickst du eigentlich so schnell rum? Den hippen Stoffbeutel kann ich ein Leben lang mit mir rumtragen, du hingegen verschleißt spätestens nach einem Monat – dann warst du aber schon gut drauf. Denk doch mal drüber nach, ob du uns allen nicht einen Gefallen tun und dich für lange Zeit zurückziehen willst, um deinem Bruder Stoffbeutel endlich wieder den ersten Platz zu überlassen.

Hoffentlich auf Nimmerwiedersehen
Deine Pauline

Quelle: Pauline Schilke, SPIESSER Thüringen. April / Mai 2016, Nr. 164, S. 30.

Text 2
Plastik ohne Ende? Moderne Kunststoffe im Alltag

Ob Plastikspielzeug, Babywindel oder Fahrradhelm – Kunststoffe gibt es überall, denn sie sind praktisch und für vieles zu gebrauchen. Aber sie belasten auch unsere Umwelt. Sind Biokunststoffe eine sinnvolle Alternative?

Schon in seinen ersten Lebenstagen hat ein Baby mit Kunststoffen zu tun: sein Fläschchen aus Kunststoff z. B. unzerbrechlich und leichter als eine ähnliche Flasche aus Glas – Vorteile, die Mütter und Babys schätzen.

Und selbstverständlich braucht ein Baby auch regelmäßig eine frische Windel. Eine Windel, die alles aufsaugt, was ein Säugling in die Hose macht, damit seine zarte Kinderhaut trocken bleibt. Mehrere Liter Wasser schluckt eine moderne Kunststoffwindel, ohne dass auch nur ein Tropfen nach außen dringt. Das schafft keine Stoffwindel.

Kunststoffe stecken aber auch in so manchem Kleidungsstück: Vor allem in Sportjacken und -hemden haben sogenannte Mikrofasern die Naturfasern weitgehend verdrängt. Die synthetischen Fasern können winddicht, atmungsaktiv und wasserabweisend zugleich sein.

Kunststoffe haben auch im Auto ihren Platz, im Innenraum besteht fast alles aus Plastik: der Gurt, die Sitze, das Armaturenbrett. Kunststoffe können in alle möglichen Formen gebracht werden, sie sind leicht und das ist günstig für den Kraftstoffverbrauch. Dennoch: 100 Kilogramm Kunststoffe stecken heute in einem Durchschnittsauto.

Die Lebensdauer der meisten Kunststoffartikel im Alltag ist kurz. Obwohl der Rohstoff Erdöl knapp zu werden droht, sind Kunststoffe noch immer sehr billig herzustellen. Getränkeflaschen und Einkaufstüten landen oft schon nach einmaligem Gebrauch in der Mülltonne. Um die Materialien wieder verwerten zu können, müssen sie in aufwändigen Verfahren wieder voneinander getrennt werden.

Das geschieht in modernen Sortieranlagen. Denn nur aus sortenreinen Kunststoffen können auch wieder brauchbare Kunststoffe hergestellt werden. In Deutschland wird weniger als die Hälfte des anfallenden Kunststoffmülls wieder zu Kunststoffen recycelt. Der größere Teil wird verbrannt oder er landet auf dem Müll und macht dort große Probleme. Denn Plastik ist sehr beständig gegenüber Umwelteinflüssen. Die Überreste achtlos weggeworfener Flaschen, Tüten und Folien schaden der Umwelt jahrzehntelang.

Hoffnung machen da Biokunststoffe aus nachwachsenden Rohstoffen, z. B. Mais. Biologisch abbaubare Kunststoffe aus nachwachsenden Rohstoffen gelten als vielversprechende Alternative zu den herkömmlichen Kunststoffen aus Erdölprodukten. […]

Quelle: http://www.br.de/alphalernen/faecher/chemie/moderne-kunststoffe-alltag-100.html (14. 07. 2016)

Arbeitsauftrag

Verfassen Sie auf der Basis beider Texte einen Artikel für die Schülerzeitung, der zur Diskussion über den Umgang mit Kunststoffen im Alltag anregen soll.

Lösungsvorschlag

Bei der Bearbeitung dieser Aufgabe sollten Sie **in zwei Schritten** *vorgehen. Nach der Lektüre der beiden vorgegebenen Materialien und der Beschäftigung mit den darin enthaltenen Informationen beginnen Sie mit der Arbeit an Ihrem eigenen Artikel.*

Nehmen Sie sich zunächst dafür Zeit, die beiden **abgedruckten Texte** *genau* **durchzulesen**. *Beim ersten Text handelt es sich um einen Anklagebrief an die Plastiktüte. Auch wenn dieser Text in seiner Sprechsituation ungewöhnlich ist, können Sie ihm dennoch* **wertvolle Sachinformationen** *zum Umgang mit Plastiktüten entnehmen. Der zweite Text ist sachlich gehalten und beschäftigt sich mit Kunststoffen im Allgemeinen. Er liefert konkrete Beispiele aus dem Alltag, betont aber auch die Vorteile von Kunststoffen und stellt Alternativen in Aussicht.* **Markieren Sie** *in beiden Texten die* **Informationen**, *die Sie für Ihren eigenen Artikel verwenden können. Da Sie beide Texte berücksichtigen sollen, empfiehlt es sich, aus Gründen der Objektivität auch auf die Vorteile von Kunststoffen einzugehen und die diesbezüglichen Entwicklungsmöglichkeiten zu benennen. Zeigen Sie hier, dass Sie – in Ihrer Rolle als „Journalist" für die Schülerzeitung – zu einer ausgewogenen und unvoreingenommenen Darstellung fähig sind.*

Bevor Sie mit dem Schreiben beginnen, sollten Sie die **Aufgabenstellung analysieren**. *Stellen Sie sich dabei die folgenden Fragen: Mit welchem Thema soll sich mein Artikel beschäftigen? Welche Art von Artikel ist verlangt? Welche Zielgruppe muss ich im Auge haben? Da Ihr Artikel für eine Schülerzeitung bestimmt ist, gilt es,* **Stil und Inhalt** *auf diese Zielgruppe auszurichten, d. h., jeder Schüler sollte Ihren Ausführungen folgen und z. B. Ihre* **Alltagsbeispiele** *nachvollziehen können. Ihr Artikel soll* **zur Diskussion anregen:** *Achten Sie deswegen in Ihren Formulierungen und Behauptungen auf Sachlichkeit, benennen Sie die Probleme im Umgang mit Kunststoffen und zeigen Sie auf, was jeder Einzelne dagegen tun kann. Sie dürfen auch an das Verantwortungsbewusstsein Ihrer Leser appellieren, sollten aber vorsichtig sein mit moralisierenden Vorschriften. Lassen Sie lieber* **Fakten** *sprechen und zeigen Sie konkrete Handlungsmöglichkeiten im Alltag auf. Finden Sie für Ihren Artikel eine originelle* **Überschrift**, *die das Thema benennt und die Aufmerksamkeit der Leser auf den Artikel lenkt.*

Der Anfang vom Ende der Plastiktüte:
Hast du schon mal über Kunststoff nachgedacht?

Überschrift

Einleitung

Hinführung zum Thema: Alltagsbeispiel für Nutzung einer Plastiktüte

Wer kennt diese Situation nicht? Nach der Schule oder vor dem Nachmittagsunterricht überkommt einen der Hunger und man geht in den günstigen Supermarkt gleich nebenan, da das Taschengeld gerade etwas knapp wird und das Essen in der Schulmensa zu teuer ist oder nicht schmeckt. Die Schultasche ist bereits voll oder eben noch in der Schule und der Hunger ist groß, deshalb muss an der Kasse noch schnell eine Plastiktüte her, um die 2-Liter-Eisteeflasche, das verschweißte Sandwich, die zwei Äpfel und den Schokoriegel tragen zu können. Was uns wie eine alltägliche und vollkommen harmlose Handlung vorkommt, hat einen ernsten Hintergrund und langfristig gesehen gravierende Folgen: Plastiktüten sind eine nicht zu unterschätzende Gefahr und Belastung für Mensch, Tier und Umwelt. Wir sollten deshalb dringend unseren Umgang mit Kunststoffen hinterfragen.

Hauptteil

Der Weg der Plastikprodukte: vom Menschen ins Meer und zurück zum Menschen

Vielen ist nicht bewusst, dass Plastik so gut wie unkaputtbar ist. Es löst sich zwar in kleinste Teilchen auf, aufgrund der komplexen Molekülstruktur ist eine vollständige Zersetzung von Plastik auf natürlichem Wege aber beinahe unmöglich. Man schmeißt seine Plastiktüten schließlich in den Müll, weniger als die Hälfte des Mülls wird recycelt, viel wird verbrannt. Doch auf Umwegen landen jährlich ca. sieben Millionen Tonnen Plastik in den Meeren und an den Küsten ärmerer Länder. Fische nehmen die giftigen Stoffe in sich auf, werden krank und sterben daran. Oder sie werden gefangen und finden sich – samt den winzigen Plastikteilchen in ihrem Inneren – auf unserem Teller wieder. So erhält das von Menschen erzeugte Plastik Eingang in die Nahrungskette und wird – wie ein Bumerang – selbst zur gesundheitlichen Bedrohung für die Menschen. Auf seinem Weg zurück zum Menschen fügt es der Natur und der Tierwelt noch unabsehbare Schäden zu. Das alles sollte man bedenken, wenn man das nächste Mal an der Kasse wieder arglos nach einer Plastiktüte greift.

Herstellung von Kunstoffen

Die Plastiktüte ist der im Alltag wohl berühmteste Vertreter der Kunststoffe. Aus Sicht der Unternehmen ist die Herstellung von Kunststoffen billig und lohnenswert. Dass das auch in Zukunft so bleiben wird, ist aber unwahrscheinlich: Die Erdölressourcen, die für die Herstellung nötig sind, werden weltweit knapper und werden auch die Industrie zum Wandel zwingen. Bis es dazu kommt, sind die traditionellen Kunststoffe aus dem Alltag jedoch noch nicht wegzudenken, weswegen die Sensibilität und das Handeln jedes Einzelnen gefragt ist. Man sollte sich bewusst machen, dass die Verpackungen nahezu aller Produkte aus Kunststoff bestehen, von den eingeschweißten Essensprodukten bis zur Shampoo-Flasche. Die Allgegenwart von Kunststoffen und die Auswirkungen davon muss man sich als Konsument vor Augen halten. Und was für die Plastiktüten im Kleinen gilt, trifft auf sämtliche Kunststoffprodukte zu: Diese Produkte werden nur zu einem Teil recycelt, da die entsprechenden Verfahren sehr aufwendig und teuer sind. Der andere Teil gelangt auf Mülldeponien, kommt in Müllverbrennungsanlagen und findet teilweise auch den Weg ins Meer – und belastet so auf verschiedene Weise die Umwelt.

Bedeutung von Kunststoffen im Alltag

Verschiedene Formen der Belastung der Umwelt

Man muss fairerweise aber auch betonen, dass Kunststoffe keineswegs Teufelswerk sind, sondern durchaus ihre Stärken haben. Plastiktrinkflaschen für Babys können kaum zerbrechen, Kunststoffwindeln nehmen große Mengen Flüssigkeit auf. Autos, in denen viele Kunststoffteile verbaut sind, weisen weniger Gewicht auf und verbrauchen deswegen deutlich weniger Kraftstoff, was wiederum gut für die Umwelt ist. Generell spielen das geringe Gewicht und die gute Verformbarkeit von Kunststoffen eine wichtige Rolle. In der Medizin sind Kunststoffprodukte beispielsweise für Prothesen von unschätzbarem Wert und können die Lebensqualität von Menschen spürbar verbessern. Und auch für technische Geräte wie den Computer, das Smartphone, den Geschirrspüler oder die Waschmaschine sind Kunststoffteile unverzichtbar. Man darf sich also keinen Illusionen hingeben: Kunststoffe werden nicht so schnell verschwinden, da sie in vielen Bereichen des Lebens unersetzbar geworden sind.

Vorteile von Kunststoff: Stabilität, geringes Gewicht und Verformbarkeit

Ein Lichtblick in dieser Hinsicht ist eine vielversprechende Alternative: sogenannte Biokunstoffe aus nachwachsenden Rohstoffen wie z. B. Mais. Für ihre Produktion ist kein Erdöl mehr vonnöten und sie sind zu 100 % biologisch abbaubar. Der teuren Wiederaufbereitung, den hohen Müllbergen, der Verschmutzung der Weltmeere und der Gefährdung von Tieren und Menschen könnte mit diesem Kunststofftrend der Kampf angesagt werden. Bereits jetzt kann man einige Produkte, die mit Biokunststoff verpackt sind, in den Regalen der Supermärkte finden: Hier könnt ihr bedenkenlos zugreifen! Als Einzelner hat man natürlich auf die Geschwindigkeit der technischen Entwicklungen im Bereich der Kunststoffe wenig Einfluss. Hier ist vielmehr der Fort-

Hoffnungsträger Biokunststoff

schrittsgeist und das Umweltbewusstsein der Unternehmen gefragt. Aber was kann man als Konsument gegen den Plastikwahn tun?

Vor Kurzem haben einige der größten Supermarktketten Deutschlands entschieden, an ihren Kassen keine kostenlosen Plastiktüten mehr anzubieten: Das kann man als willkommenen Anreiz dazu nehmen, auf diese gänzlich zu verzichten. Zum Einkaufen sollte man nur noch Stoffbeutel verwenden. Steckt man sich einen davon in den Schulranzen, den Rucksack oder die Handtasche, hat man diesen jederzeit – auch bei spontanen Einkäufen – zur Hand. Es gibt sogar bereits vereinzelt Läden, die komplett auf Verpackungen verzichten. Aber natürlich hat nicht jeder in seiner Umgebung diese Möglichkeit zum sogenannten verpackungsfreien Einkaufen.

Möglichkeiten der Müllverringerung im Alltag

Man kann auch darauf achten, nur noch Mehrweg-Pfandflaschen zu kaufen, sodass die Wiederverwendbarkeit gewährleistet ist. Und nicht jede Banane, jede Kiwi oder jedes Gemüse muss einzeln in einen eigenen kleinen Plastikbeutel gepackt werden. Die meisten dieser Produkte werden zuhause ohnehin nochmal abgewaschen oder sogar geschält. Dass man seinen Müll trennt, sollte mittlerweile eine Selbstverständlichkeit sein. Gewöhnt man sich diese wenigen Verhaltensweisen an, kann man seinen Verbrauch von Plastik und Kunststoffen in kürzester Zeit erheblich verringern. Und wenn ihr eure Eltern, Geschwister, Freunde und Verwandte auf das Problem aufmerksam macht, könnt ihr die positive Auswirkungen sogar ganz leicht vervielfachen.

Weitere Möglichkeiten zur Verringerung von Kunststoffabfällen

Durch den reflektierten Umgang mit Kunststoffen kann jeder etwas für seine Ökobilanz tun und durch alltägliche Entscheidungen seinen Beitrag zur Schonung der Umwelt leisten: für sich selbst, für die nachfolgenden Generationen, für die Tiere und für den Planeten Erde. Und sobald sich Biokunststoffe durchsetzen, kann man auch wieder guten Gewissens entsprechende Produkte kaufen und verwenden. Bis dahin sollte gelten: Augen auf beim Einkauf!

Schluss

Appell an Verantwortungsgefühl

Gustav Falke (1853–1916): **Zwei** (1896)

Drüben du, mir deine weiße
Rose übers Wasser zeigend,
Hüben ich, dir meine dunkle
Sehnsüchtig entgegen neigend.

In dem breiten Strome, der uns
Scheidet, zittern unsre blassen
Schatten, die vergebens suchen,
Sich zu finden, sich zu fassen.

Und so stehn wir, unser Stammeln
Stirbt im Wind, im Wellenrauschen,
Und wir können nichts als unsre
Stummen Sehnsuchtswinke tauschen.

Leis, gespenstisch, zwischen unsern
Dunklen Ufern schwimmt ein wilder
Schwarzer Schwan, und seltsam schwanken
Unsre blassen Spiegelbilder.

Falke, Gustav: Zwei. In: Hartung, Harald (Hrsg.): Gedichte und Interpretationen. Band 5. Reclam, Stuttgart 1983, S. 43.

Arbeitsauftrag

Interpretieren Sie das Gedicht.

Lösungsvorschlag

Sie haben die komplexe Aufgabe einer Interpretation, also müssen Sie das vorliegende Gedicht im Zusammenhang ***beschreiben, deuten und werten****. Das erfordert ein Gesamtverständnis des Inhaltes.*
Um einen Zugang zu dem Gedicht zu bekommen, lesen Sie es sich zunächst leise sprechend mehrmals durch. Machen Sie sich dann Ihren ersten Eindruck und Ihr erstes Verständnis bewusst.
Da sich Gedichte nicht wie andere Texte sofort offenbaren, sollten Sie die Erarbeitung wie die Lösung eines Kriminalfalles angehen, indem Sie zunächst einzelne Gesichtspunkte in den Blick nehmen, um daraus dann ein Gesamtbild zu gewinnen: Untersuchen Sie nacheinander Aspekte wie den ***Titel****, den* ***Aufbau****, den* ***Inhalt****, das* ***Thema****, die* ***Stimmung*** *und das* ***lyrische Ich*** *sowie die* ***äußere Form*** *(Strophenbau, Reime, Metrum etc.) und die* ***Sprache****. Beachten Sie auch das* ***Entstehungsdatum****, das Ihnen gegebenenfalls hilft, das Gedicht in den historisch-gesellschaftlichen Kontext einzubinden, um auch damit Ihre Deutung zu stützen.*
Kontrollieren Sie nun, ob sich Ihr erstes Verständnis bestätigt, vertieft, geklärt oder verändert hat.
Nach Abschluss der Vorbereitungen sollten Sie einen Schreibplan anlegen, z. B. eine Gliederung, die die Reihenfolge Ihrer Darlegungen festlegt.
In der ***Einleitung*** *Ihres Aufsatzes geben Sie auf jeden Fall die Basisinformationen an: Autor, Titel, Entstehungsjahr/Veröffentlichungsjahr, Textsorte und Thema. Stimmen Sie den Leser außerdem auf das Thema ein, um ihn zum Gedicht hinzuführen.*
Im ***Hauptteil*** *erklären Sie nun Ihr Verständnis des Gedichts. Nach einer kurzen* ***Inhaltszusammenfassung*** *stellen Sie dafür die zuvor untersuchten Aspekte im Zusammenhang dar. Beziehen Sie als Belege* ***Zitate*** *mit ein. Achten Sie auch darauf, dass Sie eigene Aussagen von denen des Autors abheben und korrekt zitieren. Um Wiederholungen zu vermeiden, bietet es sich bei diesem Gedicht an, den Strophen zu folgen und dabei die inhaltlichen Aspekte mit den formalen und sprachlichen zu verbinden. Wichtig ist, dass Sie die Gestalt (Form und Sprache) und den Gehalt (Inhalt) im Zusammenhang sehen. Achten Sie auf wertende Aussagen.*
Im Anschluss an den linearen Durchgang können Sie noch deutungsrelevante Aspekte ansprechen, die sich auf das gesamte Gedicht beziehen.
Zum ***Schluss*** *sollten Sie Ihre Interpretation abrunden, indem Sie z. B. den Ausgangsgedanken wieder aufgreifen, auf andere Gedichte, Dramen, Lieder oder Filme verweisen, eine abschließende Wertung abgeben oder andere themengerechte Gedanken äußern.*

Während des Lesens des Gedichts „Zwei" von Gustav Falke kam mir ein fast schon vergessenes Lied in Erinnerung, das wir als jüngere Kinder gerne sangen: „Es waren zwei Königskinder, die hatten einander so lieb. Sie konnten zusammen nicht kommen, das Wasser war viel zu tief [...]." Wir litten gern mit, und Königskinder waren etwas Besonderes. Auch wir wollten etwas Besonderes sein und fühlten wohl schon den Hauch von Liebe und etwas Verbotenem.

Einleitung

Basisinformationen (Textsorte, Titel, Autor) und Hinführung

Viele Kunst- und Volkslieder des 19. Jahrhunderts gestalten herzergreifende Lebensumstände, die vor allem vom Gefühl der unerfüllten Liebe, des Verlassenseins, der Einsamkeit, des Begehrens oder des Todes bestimmt sind. Die Sehnsucht, geliebt zu werden und zu lieben, spiegelt sich in vielen Liedern und Geschichten wider.

Diesem Gefühl gibt auch Falke in seinem Gedicht Ausdruck, das 1896 erschienen und von Harald Hartung 1983 in einen Sammelband aufgenommen worden ist. Es gestaltet die Erfahrung einer unerfüllten Liebe.

Überleitung mit weiteren Basisinformationen (Erscheinungsjahr, Thema)

Hauptteil

Inhaltszusammenfassung

Ähnlich wie im oben genannten Lied stehen sich zwei Personen auf verschiedenen Seiten eines Flusses gegenüber. Sie fühlen sich zueinander hingezogen, aber der Fluss zwischen ihnen bildet eine trennende Linie. Eine positive Lösung des Problems wird nicht ausgeführt, das Liebesbegehren wird nicht erfüllt.

Formaler und inhaltlicher Textaufbau

Das vierstrophige Gedicht ähnelt im Aufbau mit seinen durchgängigen Vierzeilern und Endreimen des jeweils zweiten und vierten Verses der Form des Volksliedes. Der Dichter wählte für seinen Text durchgehend den Trochäus und ermöglicht so einen gleichmäßigen Lesefluss. Eine stockende Wirkung darf man allerdings in den zum Teil starken Enjambements sehen, die häufig das Attribut von seinem Bezugswort trennen (vgl. V. 1 f., 3 f., 6 f., 14 f.). Dadurch wird immer wieder der Rhythmus abgebremst, was insgesamt zu der eher starren Szenerie und zum ausgebremsten Liebesverlangen passt. Eine große Regelmäßigkeit liegt darin, dass jede Strophe aus einem Satz besteht. Dies unterstützt den inhaltlichen Aufbau des Gedichts, das in vier Strophen vier Bilder entwirft, die das Thema der unerfüllten Sehnsucht variieren.

Untersuchung von Strophe 1

Schon der Titel „Zwei" verweist auf ein Paar. In der ersten Strophe treten uns beide gleichermaßen verliebt entgegen. Allerdings fließt zwischen ihnen ein „Wasser" (V. 2), sie sind also räumlich getrennt. Davon erfährt der Leser aus der Sicht einer der Liebenden. Das lyrische Ich wird aber ebenso wie sein Gegenüber nicht weiter charakterisiert. Beide bekommen keine individuellen Züge verliehen. Das lyrische Ich steht „[h]üben" (V. 3) und die geliebte Person „[d]rüben" (V. 1), am anderen Ufer. Das traditionelle Symbol der Rose bezeugt die tiefempfundene Liebe der beiden. Da jene eine „weiße Rose" (V. 1 f.) zeigt und das lyrische Ich eine „dunkle" (V. 3) dürfen zwei verschiedene Geschlechter vermutet werden. Die Farbe Weiß verweist in der Literatur oft auf mädchenhafte Unschuld, weshalb anzunehmen ist, dass das Gegenüber weiblich ist.

Der parallele Bau der beiden elliptischen Zweizeiler unterstreicht zum einen die Entsprechung zwischen den Liebenden. Die Antithese „Drüben" (V. 1) und „Hüben" (V. 3) hebt zum anderen die das Gedicht beherrschende Problematik ihrer räumlichen Trennung hervor, zumal ein unsicheres Element, das Wasser, zwischen ihnen steht.

Untersuchung von Strophe 2

In der zweiten Strophe zeigt sich dann, dass die Trennungssituation nicht überwunden werden kann. Der Sprecher äußert, dass der Strom sie „[s]cheidet" (V. 6), also nicht nur vorläufig trennt, und dass er „breit[]" (V. 5) ist, wodurch er unüberwindbar wirkt. Zudem nimmt das lyrische Ich nun nicht mehr die Personen selbst wahr, sondern deren „blasse[n] / Schatten" (V. 6 f.), die „vergebens suchen, / [s]ich zu finden, sich zu fassen" (V. 7 f.). Man kann darin eine Steigerung sehen: Sogar die schattenhaften Abbilder der Menschen vermögen nicht in direkten Kontakt zu treten. An dem Verb „zittern" (V. 6) kann man eine zusätzliche Verunsicherung ablesen – das sich bewegende Wasser lässt keine scharfen Umrisse der Schattengebilde zu. Die Verzweiflung der Liebenden unterstreicht das lyrische Ich durch das Wort „vergebens" (V. 7) und durch die parallelistische Doppelung „Sich zu finden, sich zu fassen" (V. 8).

Untersuchung von Strophe 3

Die dritte Strophe intensiviert die Darstellung der Trennungssituation noch. Während das lyrische Ich zuvor visuelle Wahrnehmungen beschreibt, fügt es nun noch auditive Wahrnehmungen hinzu: Denn selbst eine verbale Kontaktaufnahme scheint unmöglich zu sein, da „Wind" und „Wellenrauschen" (V. 10), deren Zusammenwirken hier auch durch die Alliteration unterstrichen wird, das „Stammeln" (V. 9) übertönen. Das für dieses Übertönen verwendete Wort („Stirbt", V. 10) verleiht der Hilflosigkeit der Liebenden zusätzlich Nachdruck.

Wie in einer Art reflektierenden Bestandsaufnahme hält das Ich fest, dass ihnen beiden nur die gestische Kommunikation durch „[s]tumme[] Sehnsuchtswinke“ (V. 12) bleibt, um ihre innere Bewegtheit mitzuteilen.

Untersuchung von Strophe 4

In der letzten Strophe erfährt der trennende Fluss noch einmal eine bedrohliche Aufwertung, denn ein „wilder / [s]chwarzer Schwan“ (V. 14 f.) schwimmt gespenstisch zwischen ihnen. Deshalb erzittern nun die „blassen / Schatten“ (V. 6 f.) nicht mehr nur, sondern es „schwanken / [die] blassen Spiegelbilder“ „seltsam“ (V. 15 f.). Diese Veränderung darf man als Steigerung deuten. Nicht zuletzt aufgrund der teilweise durch Inversionen noch betonten Adjektive (V. 13 ff.: „Leis, gespenstisch“, „Dunklen“, „wilder / Schwarzer“, „seltsam“) entsteht im Kopf des Lesers ein unheimliches Bild von der Szenerie. Auch die klangliche Gestaltung zeugt davon, dass die ohnehin schon unerfüllte Liebe insbesondere gegen Ende des Gedichts als zutiefst bedroht erscheint: Bestimmen am Anfang noch hellere Klänge den Text, wie die Häufung von i-/ü-/ei-Lauten in Strophe 1 zeigt, so unterstützen am Ende die dunklen Klänge die düsteren Bilder lautlich: Im Mittelteil der vierten Strophe treten vermehrt u- und a-Laute auf, und auch die mehrfache, teils alliterative Verwendung der Lautkombination „schw“ (vgl. V. 14 f.) wirkt beschwerend. Die vielen Zischlaute verstärken den Eindruck von Gefahr.

Deutender Rückblick auf das Gedicht

Blickt man von der letzten Strophe aus auf das gesamte Gedicht, dann stellt man fest, dass die Liebenden als Agierende zunehmend hinter die Natur zurücktreten: Der Strom „[s]cheidet“ (V. 6), lässt „zittern“ (V. 6) und „seltsam schwanken“ (V. 15). Der „Wind“ und das „Wellenrauschen“ (V. 10) übertönen die Worte, die Liebenden verstummen. Der schwarze Schwan als unheilverheißendes Symbol schwimmt zwischen ihnen.

Weitere Anzeichen unterstreichen den Eindruck von zunehmender Hoffnungslosigkeit: Das trennende „Wasser“ (V. 2) wird zum „breiten Strom[]“ (V. 5), die Personen werden zu „Schatten“ (V. 7), aus dem sehnsüchtigen Entgegenneigen der Rosen (vgl. V. 4) werden „[s]tumme[] Sehnsuchtswinke“ (V. 12), die wie ein Abschiedswinken wirken, und letztendlich bleiben nur noch „schwanken[de]“ (V. 15) Spiegelungen im Wasser.

Offenes Ende

Gustav Falke lässt das Ende offen: Werden beide ungetröstet gehen? Ist die aufkeimende Beziehung beendet? Werden sich beide in den Fluss stürzen? Werden sie ein erneutes Treffen wagen?

So offen das Ende ist, so sehr bleiben auch die Personen ohne Kontur. Es scheint Falke daher nicht darum zu gehen, eine konkrete, individuelle Liebessituation auszugestalten, sondern die Intensität einer wegen äußerer Umstände unerfüllten Liebe in eher abstrakt-symbolischer Form darzustellen. Sehnsucht und Leidenschaft werden in Bildern als Idee veranschaulicht. Dieses Vorgehen findet sich in der Strömung des Symbolismus häufiger. Typisch symbolistisch wirkt auch die dichte rhetorische Gestaltung: Diese zeigt sich u. a. im Anfangsreim „Drüben / […] Hüben“ (V. 1–3), in Alliterationen (u. a.: „Stammeln / Stirbt“, V. 9 f.), Assonanzen (u. a.: „Schwarzer […] schwanken“, V. 15), einer Ellipse (Strophe 1), Inversionen (u. a.: „In dem breiten Strome“, V. 5) oder auch im Neologismus „Sehnsuchtswinke“ (V. 12).

Epochen-einordnung

Im Zentrum des Gedichts stehen nicht die konkreten Gründe für die „Unmöglichkeit“ dieser Liebe, sondern der bildlich-abstrakte Ausdruck der Sehnsucht, die sich aus der „unmöglichen“ Liebesbeziehung ergibt. Das unterscheidet Falkes Text von der anfangs genannten Volksballade „Es waren zwei Königskinder“, in der die Beziehung ganz konkret von einer bösen Frau verhindert wird, bei der man davon ausgehen darf, dass sie aus fragwürdigen sittlichen Gründen handelt. Während das überlieferte Lied durch die nähere Beschreibung der Umstände und einer Handlung Einfühlung in die Personen ermöglicht, ist Falkes Liebesgedicht für mein Verständnis zu gekünstelt und abstrakt, um eine Basis für Identifikation zu schaffen. Deshalb ziehe ich „Es waren zwei Königskinder“ vor.

Schluss

Rahmender Rückbezug zur Einleitung

Begründete Wertung

Thüringen – Besondere Leistungsfeststellung Deutsch 2017
Aufgabe 4: Interpretation eines Dramentextes

Friedrich Schiller (1759–1805):
Kabale und Liebe [Zweiter Akt. zweite Szene]

In seinem bürgerlichen Trauerspiel „Kabale und Liebe" (1784) thematisiert Friedrich Schiller die Standesschranken zwischen Adel und Bürgertum. Ferdinand von Walter liebt die bürgerliche Luise und möchte sie heiraten. Dagegen intrigiert sein Vater, der Präsident, mit Hilfe des Fürsten. Sie haben Lady Milford als künftige Braut des Präsidentensohnes bestimmt.

Personen: Lady Milford: Favoritin des Fürsten
Ein Kammerdiener des Fürsten

Ein alter Kammerdiener des Fürsten, der ein Schmuckkästchen trägt.[...]

KAMMERDIENER Seine Durchlaucht der Herzog empfehlen Sich Mylady zu Gnaden, und schicken Ihnen diese Brillanten zur Hochzeit[1]. Sie kommen so eben erst aus Venedig.

LADY *(hat das Kästgen geöffnet und fährt erschrocken zurück)* Mensch! was bezahlt dein Herzog für diese Steine?

KAMMERDIENER *(mit finsterm Gesicht)* Sie kosten ihn keinen Heller.

LADY Was? Bist du rasend? *Nichts?* – und *(indem sie einen Schritt von ihm weg tritt)* du wirfst mir ja einen Blick zu, als wenn du mich durchbohren wolltest – *Nichts* kosten ihn diese unermeßlich kostbaren Steine?

KAMMERDIENER Gestern sind siebentausend Landskinder nach Amerika fort[2] – Die zahlen alles.

LADY *(setzt den Schmuck plötzlich nieder, und geht rasch durch den Saal, nach einer Pause zum Kammerdiener)* Mann, was ist dir? Ich glaube, du weinst?

KAMMERDIENER *(wischt sich die Augen, mit schrecklicher Stimm, alle Glieder zitternd)* Edelsteine wie diese da – Ich hab auch ein paar Söhne drunter.

LADY *(wendet sich bebend weg, seine Hand fassend)* Doch keinen Gezwungenen?

KAMMERDIENER *(lacht fürchterlich)* O Gott – Nein – lauter Freiwillige. Es traten wohl so etliche vorlaute Bursch vor die Front heraus, und fragten den Obersten, wie teuer der Fürst das Joch[3] Menschen verkaufe? – aber unser gnädigster Landesherr ließ alle Regimenter auf dem Paradeplatz aufmarschieren, und die Maulaffen niederschießen. Wir hörten die Büchsen knallen, sahen ihr Gehirn auf das Pflaster sprützen, und die ganze Armee schrie: *Juchhe nach Amerika!* –

LADY *(fällt mit Entsetzen in den Sofa)* Gott! Gott! – Und ich hörte nichts? Und ich merkte nichts?

KAMMERDIENER Ja gnädige Frau – warum mußtet Ihr denn mit unserm Herrn gerad auf die Bärenhatz reiten, als man den Lärmen zum Aufbruch schlug? – Die Herrlichkeit hättet Ihr doch nicht versäumen sollen, wie uns die gellenden Trommeln verkündigten, es ist Zeit, und heulende Waisen dort einen lebendigen Vater verfolgten, und hier eine wütende Mutter lief, ihr saugendes Kind an Bajonetten zu spießen, und wie man Bräutigam und Braut mit Säbelhieben auseinander riß, und wir Graubärte verzweiflungsvoll da standen, und den Burschen auch zuletzt die Krücken noch nachwarfen in die neue Welt – Oh, und mitunter das polternde Wirbelschlagen, damit der Allwissende uns nicht sollte beten hören –

LADY *(steht auf, heftig bewegt)* Weg mit diesen Steinen – sie blitzen Höllenflammen in mein Herz *(sanfter zum Kammerdiener)*. Mäßige dich armer alter Mann. Sie werden wieder kommen. Sie werden ihr Vaterland wieder sehen.

KAMMERDIENER *(warm und voll)* Das weiß der Himmel! Das werden Sie! – Noch am Stadttor drehten sie sich um, und schrieen: „Gott mit Euch, Weib und Kinder – Es leb unser Landesvater – am jüngsten Gericht[4] sind wir wieder da!“ –

LADY *(mit starkem Schritt auf und nieder gehend)* Abscheulich! Fürchterlich! – *Mich* beredete man, ich habe sie alle getrocknet die Tränen des Landes – Schrecklich, schrecklich gehen mir die Augen auf – Geh du – Sag deinem Herrn – Ich werd ihm persönlich danken *(Kammerdiener will gehen, sie wirft ihm ihre Geldbörse in den Hut)*. Und das nimm, weil du mir Wahrheit sagtest –

KAMMERDIENER *(wirft sie verächtlich auf den Tisch zurück)* Legts zu dem übrigen.

(Er geht ab.)

Friedrich Schiller: Kabale und Liebe. In: Kraft, Herbert (Hrsg.): Schillers Werke. Erster Band. Insel Verlag. Frankfurt am Main 1966, S. 260–263.

1 Die Mätresse des Herzogs, Lady Milford, soll auf Weisung des Fürsten mit dem Sohn des Präsidenten, Ferdinand von Walter, verheiratet werden.
2 Die Landeskinder werden als Soldaten gegen die amerikanische Unabhängigkeit im Krieg 1775–1783 verkauft.
3 Maßeinheit (ein Joch = zwei Menschen)
4 Jüngstes Gericht: göttliches Gericht über die Menschen, das die Gerechten von den Ungerechten trennt

Arbeitsauftrag

Interpretieren Sie den Szenenauszug.

Lösungsvorschlag

Diese Aufgabe fordert von Ihnen die ***Interpretation eines Dramenauszugs****. Da sie keine weiteren Hinweise dazu gibt, welche Aspekte insbesondere zu berücksichtigen sind, müssen Sie selbst entscheiden, welche Schwerpunkte Sie in Ihrem Aufsatz setzen möchten. Bei diesem Auszug bietet es sich an, ein Hauptaugenmerk auf die Gestaltung der Figuren zu legen – und zwar insbesondere auf Lady Milford, da sie offenbar zu den Hauptfiguren zählt (vgl. Vortext des Auszugs). Stellen Sie sich hierfür die Frage, welche Charakterzüge sich aus der Szene ableiten lassen, und berücksichtigen Sie dabei nicht nur die* ***verbalen Äußerungen*** *(und deren sprachliche Form), sondern auch das* ***nonverbale Verhalten****, zu dem Schiller in den Regieanweisungen ausgiebige Angaben macht. Denn wie Milfords Redebeiträge gibt dieses Auskunft darüber, wie die Erläuterungen des Kammerdieners auf sie wirken.*

Für das Verständnis der Szene ist es grundlegend, auch die gegebenen ***Zusatzinformationen*** *zu beachten – d. h. sowohl den kursiv gedruckten Vortext, der über den* ***Kontext der Szene*** *informiert, als auch die Fußnoten, die u. a. Hinweise zum* ***historischen Bezug*** *des Ausschnitts enthalten.*

In der ***Einleitung*** *sind in jedem Fall die* ***Grunddaten des Dramas*** *(Autor, Titel, Textsorte, Erscheinungsjahr) zu nennen. Um Interesse zu wecken, ist es außerdem sinnvoll, zum* ***Thema*** *des Auszugs* ***hinzuführen*** *– z. B. indem Sie* ***aktuelle Bezüge*** *andeuten.*

Im ***Hauptteil*** *können Sie dann zunächst knapp den* ***Inhalt*** *der Szene wiedergeben und den* ***Aufbau*** *erläutern. Im nächsten Schritt ist es sinnvoll, den Auszug genauer unter die Lupe zu nehmen. Entweder Sie gehen den Text* ***von vorne bis hinten*** *durch (siehe den Musteraufsatz unten) oder Sie nehmen* ***bestimmte Aspekte*** *des Auszugs in den Blick (z. B. Redeanteile, Gesprächsführung, nonverbales Verhalten etc.) und ziehen dann dazu passende Belege von verschiedenen Textstellen heran.*

Spätestens im ***Schlussteil*** *bietet es sich an, näher auf den historischen Bezug der Textstelle einzugehen – auf die damals gängige Praxis des Verkaufs von Landeskindern und den geradezu tyrannischen Herrschaftsstil des Herzogs.*

Einleitung

Hinführung über aktuelle Beobachtungen

In einem demokratischen System zu leben, ist für uns in Deutschland so selbstverständlich, dass wir oft vergessen, wie wichtig dieses für unsere Lebensweise ist. Angesichts der Nachrichten aus anderen Ländern der Welt (z. B. der Türkei oder Venezuela), in denen sich mehr und mehr eine Konzentration der politischen Macht zu vollziehen droht, wird einem aber auch in Deutschland Folgendes bewusst: Die demokratischen Werte sind keine Selbstverständlichkeit und müssen daher geschützt werden.

Auch der Blick in die Geschichte und in die Literatur, die oft auf historische Entwicklungen reagiert, vermag vor Augen zu führen, unter welchen Bedingungen Menschen in undemokratischen Systemen leben müssen. Den vorliegenden Auszug (zweite Szene des zweiten Aktes) aus Friedrich Schillers bürgerlichem Trauerspiel „Kabale und Liebe“ von 1784 kann man als Beispiel hierfür heranziehen.

Überleitung

Grunddaten zum Drama

Ein alter Kammerdiener des Fürsten bringt dessen Mätresse Lady Milford ein Schmuckkästchen mit Brillanten zur Hochzeit. Sie soll – so der intrigante Plan des Präsidenten und des Fürsten – den Präsidentensohn Ferdinand heiraten, damit dieser sich nicht für die nicht standesgemäße Luise entscheidet. Die Intrige steht allerdings nicht im Mittelpunkt des Auszugs, sondern das Herrschaftsverhalten des Herzogs: Die Lady ist überwältigt von der Kostbarkeit der Steine und erfährt, dass diese den Herzog nichts gekostet hätten. Denn dieser habe den Schmuck mit dem Verkauf von siebentausend Landeskindern, d. h. jungen Menschen aus Württemberg, finanziert. Diese sollen im amerikanischen Unabhängigkeitskrieg als Soldaten kämpfen. Auch die Söhne des verzweifelten Kammerdieners sind darunter. Freiwilllig gingen sie nach dessen Auskunft nicht, eine Gegenwehr wurde brutal unterbunden. Entsetzt stellt die Lady fest, dass sie davon nichts gewusst hat. Der Kammerdiener offenbart ihr, dass sie zu diesem Zeitpunkt auf einer vergnüglichen Jagd mit dem Fürsten war. Die geschockte Lady will sich persönlich an den Herzog wenden. Beim Kammerdiener möchte sie sich für seine Ehrlichkeit mit einer Geldbörse bedanken, die dieser jedoch verächtlich ablehnt.

Hauptteil

Inhaltswiedergabe

Die Szene lässt sich in drei Abschnitte unterteilen: Die Szeneneröffnung umfasst die Zeilen 1–10. Darin wird die Situation geklärt: Der Herzog lässt der Lady kostbare Edelsteine zu ihrer geplanten Hochzeit mit Ferdinand zukommen und die Lady wundert sich, dass diese ihn nichts gekostet haben sollen. Im langen zweiten Abschnitt (Z. 11–44) stehen der Verkauf der Landeskinder, die heftige emotionale Betroffenheit der Lady und ihre Selbstreflexion hinsichtlich ihrer eigenen Rolle im Mittelpunkt. Der dritte Abschnitt (Z. 44–49) stellt dar, wie die Lady auf die ihr offenbarte Nachricht reagieren will.

Aufbau

Der Beginn der Szene zeigt den Kammerdiener als Menschen, der sich seiner sozialen Position bewusst ist: Er verwendet typische Formeln, die Untergebenheit signalisieren (Z. 2: „Seine Durchlaucht“, „Mylady“). Darf man bei den ersten Worten noch

Detailuntersuchung
Abschnitt 1: Szeneneröffnung

von einem sachlich-berichtenden Ton ausgehen, so deutet seine Mimik (Z. 7: „mit finsterm Gesicht“) bei seiner nächsten Äußerung bereits auf seine emotionale Aufgewühltheit hin, die er in Abschnitt 2 offener äußern wird. Anstatt sich über das Hochzeitsgeschenk zu freuen, ist die Lady „erschrocken“ (Z. 5) angesichts dessen Werts. Hierauf deutet auch der Ausruf „Mensch!“ (Z. 5) hin. Ihre Reaktion zeugt bereits früh in der Szene von einer kritischen Distanz zum Herzog. Deutlich bringt sie in vier Fragen (vgl. Z. 8–10) ihre Ungläubigkeit hinsichtlich der Nachricht zum Ausdruck, die Edelsteine hätten den Herzog nichts gekostet. Obwohl sie emotional stark betroffen ist, hat sie einen Sinn für die Mimik und die daraus ableitbare psychische Verfassung des Kammerdieners (vgl. Z. 8 f.). Auch dies darf man als Anhaltspunkt dafür sehen, dass die Lady wenig Standesdünkel hegt und offen ist für die Belange des Volkes.

Abschnitt 2: Darstellung des Herrschaftsverhaltens und der emotionalen Reaktion der Lady

Von ihrer Offenheit wohl bestärkt, rückt der Kammerdiener mit der Wahrheit über die „Kosten“ für den Schmuck heraus. Seine Nachricht bringt die Lady offenbar zum Nachdenken (vgl. die Regieanweisung Z. 13 f.). Erneut wendet sie sich aber dem Kammerdiener zu und zeigt ihre Mitleidsfähigkeit, indem sie nach dem Grund für die emotionale Aufgewühltheit des Kammerdieners fragt. Schiller legt hier großen Wert darauf, diese in den Regieanweisungen zu verdeutlichen: „wischt sich die Augen, mit schrecklicher Stimm, alle Glieder zitternd“ (Z. 15 f.). Der Kammerdiener offenbart der Lady, dass unter den verkauften Landeskindern auch einige seiner Söhne sind – was eine Gefahr für deren Leib und Leben bedeutet, da sie als Soldaten in Amerika kämpfen müssen. Zunehmend wirkt die Lady persönlich betroffen vom Schicksal des Kammerdieners (vgl. Z. 17: „bebend“) und bleibt ihm bei ihrer Frage, ob sie denn gezwungen worden sind, tröstend zugewandt (vgl. Z. 17: „seine Hand fassend“).

Anschließend beschreibt der Kammerdiener in schrecklichen Bildern die Art und Weise, in der die jungen Menschen dazu bewegt wurden, sich dem Willen des Herzogs zu beugen. Der Kammerdiener antwortet zunächst auf die Frage der Lady mit dem ironischen und von einem fürchterlichen Lachen (vgl. Z. 18) begleiteten Hinweis, dass es „lauter Freiwillige“ (Z. 18) gewesen seien. Die folgenden Ausführungen zeigen das Gegenteil: Der Herzog hat kurzerhand diejenigen niederschießen lassen, die nicht bereit waren, sich kommentarlos seinem Willen zu fügen. Dabei bleibt der Diener zum Teil ironisch, wenn er den Fürsten „gnädigst[]“

(Z. 20) nennt und so tut, als würden die Landeskinder sich nach den gnadenlosen Maßnahmen auf Amerika freuen (Z. 23: „Juchhe nach Amerika“). Mit drastischen Worten (Z. 22 f.: „Gehirn auf das Pflaster sprützen“) unterstreicht der Kammerdiener die Grausamkeit des Herzogs.
Schiller steigert in den Regieanweisungen die Betroffenheit der Lady angesichts des Berichts erneut: „fällt mit Entsetzen in den Sofa“ (Z. 24). Auch ihre Äußerungen gewinnen noch an Intensität, wie der gleich doppelte Ausruf „Gott! Gott!“ (Z. 24) verdeutlicht. Und die Doppelfrage in Form eines Parallelismus (Z. 24 f.: „Und ich hörte nichts? Und ich merkte nichts?“) zeugt von ihrer großen Verzweiflung darüber, von dem schrecklichen Geschehen nichts mitbekommen zu haben. Der Kammerdiener liefert hierfür eine Erklärung: Die Lady war offenbar gerade bei einer „fürstlichen“ Vergnügung (vgl. Z. 26 f.). In seinen Worten schwingt dabei durchaus ein Vorwurf mit. Anhand einiger Beispiele unterstreicht er die Grausamkeit, mit der Familien auseinandergerissen und sogar Kinder von ihrem Vater getrennt werden. Mit eindrücklichen Beschreibungen der Geräusche (Z. 28: „gellenden“; Z. 34: „polternde“) und der Not der Auseinandergerissenen (Z. 29–33: „heulende“, „wütende“, „mit Säbelhieben auseinander riß“, „verzweiflungsvoll“) zeichnet er ein entsetzliches Bild von der Szene. Auf Hilfe vom zuvor von der Lady angerufenen Gott – so zeigt sein letzter Satz – hoffte der Kammerdiener nicht.
Wurde bei der Lady bisher vor allem ihre Betroffenheit dargestellt, so scheint sie nun aktiv werden zu wollen (vgl. Z. 36: „steht auf“). Die Ellipse (Z. 36: „Weg mit diesen Steinen“) und die Metaphorik (Z. 36 f.: „sie blitzen Höllenflammen in mein Herz“) zeugen zum einen erneut von ihrer Aufgewühltheit. Zum anderen deutet sich aber die Entscheidung an, die Steine nicht anzunehmen und die Angelegenheit nicht auf sich beruhen zu lassen. Wiederum wendet sie sich verständnisvoll und beruhigend an ihren Gesprächspartner: „Mäßige dich armer alter Mann. Sie werden wieder kommen. Sie werden ihr Vaterland wieder sehen.“ (Z. 37 f.) Ihre Worte verfehlen zwar nicht die beabsichtigte Wirkung – der Kammerdiener antwortet „warm und voll“ (Z. 39), doch bringt er dennoch weiterhin seine Hoffnungslosigkeit zum Ausdruck: Er geht wie die Verkauften davon aus, dass sie nicht lebendig wiederkehren (Z. 41: „am jüngsten Gericht sind wir wieder da!“).

Selbstreflexion Lady Milfords

Die Lady reflektiert nun ihre Rolle als Mätresse des Fürsten. Sie fühlt sich getäuscht und für die Ziele des Herrschers missbraucht

– offenbar war sie in der Vergangenheit dazu überredet worden, das Volk zu trösten, wie es die Metapher „ich habe sie alle getrocknet die Tränen des Landes“ (Z. 43) ausdrückt.

Abschnitt 3: Handlungsausblick

Dass die Lady (im dritten Abschnitt) zum Handeln übergeht, zeigt ihre direkte Aufforderung an den Diener, zu gehen und dem Herzog ihr Erscheinen anzukündigen. Sie sagt zwar, sie wolle ihm „persönlich danken“ (Z. 45), doch vor dem Hintergrund des Gesprächs darf der Leser bzw. Zuschauer vermuten, dass sie beim Herzog kritisch Stellung beziehen will.

Dass Lady Milford ihrem Gegenüber für seinen ehrlichen Bericht Geld geben will, deutet zwar einerseits ihr Bestreben an, dem Kammerdiener etwas Gutes zu tun. Andererseits wirkt es so, als glaube sie, den Kammerdiener für seinen Verlust in gewisser Weise finanziell entschädigen zu können. Vor diesem Hintergrund ist es verständlich, dass der Kammerdiener die Geldbörse ablehnt.

Zusammenfassende Deutung mit Schwerpunkt der Figurengestaltung

Lady Milford

Der Auszug vermittelt von Lady Milford ein äußerst positives Bild: Sie hat ein Ohr für die Belange des Volkes, anstatt dieses wie der Herzog für Herrschaftszwecke missbrauchen zu wollen. Sie ist zur Empathie und zum Mitleiden fähig und vermag diese Gefühlszustände auch zum Ausdruck zu bringen. Davon zeugen sowohl ihre Äußerungen als auch ihr nonverbales Verhalten. Auf diese Weise zeichnet der Autor sie vor anderen Figuren der herrschenden Klasse aus, die ein intrigantes Vorgehen wählen – namentlich der Präsident und der Herzog (vgl. Vortext zur Szene). Das Ende des Auszugs deutet zudem an, dass die Lady auch handeln will, d. h. in irgendeiner Form gegen das Herrschaftsverhalten Einspruch erheben will.

Der Kammerdiener

Der Kammerdiener wird vor allem in seinem Leiden an dem Vorgehen des Herzogs gezeigt. Wie verzweifelt er ist, lässt sich auch daran ablesen, dass er es wagt, gegenüber der höhergestellten Lady Kritik am Herrschaftsstil zu üben.

Schluss

Herrschaftskritik

Die Figurengestaltung in dieser Szene und vor allem die Beschreibungen des Kammerdieners weisen deutlich die herrschaftskritische Stoßrichtung des Auszugs aus: Er lässt sich als Anklage eines politischen Handelns lesen, das auf Zwang und Unterdrückung ausgerichtet ist, Gewalt und Brutalität als zentrales Herrschaftsmittel wählt und nicht auf das Wohl des Volkes, sondern auf das Wohl der Herrschenden zielt. In Lady Milfords verständnisvollem Verhalten scheint aber auch das Ideal einer den einfachen Menschen zugewandten Herrschaftsform auf.

Thüringen – Besondere Leistungsfeststellung Deutsch 2018
Aufgabe 1: Textgebundene Erörterung

Annika von Taube (geb. 1968): **Geht das nicht auch auf Deutsch?**

Anglizismen sind etwas für faule Ignoranten, sie vergewaltigen die deutsche Sprache und treiben sie in den Tod. Unsinn. Im Gegenteil, Anglizismen verdienen einen Preis.

Neulich hatten wir wieder so einen Fall. Da haben wir einen Kommentar *depublisht*. Und unsere Leser aus Transparenzgründen im Kommentarbereich darüber informiert, wir hätten einen Kommentar „unveröffentlicht".

Unveröffentlicht? Was ist das denn bitte für ein Wort, empörten sich Kommentatoren daraufhin. Unveröffentlichen, das meint das Zurückziehen eines bereits veröffentlichten Inhalts (zur Sicherheit sei darauf hingewiesen, dass wir äußerst selten Kommentare unveröffentlichen, nämlich nur dann, wenn es sich um Serien-*Spam* oder bedenkliche Nutzernamen handelt). Im Englischen gibt es ein klar verständliches Wort dafür: *to depublish*.

Das deutsche Wort klingt etwas unbeholfen. Aber würden wir das englische verwenden, wäre die Empörung noch viel größer. Wer auf eine andere Sprache als die eigene zurückgreifen muss, um sich auszudrücken, ist schlampig, faul oder beschränkt. So lautet zumindest die gängige Leserkritik. Es gibt nichts, was sich in der deutschen Sprache nicht ausdrücken ließe, das mag stimmen. Aber englische Begriffe sind oft so schön *catchy*, so *on point*. Und sie werden gerade in digitalen Umfeldern gern genutzt, wie die *User* unserer *Community* natürlich wissen.

Der Begriff *Crowdfunding* zum Beispiel lässt sich auf Deutsch mit „Gruppenfinanzierung" oder „Schwarmfinanzierung" übersetzen. Dass er aber seinen Ursprung nicht nur im englischsprachigen, sondern auch im digitalen Raum hat, geht bei der deutschen Übersetzung verloren: „Gruppenfinanzierung" klingt nach ältlichem Provinzverein, *Crowdfunding* nach energetischem Start-up. *Crowdfunding* wurde 2012 zum „Anglizismus des Jahres" gewählt.

Seit 2010 bemüht sich Anatol Stefanowitsch, Professor für englische Sprachwissenschaft an der Freien Universität Berlin, um die Förderung eines positiven Blicks auf Anglizismen, indem er zur Wahl des „Anglizismus des Jahres" aufruft. Diese Auszeichnung begreift Lehnwörter nicht als sprachliche Mängel, sondern im Gegenteil als Bereicherung unserer Sprache. Gewählt wird jeweils ein Lehnwort, das „im laufenden Jahr ins Bewusstsein und den Sprachgebrauch einer breiten Öffentlichkeit gelangt ist und eine interessante Lücke im deutschen Wortschatz füllt."

Vorschläge einreichen kann jeder, die Auswahl erfolgt durch eine Fachjury von Sprachwissenschaftlern. Über die laufenden Einreichungen [...] informiert ein

Blog. Ganz vorn dabei ist momentan das *Selfie,* überhaupt sind Begriffe aus der Welt der sozialen Medien überproportional vertreten, ähnlich sieht es im Bereich neuer Technologien aus. Bedeuten also mediale Digitalisierung und technologische Evolution gewissermaßen als Lehnwort-Schleusen eine Bedrohung der deutschen Sprache? Professor Stefanowitsch kann beruhigen: „Lehnwörter finden wir immer dort, wo es Veränderungen gibt – neue Technologien und neue gesellschaftliche Praktiken müssen benannt werden, und wenn eine wichtige Bezugskultur schon Wörter hat, werden die einfach übernommen. Durch Entlehnung sind Sprachen in der Lage, sich aktuellen Entwicklungen anzupassen und für die Sprachgemeinschaft nützlich zu bleiben. Und nur wenn eine Sprache nicht mehr nützlich ist, läuft sie Gefahr, zu verschwinden."

Keine Gefahr also. Und für Gegner der Anglizismenflut in den „neuen" Medien gäbe es folgenden Lösungsvorschlag: Sie müssten nur dafür sorgen, dass Neuentwicklungen statt aus dem englischsprachigen aus dem deutschen Raum kommen. […]

(18. 11. 2014)

Quelle: Taube von, Annika: Geht das nicht auch auf Deutsch? In:
https://www.zeit.de/community/2014-11/anglizismus-digitalisierung (07. 07. 2017)

Arbeitsauftrag

Erörtern Sie den Text.

Lösungsvorschlag

Die vorliegende Aufgabe verlangt von Ihnen, den Text „Geht das nicht auch auf Deutsch?" zu erörtern. Lesen Sie den Artikel zunächst aufmerksam und mehrfach durch und unterstreichen Sie die zentralen Passagen. Filtern Sie die Kernaussage heraus, die Ihnen als These für die Erörterung dienen soll. Sammeln Sie dann auf einem Konzeptblatt Argumente, die für und solche, die gegen diese These sprechen. Sie können sowohl den vorliegenden Text nutzen als auch auf Ihr eigenes, möglicherweise im Unterricht erworbenes Wissen zu dem Thema zurückgreifen. Überlegen Sie sich, welche Position Sie zur Verwendung von Anglizismen vertreten wollen.

Sie müssen in Ihrem Aufsatz einleitend sagen, mit welchem Thema Sie sich, ausgehend von dem Text, in Ihrer Erörterung auseinandersetzen. Im Hauptteil führen Sie Ihre Argumente aus, wobei es sich empfiehlt, die Seite, der Sie zustimmen, zuletzt darzustellen. Beachten Sie, dass in einem überzeugenden Argument die Behauptung ausführlich begründet und/oder mit Beispielen gestützt werden muss. Am Schluss runden Sie Ihre Argumentation mit einem abwägenden Fazit ab.

Einleitung

Wiedergabe der Textaussage

Anglizismen entfachen immer wieder Diskussionen: Sind sie nützlich oder fatal, notwendig oder überflüssig, schön oder entstellend für die deutsche Sprache? Anglizismen sind Ausdrucksweisen oder Bedeutungen aus der englischen Sprache, die ins Deutsche Eingang gefunden haben. Der vorliegende, 2014 in der Wochenzeitung „Die Zeit" erschienene Text „Geht das nicht auch auf Deutsch?" von Annika von Taube setzt sich mit der Frage nach dem Für und Wider von Anglizismen auseinander. Die Autorin betont die Bedeutung und den Nutzen von englischen Fremdwörtern und widerspricht der Ansicht, dass diese die deutsche Sprache bedrohen würden. Mit einem humorvollen Unterton und anhand zahlreicher Beispiele führt sie den Nutzen von Anglizismen vor. Dabei dient ihr Professor Stefanowitsch, der jährlich zur Wahl des „Anglizismus des Jahres" aufruft, als Autorität, um die Preiswürdigkeit von Anglizismen zu beweisen. Im Folgenden wird erörtert, ob bzw. inwiefern der Sicht von Annika von Taube zuzustimmen ist.

Hauptteil

Kontra-Argumentation

Kontra-Argument 1: Anglizismen werden nicht von allen verstanden

Die zugespitzte Position der Autorin fordert Widerspruch heraus. Es wäre falsch zu denken, dass Anglizismen nur Vorteile haben. Viele Menschen, vor allem ältere, verstehen englische Begriffe, die ihnen im Alltag begegnen, nicht. Das beeinträchtigt Kommunikation, die jedoch eine der wichtigsten Funktionen von Sprache ist. Betitelt man seine Waren als „Fair-Trade-Produkte", muss man damit rechnen, dass nicht jeder weiß, warum es gut ist, solche zu kaufen. Und wenn man neue „Gadgets“ anbietet, fragen sich vermutlich einige, was damit genau gemeint ist. Sogar die beste Werbekampagne leidet darunter, wenn sich die Menschen mit der auf Plakaten oder im Netz verkündeten englischen Botschaft schwertun. Umfragen zeigen immer wieder, dass bis zu zwei Drittel der Befragten angeben, englische Werbetexte nicht gut zu verstehen. Noch weniger Kunden sind in der Lage, diese im Sinne des Unternehmens richtig zu übersetzen. Dass zudem einige englische Wörter im Deutschen mit einer neuen Bedeutung versehen werden, spricht auch dafür, dass die eigentliche Aussage nicht immer klar ist. Beispiele dafür gibt es genug, vom „Handy“ über das „Public Viewing“ bis hin zum falsch verstandenen „Oldtimer“. Das Wort „handy“ ist im Englischen ein Adjektiv und bedeutet handlich oder praktisch. „Public Viewing“ steht für die Aufbahrung bei einer Beerdigung oder für eine öffentliche Besichtigung. Mit „Oldtimer“ bezeichnet man meist eine ältere Person und kein betagtes Auto.

Kontra-Argument 2: Anglizismen verunstalten die Sprache

Neben der mangelnden Verständigung bringen viele englische Begriffe oder englisch-deutsche Wortneuschöpfungen der deutschen Sprache keinen Mehrwert und machen sie auch nicht einfacher oder prägnanter. Es gibt für viele dieser Anglizismen im Deutschen genauso überzeugende Wörter. So kann zum Beispiel von der „Handlung“ anstelle der „story“ vom „Kaffee zum Mitnehmen“ und nicht vom „coffee to go“ sowie von einem „Geschäft“ oder „Laden“ anstatt eines „store“ gesprochen werden. Auch die „airline“ und das „meeting“ haben ebenso brauchbare Entsprechungen.

Dennoch werden Anglizismen benutzt, weil sie modischer, neuartiger, gebildeter oder einfach besser klingen sollen. Doch häufig bewirken sie das Gegenteil: Sie hören sich nicht gut an und wirken eher lächerlich. Gerade in der Werbung und der Geschäftswelt werden viele solcher englischen Begriffe verwendet. Anstatt zu telefonieren, haben viele im Büro einen „Call“. Neugeschaffene englische Berufsbezeichnungen wie der Facility Manager oder der Key Account Manager haben die deutschen Bezeichnungen mittlerweile fast verdrängt. Wenn es nur darum geht, den Beruf wichtiger klingen zu lassen oder gar den eigentlichen Aufgabenbereich zu verschleiern, wenn englische Werbeslogans Produkte attraktiver machen sollen, dann ist der Einsatz von Anglizismen sehr fragwürdig.

Allerdings existieren nicht immer passende und griffige deutsche Entsprechungen zu Anglizismen. Wörter aus anderen Sprachen ergänzen den deutschen Wortschatz häufig dort, wo ihm Begriffe fehlen, und sind deshalb eine Bereicherung. Das sieht man daran, dass die Einflüsse aus anderen Sprachen immer dann besonders stark sind, wenn Entwicklungen oder Technologien nach neuen Bezeichnungen verlangen. Meist werden Ausdrücke aus dem Sprachraum übernommen, aus dem die Veränderungen kommen. Professor Stefanowitsch stellt fest: „Durch Entlehnung sind Sprachen in der Lage, sich aktuellen Entwicklungen anzupassen und für die Sprachgemeinschaft nützlich zu bleiben." (Z. 39 ff.) Nützlich ist eine Sprache schließlich nur, wenn sie alles benennen und somit der Verständigung dienen kann. Aktuell zeigt sich das vor allem im digitalen Umfeld. Hier ist die Anzahl englischer Wörter sehr groß. Der Text nennt als Beispiele die Begriffe „User", „Community" oder „Selfie". Die Liste ließe sich aber auch noch fortsetzen: Wir „chatten", „liken" oder nutzen eine Funktion zum „Download".

Pro-Argumentation

Pro-Argument 1: Anglizismen sind eine Ergänzung und Bereicherung

Wer für solche Begriffe deutsche Wörter verwenden möchte, tut sich manchmal gar nicht so leicht. Manche Übersetzungen geben den Inhalt nicht genauso gut wieder wie der englische Begriff. Eine deutsche Umschreibung bringt die Bedeutung oftmals auch nicht so auf den Punkt, wie es das englische Wort tut, oder bestimmte Aspekte des Inhalts gehen dabei verloren. Zudem wirken Umschreibungen oft gekünstelt und unbeholfen. Bei dem Begriff „Community" ist klar, dass es um eine Gruppe von Nutzern im Internet geht. Mit der Übersetzung des Wortes als Gemeinschaft, Gruppe von Menschen oder Gemeinde wird dies nicht deutlich. Es bedarf einer zusätzlichen Erklärung. Natürlich kann man anstelle des „Selfies" ein „Selbstporträt" machen, aber auch bei diesem Begriff überzeugt die deutsche Entsprechung nicht ganz. Das „Selfie" wird laut Duden meist spontan mit der Digitalkamera des Smartphones oder Tablets aufgenommen und diese Merkmale schwingen bei dem Wort „Selbstporträt" nicht mit. Das Beispiel zeigt auch sehr schön, wie verbreitet Fremdwörter sind. Die Erklärung des Begriffs „Selfie" enthält zwei weitere Anglizismen aus dem digitalen Bereich: Smartphone und Tablet. Und auch das Wort „Porträt" ist ein Fremdwort: Es stammt aus dem Französischen und hat einen lateinischen Ursprung.

Anglizismen haben Mehrwert

Es ist also unmöglich, sich die deutsche Sprache ohne Lehn- und Fremdwörter vorzustellen. Sprachen sind dynamisch, sie verändern sich im Laufe der Zeit mit den Menschen, die sie sprechen. Das Deutsche hat schon immer Einflüsse aus anderen Sprachen aufgenommen, genauso wie dies andere Sprachen tun. Dies ist ein natürlicher Bestandteil einer lebendigen Sprache. Häufig werden die neuen Wörter in der Aussprache, der Schreibweise oder der Flexion an die eigene Sprache angepasst. Viele Ausdrücke, die wir heute benutzen, haben ihren Ursprung im Lateinischen, was oft gar nicht mehr bekannt ist, so z. B. bei „Becken" oder „Antenne". „Becken" hat das lateinische Ursprungswort „baccinum", das eine flache Schüssel bezeichnet, und „Antenne" leitet sich von dem Wort „antenna" her, das die Bedeutung „Segelstange" hat. Dass eine Sprache in der Lage ist, neue Lehnwörter zu integrieren, ist keine Bedrohung, sondern ein Beweis für ihre Lebendigkeit.

Pro-Argument 2: Anglizismen sind ein natürlicher Bestandteil der Sprache

Wie die Argumente gezeigt haben, können Entlehnungen aus dem Englischen als Teil des natürlichen Sprachwandels gesehen werden. Sprachwandel hat es schon immer gegeben. Er gehört zur Sprache dazu und eine Sprache reguliert sich sowieso von selbst. Fremd- und Lehnwörter können erfolgreich in die deutsche Sprache integriert werden, ohne dass diese dadurch bedroht wäre. Manche dieser Wörter verschwinden wieder aus dem Sprachgebrauch, andere, für die es keine deutschen Übersetzungen gibt, oder solche, die ihre ganz eigene Bedeutung haben, bleiben. In diesem Punkt kann Annika von Taubes Position zugestimmt werden. Ihr Lösungsvorschlag, man müsse in Deutschland mehr Innovationen für den digitalen Bereich entwickeln, wenn man Anglizismen eindämmen wolle, ist allerdings als ironisch einzustufen (vgl. Z. 43 ff.). Es zeigt sich aber: Wer technologisch die Nase vorn hat, kann auch bei der Namensgebung mitreden. Trotz des Mehrwerts von Anglizismen sollte man bedenken, dass sie auch dazu führen können, dass Menschen sich ausgegrenzt fühlen, weil sie die Fremdwörter nicht verstehen und dass nicht jede Entlehnung die eigene Sprache bereichert und sinnvoll ergänzt. Grundsätzlich ist daher ein Bewusstsein für Sprache wünschenswert, Anlass zur Sorge um die eigene Sprache besteht aber nicht. Dieser wäre eher gegeben, wenn sich eine Sprache nicht mehr verändern und anpassen würde.

Schluss

Anglizismen als Teil des natürlichen Sprachwandels

Anna Seghers (1900–1983): Die Granate

Ein Mann, namens Anton Schulz, der Soldat in der Hitlerarmee vom ersten Tag bis zum letzten gewesen war, an dem er schließlich doch noch gefangen genommen wurde, kam endlich nach vielen Jahren gesund nach Hause.

Er fand seine Frau gesund wieder und seine drei kleinen Söhne; er wollte ihnen der beste Vater sein, und wurde es auch. Frau Schulz hatte all die schweren Jahre durch ihre Klugheit, Herzensruhe und Arbeitskraft mitsamt den Kindern gut überstanden. Sie gebar jetzt im Frieden ihr viertes Kind. Der Mann war wieder Landarbeiter wie vor dem Krieg, er war wieder überall beliebt, er galt in der Gemeinde und auf den Versammlungen als ein vernünftiger und zurückhaltender Mensch. Und seine Frau fand, dass sich letzten Endes, trotz allen bereits überstandenen Ungemachs seine Meinung bewahrheitete, die er verlauten ließ, seit sie ihn kannte, in der Weimarer Republik, in der Hitlerzeit, in der Demokratischen Republik: nur immer die aufgetragene Pflicht erfüllen. Sich niemals bemerkbar machen. Ihr schien es, selbst die Granaten hätten ihn deshalb verschont, obwohl sie haarscharf an ihm explodiert waren. Ihr schien es, gar nichts tun sei genug getan. Ihr schien es, was ihr nicht passiert war, sei gar nicht passiert.

Im letzten Frühjahr spielten ihre drei Jungen an ihrem Lieblingsort, einem Sandbruch. Die kühle Sonne stand wie der Friede selbst über dem Land. Es hatte geregnet. Es sprosste so regelmäßig und rasch wie der Kuckuck rief. Die Jungen stießen beim Spielen auf Munition, die Soldaten vor Jahren vergraben hatten. Das Dorf war starr vor Entsetzen, als sie von einer Granate zerfetzt wurden. Die junge Frau Schulz saß stumm vor Verzweiflung inmitten der Bäuerinnen, die gar keinen Trost wussten, und sie hatte auch nichts mehr in der Brust für das jüngste Kind, das ihr geblieben war. Eine sagte: „Das ist die Vorsehung.“ Eine andere sagte: „Das ist das Schicksal.“ Die alte Frau Schulz sagte: „Warum war Krieg?“

Quelle: Seghers, Anna: Die Granate. In: Fehervary, H.; Spies, B. (Hrsg.): Anna Seghers. Werkausgabe. Erzählungen 1950–1957. Aufbau Verlag GmbH & Co. KG, Berlin 2009, S. 363 f.

Arbeitsauftrag

Interpretieren Sie den Text.

Lösungsvorschlag

*Der Operator „**Interpretieren**" bedeutet, dass Sie den vorliegenden Prosatext von Anna Seghers – **inhaltlich**, **formal** und **sprachlich** – analysieren und deuten müssen. Zu Beginn sollten Sie den Text am besten zweimal genau lesen, dabei Markierungen zu Sinnabschnitten vornehmen, Ihre Beobachtungen am Rand in Notizen festhalten und sich selbst folgende Fragen beantworten: Worum geht es in diesem kurzen Text? Was passiert in der Erzählung eigentlich? Welche Aussageabsicht könnte die Autorin verfolgen? Die **Handlung** und die **Sprache** der Erzählung sind – wie für Kurzprosa typisch – vergleichsweise leicht verständlich.*
*Nennen Sie in der **Einleitung** die wichtigsten **Informationen zum Text** (Autorin, Titel, Erscheinungsjahr) und bieten Sie einen knappen **Überblick über den Inhalt** der Erzählung, ohne zu viel von Ihren Ergebnissen vorwegzunehmen. Sie können hier bereits auf die Intention des Textes hinweisen – z. B. in Form von Fragen, auf die Sie in Ihrem Fazit zurückgreifen können.*
*Im **Hauptteil** folgt dann Ihre **Analyse** und **Interpretation**. Orientieren Sie sich dabei an den Sinnabschnitten, die Sie beim Lesen herausgearbeitet haben, und erschließen Sie Abschnitt für Abschnitt. Ihnen wird auffallen, dass neben der **äußeren Handlung** (Rückkehr von Anton Schulz nach dem Krieg, Übernahme von Verantwortung als Familienvater, Wiedereingliederung in die Gesellschaft, Tod der drei Jungen und anschließende Verarbeitung der Katastrophe) auch der **inneren Handlung** – nämlich den Gedanken der Frau Schulz – eine große Bedeutung zukommt. Versuchen Sie zu erläutern, wie Frau Schulz die Welt und die Aufgabe der Menschen darin sieht. Wie interpretiert Frau Schulz den Lauf der Geschichte? Verändert sich ihre Haltung nach dem katastrophalen Ereignis? Welche Meinung entwickelt man als Leser, wenn man die **Gedanken der Frau Schulz** erfährt? Denken Sie unbedingt daran, Ihre Analysebefunde (z. B. zur Erzählhaltung, zur Sprache und zu Stilmitteln) immer **funktional** im Hinblick auf die Intention des Textes zu deuten. Obwohl die verwendete Sprache relativ schmucklos und sachlich erscheint, sollten Sie darauf achten, den hohen **symbolischen Gehalt einzelner Motive und Handlungselemente** herauszustellen (z. B. der Natur im letzten Textabschnitt oder der vergrabenen Granate).*
*Im **Schlussteil** sollten Sie Ihre **Ergebnisse** kurz **zusammenfassen** und die **Aussageabsicht** des Textes **erläutern**. Sie können auch auf die **Aktualität der transportierten Botschaft** verweisen, indem Sie darstellen, inwiefern die im Text aufgeworfene Problematik auch für heutige Leser relevant ist.*

Ist man als einzelner Mensch mitverantwortlich dafür, was in der Welt passiert, oder genügt es, immer nur den aufgetragenen Aufgaben nachzukommen? Lässt sich eine Schuld aus der Vergangenheit ignorieren oder muss erst eine Auseinandersetzung damit erfolgen, damit man die Gegenwart genießen kann? In Anna Seghers Erzählung „Die Granate", die zwischen 1950 und 1957 entstanden ist, werden diese Fragen eindeutig beantwortet. Es wird die Geschichte einer deutschen Familie in der Zeit nach dem Zweiten Weltkrieg geschildert. Obwohl der Vater und die Mutter sich sicher sind, dass sie in der Vergangenheit alles richtig gemacht haben, indem sie immer ihre Pflicht erfüllt haben, werden sie dennoch von einem schrecklichen Ereignis heimgesucht und letztlich auf gewisse Weise von ihrer eigenen Mitschuld eingeholt.

Einleitung

Basisinformationen zum Text (Autorin, Titel, Erscheinungsjahr, Textsorte, Inhalt)

Die Geschichte wird in einem nüchtern-sachlichen Ton erzählt, ohne auffällige bildhafte oder metaphorische Sprache und in einem überwiegend ruhigen, parataktischen Satzbau. Die auktoriale Erzählinstanz weiß zwar alles über die Figuren, ihre Gefühle sowie ihr Leben, lässt aber dennoch große Distanz walten und nimmt weder Bewertungen vor noch kommentiert sie das Geschehen. Auf diese Weise wird der Leser vollständig über die Geschichte informiert, muss aber die Einordnung und Deutungen der Ereignisse selbst vornehmen.

Hauptteil

sprachliche und erzählerische Gestaltung

Die Erzählung steigt unvermittelt und mit einem vergleichsweise langen Satz ein, der viele Informationen enthält (vgl. Z. 1–3): Anton Schulz sei „vom ersten Tag bis zum letzten" (Z. 1 f.) in der „Hitlerarmee" gewesen. Bereits durch die Erwähnung dieser auffälligen Zeitspanne wird für den Leser deutlich, dass es sich bei diesem Mann wohl um einen überzeugten Nationalsozialisten oder um einen pflichtgetreuen Mitläufer handeln muss. Und die Tatsache, dass Anton Schulz am letzten Tag des Krieges „doch noch" (Z. 2) in Gefangenschaft geriet, kann bereits als Hinweis des Erzählers verstanden werden, dass kein Mensch der Verantwortung für seine Taten entkommen kann. Da der Mann „nach vielen Jahren" (Z. 3) aus der Gefangenschaft entlassen wurde und nach Hause zurückkehren konnte, muss der Leser davon ausgehen, dass die Handlung in den 1950er-Jahren spielt, also in der Nachkriegszeit. Der erste Satz, der von einer Apposition und zwei Relativsätzen in die Länge gezogen wird, lässt sich als Hyperbaton begreifen: Dadurch wird die lange Dauer des Krieges und der Gefangenschaft des Mannes auch syntaktisch betont.

1. Abschnitt

Ort und Zeit der Handlung

Hinweise zu Anton Schulz

Dass Anton Schulz dann doch „gesund“ (Z. 3) nach Hause kommen kann, deutet bereits an, dass die folgende Zeit für ihn und seine Familie zunächst eine glückliche sein wird.

Der Fokus des Erzählers richtet sich im Folgenden stärker auf die Frau und die „drei kleinen Söhne“ (Z. 4) von Anton Schulz, die ebenfalls alle „gesund“ (Z. 4) sind. Scheinbar ohne Mühe oder Kriegstrauma nimmt Schulz nach langen Jahren der Abwesenheit die Rolle des Familienvaters wieder ein und wird zum „beste[n] Vater“ (Z. 5). Dass die Namen der Familienmitglieder – im Gegensatz zu Anton Schulz, einem doch sehr gewöhnlichen Namen – nicht genannt werden, ist ein Fingerzeig des Erzählers, dass die Geschichte dieser Familie eigentlich allen Menschen zustoßen könnte.

2. Abschnitt: Charakterisierung der Eltern

Es wird hervorgehoben, dass Frau Schulz die zurückliegenden Jahre ohne ihren Mann „durch ihre Klugheit, Herzensruhe und Arbeitskraft“ (Z. 6) gemeistert habe. Dem Leser wird Frau Schulz also als eine scheinbar sehr starke Persönlichkeit geschildert. Und als Krönung des wiederhergestellten Familienglücks und als Ausdruck des wiedergewonnenen Wohlstands hat sie nun „im Frieden“ (Z. 7) ihr viertes Kind geboren. Ihr Mann kehrt zum alten Arbeitsplatz zurück, wird in der Gesellschaft für seine Vernunft und für seine Zurückhaltung geschätzt und anerkannt (vgl. Z. 7 ff.). Vor dem Leser wird ein beinahe perfektes Bild entworfen: Die Familie Schulz hat auch dank ihrer Tugendhaftigkeit den Krieg und die von Entbehrung geprägte Nachkriegszeit überstanden und kann ohne einen Blick zurück in eine rosige Zukunft blicken.

Glück der Familie Schulz

Der folgende Abschnitt (Z. 10–16) ist als innere Handlung zu werten, da hier die Gedanken von Frau Schulz zur zurückliegenden Zeit wiedergegeben werden. Angesichts der befriedigenden aktuellen Lage ist sie der Meinung, dass sie und ihr Mann in der Vergangenheit „trotz allen bereits überstandenen Ungemachs“ (Z. 10 f.) alles richtig gemacht hätten. Was dieses „Ungemach“ genau bedeutete – ob z. B. Hunger, Tod oder Angst –, wird im Text nicht angesprochen: Der große Wille zur Verdrängung des Vergangenen zeigt sich bereits im Nicht-Aussprechen dieser negativen Erfahrungen. Frau Schulz stimmt ihrem Mann letztlich zu, der zu allen Zeiten folgende Handlungsmaxime verfolgt: „nur immer die aufgetragene Pflicht erfüllen. Sich niemals bemerkbar machen.“ (Z. 12 f.) Ob zu Zeiten der Weimarer Republik, wäh-

3. Abschnitt: Einstellung zur Vergangenheit

Verdrängung

rend der NS-Zeit oder in der DDR (vgl. Z. 12): Als pflichterfüllender und gehorsamer Mitläufer überstehe man also die Zeiten am besten, egal in welcher Gesellschaftsordnung oder in welchem Staat man lebe. Ihr aktuelles Lebensglück scheint für Frau Schulz dieses Weltbild ihres Mannes nachträglich zu bestätigen.

Besonders ins Auge sticht die dreifache, anaphorische Wiederholung der Formulierung „Ihr schien es“ (Z. 13 ff.). Der Erzähler macht damit deutlich, dass es sich bei den folgenden Reflexionen um das Welt- und Selbstbild der Frau Schulz handelt, um ihre Gedanken darüber, wie ein Mensch sich zu verhalten habe, welche Verantwortung er für das Zeitgeschehen habe und wie man das Leben am besten gestalte. Frau Schulz geht sogar so weit zu glauben, dass ihr Mann allein aufgrund seiner Lebenseinstellung im zurückliegenden Krieg nicht von Granaten getroffen wurde. Ihre verquere Sicht auf die Verantwortlichkeit des Menschen wird in einer höchst widersprüchlichen und zweifelhaften Lebensweisheit formuliert: „gar nichts tun sei genug getan.“ (Z. 15) Und auch davon, was andere Menschen getan haben oder was diesen zugestoßen ist, will sie lieber nichts wissen: „was ihr nicht passiert war, sei gar nicht passiert.“ (Z. 16)

Weltbild von Frau Schulz

fragwürdige Ansichten

Mit dem letzten Abschnitt der Erzählung (Z. 17–25), der mit der Zeitangabe „[i]m letzten Frühjahr“ (Z. 17) eingeleitet wird, setzt die äußere Handlung wieder ein. Es wird zunächst eine idyllische und harmlose Szenerie beschrieben: Die Söhne der Familie Schulz spielen in einem Sandbruch, die Sonne strahlt „Friede[n]“ (Z. 18) aus und die Natur – symbolisiert durch die vom Regen gewaschene Erde und den Kuckuck – symbolisiert Aufbruch und Glück. Die Alliteration „regelmäßig und rasch“ (Z. 19) verstärkt den Eindruck der unschuldigen Natur und des Wachsens alles Lebendigen. Alles scheint hier auf eine glückliche und segensreiche Zukunft hinzudeuten.

4. Abschnitt: Naturidylle …

Das nun folgende katastrophale Ereignis wird in nur zwei Sätzen und im gewohnt berichtenden Ton erzählt: „Die Jungen stießen beim Spielen auf Munition, die Soldaten vor Jahren vergraben hatten.“ (Z. 19 f.) Ob diese Soldaten wie ihr Vater aus der „Hitlerarmee“ (Z. 1) oder aus den Reihen der Alliierten stammten, ist dabei unwichtig: Entscheidend ist, dass die Munition das Überbleibsel eines Krieges ist, der wie jeder Krieg grausam und unmenschlich war. Dass die Munition vergraben ist, kann man auch als Metapher verstehen: Die Erinnerung an den schrecklichen Krieg wird „vergraben“, also verdrängt oder ignoriert. Dass diese

… wird kontrastiert mit Katastrophe

Bewältigungsstrategie nicht funktioniert und sogar verheerend für die nachfolgende Generation sein kann – hier repräsentiert durch die drei unschuldigen Jungen –, zeigt das weitere Geschehen: Die Söhne der Familie Schulz werden „von einer Granate zerfetzt“ (Z. 21). Die Brutalität des Ausdrucks „zerfetzt“ stellt eine Ausnahme im ansonsten sachlichen Ton des Erzählers dar, das katastrophale Ausmaß des Ereignisses wird dadurch besonders betont.

Ausnahme: drastische Wortwahl

Frau Schulz reagiert auf diesen Verlust genauso wie der Rest der Dorfgemeinschaft, was auch durch syntaktisch gleich gebaute Ausdrücke verdeutlicht wird („starr vor Entsetzen“, Z. 21; „stumm vor Verzweiflung“, Z. 22): Man ist wie gelähmt und weiß „keinen Trost“ (Z. 22 f.). Dass auch das vierte Kind der Familie Schulz unter diesem Verlust zu leiden hat, wird angedeutet (vgl. Z. 23 f.). Am Ende der Erzählung finden sich in einer parallel angeordneten Aufzählung verschiedene Erklärungsversuche für das tragische Geschehen (vgl. Z. 24 f.). Es wird aber keine selbstkritische Überlegung angestellt, vielmehr wird alles höheren Mächten zugeschoben, auf die der Mensch keinen Einfluss hat, der „Vorsehung“ und dem „Schicksal“. Kein Mensch bekennt sich dazu, eine gewisse Mitverantwortung für den Tod dieser drei Jungen zu haben: Schließlich hat niemand versucht, den Krieg, aus dem diese vergrabene Granate stammte, zu verhindern.

Erklärungsversuche

Einzig und allein die alte Frau Schulz, die hier zum ersten Mal erwähnt wird, zweifelt an den gewohnten Erklärungsmustern und stellt die zielführende Frage nach der Sinnlosigkeit jedes kriegerischen Unterfangens: „Warum war Krieg?“ (Z. 25) Diese Frage bleibt in der Erzählung unbeantwortet, sodass jeder Leser selbst eine Antwort darauf finden muss.

Frage der alten Frau Schulz

Schluss

Schuldfrage als zentrales Thema der Erzählung

Der Mensch kann sich der Verantwortung für das Zeitgeschehen nicht entziehen. Es genügt nicht, sich mit dem Argument der Pflichterfüllung herauszureden, ohne sich der eigenen Mitschuld zu stellen. Laut Anna Seghers’ Botschaft ist jeder Mensch dazu verpflichtet, die Ereignisse kritisch zu hinterfragen und sich Unmenschlichkeit und Grausamkeit entgegenzustellen. Die Leidtragenden eines Mitläufertums und einer mangelnden Aufarbeitung der Vergangenheit sind nämlich, so führt es die Erzählung „Die Granate“ eindrücklich vor Augen, immer auch die nachfolgenden Generationen.

Thüringen – Besondere Leistungsfeststellung Deutsch 2018
Aufgabe 3: Gedichtinterpretation

Mascha Kaléko (1907–1975): **Großstadtliebe**

Man lernt sich irgendwo ganz flüchtig kennen
Und gibt sich irgendwann ein Rendezvous.
Ein Irgendwas, – 's ist nicht genau zu nennen –
Verführt dazu, sich gar nicht mehr zu trennen.
Beim zweiten Himbeereis sagt man sich „du".

Man hat sich lieb und ahnt im Grau der Tage
Das Leuchten froher Abendstunden schon.
Man teilt die Alltagssorgen und die Plage,
Man teilt die Freuden der Gehaltszulage,
… Das übrige besorgt das Telephon.

Man trifft sich im Gewühl der Großstadtstraßen.
Zu Hause geht es nicht. Man wohnt möbliert[1].
– Durch das Gewirr von Lärm und Autorasen,
– Vorbei am Klatsch der Tanten und der Basen
Geht man zu zweien still und unberührt.

Man küßt sich dann und wann auf stillen Bänken,
– Beziehungsweise auf dem Paddelboot.
– Erotik muß auf Sonntag sich beschränken.
… Wer denkt daran, an später noch zu denken?
Man spricht konkret und wird nur selten rot.

Man schenkt sich keine Rosen und Narzissen,
Und schickt auch keinen Pagen[2] sich ins Haus.
– Hat man genug von Weekendfahrt und Küssen,
Läßt man's einander durch die Reichspost wissen
Per Stenographenschrift ein Wörtchen: „aus"! (1933)

Quelle: Kaléko, Mascha: Großstadtliebe. In: Kaleko, Mascha: Das Lyrische Stenogrammheft. Verse vom Alltag. Rowohlt Verlag GmbH, Berlin 1937, S. 24.

1 möbliert wohnen: zur Untermiete wohnen; männlicher bzw. weiblicher Besuch meist nicht gestattet
2 Page, hier: Bote

Arbeitsauftrag

Interpretieren Sie das Gedicht.

Lösungsvorschlag

Die vorliegende Aufgabe fordert Sie dazu auf, das **Gedicht** *„Großstadtliebe“ von Mascha Kaléko zu* **interpretieren**. *Das heißt, dass Sie den Text nach* **formalen, sprachlichen und inhaltlichen Gesichtspunkten** *untersuchen und diese aufeinander beziehen müssen, um zu einer Gesamtdeutung zu kommen. Auf den ersten Blick wirkt das Gedicht recht einfach und leicht verständlich, doch sollten Sie sich davon nicht täuschen lassen. Mithilfe einer genauen Analyse von Form und Sprache wird klar, dass in dem Text mehr steckt, als man zunächst vermutet. Am besten lesen Sie sich das Gedicht erst mehrmals durch und lassen es auf sich wirken. In welche* **Stimmung** *versetzt es Sie? Macht es eher glücklich, traurig oder nachdenklich? Beantworten Sie für sich diese Fragen und versuchen Sie, herauszufinden, wodurch das Gedicht seine spezielle* **Wirkung** *erzielt. Auf diese Weise kommen Sie Ihrer Interpretation schon beim Lesen ein ganzes Stück näher. Ihren Aufsatz beginnen Sie mit einer* **Einleitung**, *die zum Thema des Gedichts hinführt. Im* **Hauptteil** *bringen Sie Aufbau, Form und Sprache des Gedichts mit seinem Inhalt in Zusammenhang. Achten Sie dabei darauf,* **sprachlich-stilistische Mittel** *oder formale Elemente nie nur aufzuzählen, sondern immer in Bezug auf ihre Wirkung zu untersuchen. Nur so gelingt Ihnen eine überzeugende Interpretation. Vergessen Sie außerdem nicht, den* **Titel** *in Ihre Deutung mit einzubeziehen. Diesen können Sie am Schluss wieder aufgreifen und zum Beispiel darauf eingehen, ob Ihre Erwartungen erfüllt oder enttäuscht wurden. Dabei ist es auch gut, wenn Sie an der einen oder anderen Stelle kurz auf die* **Epoche**, *in der das Gedicht entstanden ist, verweisen.*

Einleitung

Thema, Titel, Autorin

Wenn man den Begriff „Großstadt“ im Zusammenhang mit Lyrik hört, kommen einem wahrscheinlich als Erstes Werke von Expressionisten wie Gottfried Benn oder Georg Heym in den Sinn, die in grellen Farben und lauten Tönen das Leben in einer industrialisierten Großstadt beschreiben. Doch Großstadtgedichte können, wie das vorliegende im Jahr 1933 entstandene Werk „Großstadtliebe“ von Mascha Kaléko zeigt, auch anders sein.

Hauptteil

Assoziationen zu den Begriffen „Großstadt“ und „Liebe“

Schon der Titel, der wie ein feststehender Begriff klingt, weckt unterschiedliche Assoziationen und lässt den Leser zwischen positiven und negativen Gefühlen schwanken: Während man bei „Großstadt“ an Menschengewimmel, Verkehrslärm, Autoabgase und Hektik denkt, bildet das Wort „Liebe“ fast einen Gegenpol, der inmitten des Trubels Ruhe, Zweisamkeit und Geborgenheit verspricht. Durch die Zusammensetzung der beiden Substantive entsteht eine Spannung, die neugierig darauf macht, wie sich eine Liebe in der Großstadt in Kalékos Gedicht gestaltet.

Aufbau, Form und Inhalt

Das Gedicht besteht aus fünf Strophen mit jeweils ebenso vielen Versen, die durchgängig in einem fünfhebigen Jambus verfasst sind. Auch das Reimschema aus umarmenden Reimen, mit deren Paarreim sich jeweils zusätzlich der erste Vers reimt, unterstreicht diese Regelmäßigkeit im formalen Aufbau und verleiht dem Gedicht einen nahezu beiläufigen Ton. Die starre Form verweist außerdem bereits auf eine gewisse Zwangsläufigkeit hinsichtlich der Entwicklung der dargestellten Beziehung. Ob sich dies auch im Inhalt des Gedichts widerspiegelt, wird bei der näheren Betrachtung zu sehen sein.

unpersönliches „man" statt lyrisches Ich

Inhaltlich beschreibt das Gedicht die Entwicklung einer Beziehung vom „flüchtig[en]" (V. 1) Kennenlernen und dem ersten „Rendezvous" (V. 2) in der ersten Strophe über den Beziehungsalltag (Strophen 2 bis 4) bis zum Scheitern der Verbindung in der letzten Strophe. Schon das Adverb „flüchtig" (V. 1) lässt dabei erahnen, dass es hier nicht um eine intensive, dauerhafte Liebe, sondern eher um eine oberflächliche Spielerei ohne tiefe Gefühle geht. Dazu passt, dass an keiner Stelle ein lyrisches Ich auftritt, wie man es in einem Liebesgedicht erwarten würde. Stattdessen finden sich zahlreiche parallel gebaute Sätze, in denen anaphorisch das Indefinitpronomen „man" wiederholt wird. Dieses unpersönliche Fürwort kommt im Gedicht insgesamt dreizehnmal vor (vgl. V. 1, 5, 6, 8, 9, 11, 12, 15, 16, 20, 21, 23, 24) und verstärkt die Empfindung von Beiläufigkeit, anstatt das üblicherweise mit einer Liebesbeziehung verbundene Gefühl der Einzigartigkeit hervorzurufen. Von dieser ist hier wenig zu spüren, stattdessen scheint eine Wiederholung des geschilderten Ablaufs nach Beendigung der Liaison mit einem neuen Partner wahrscheinlich. Außerdem erweckt das oft gebrauchte „man" den Eindruck von Allgemeingültigkeit. Es wird nicht eine individuelle Liebesbeziehung beschrieben, sondern prototypisch auf die Entwicklung von Partnerschaften in der Großstadt hingewiesen.

zwei Seiten einer Großstadtliebe

Auch die zahlreichen unbestimmten Orts- und Zeitangaben durch Adverbien wie „irgendwo" (V. 1), „irgendwann" (V. 2) oder „dann und wann" (V. 16) betonen diese Beiläufigkeit und lassen die Entwicklung der Liebe fast beliebig erscheinen. Der geschilderten Beziehung fehlt die Tiefe, auch wenn sie durchaus von schönen Momenten geprägt ist. Darauf deutet das „Leuchten froher Abendstunden" (V. 7) hin, das antithetisch dem „Grau der Tage" (V. 6) gegenübergestellt wird. Die Liebe bringt Farbe und Helligkeit in den trüben und eintönigen Alltag, wird also positiv wahrgenommen. Auch die Mittelstrophe lässt erkennen, dass die Liebe wie eine Insel im Meer der Großstadt gesehen wird, da die Liebenden sich in ihrer Zweisamkeit „still und unberührt" (V. 15) durch den Lärm der Stadt bewegen. Allerdings lässt sich das Adjektiv „unberührt" mehrdeutig verstehen: Es kann einerseits heißen, dass für das Paar nur seine Liebe zählt, weshalb es „das Gewirr von Lärm und Autorasen" (V. 13) sowie den Klatsch und Tratsch der Verwandtschaft (vgl. V. 14) kaum wahrnimmt. Andererseits kann das Wort auch auf fehlende körperliche Nähe hinweisen, was zum Beginn der dritten Strophe passt, in der die Rede davon ist, dass das Paar sich nicht zu Hause treffen kann (vgl. V. 12). Oder aber „still und unberührt" bezieht sich auf den Gefühlszustand des Paares, das sich, abgesehen von Alltagsdingen (vgl. Z 8 f.), nicht wirklich etwas zu sagen hat und wenig ernsthaftes Interesse füreinander aufbringt. So wird zum Beispiel auch keine gemeinsame Zukunft geplant, da keinem einfällt, „an später noch zu denken" (V. 19). Für eine besondere Bedeutung des Adjektivs spricht in jedem Fall, dass genau an dieser Stelle ein unreiner Reim zu finden ist („möbliert"/„unberührt", V. 12/15), der die ansonsten reinen Reime durchbricht. Erst in der letzten Strophe, in der die Trennung beschrieben wird, sind weitere unreine Reime zu finden („Narzissen"/„Küssen"/„wissen", V. 21/ 23/24), sodass vielleicht Strophe 3 schon einen Konflikt, der die spätere Trennung begründet, andeuten soll.

fehlende Romantik

Obwohl auch in der vierten Strophe davon die Rede ist, dass sich ein Pärchen auf einer Parkbank oder in einem Ruderboot auf einem See küsst, wird die dadurch aufkommende Romantik noch in denselben Versen mit Äußerungen wie „dann und wann" (V. 16) oder dem unpoetischen „Beziehungsweise" (V. 17) gleich wieder zerstört. Insgesamt suggerieren der Ton, die formale Gestaltung des Gedichts und an vielen Stellen auch sein Inhalt, dass es sich bei der Liebe lediglich um eine kleine Aufheiterung des Alltags handelt. So teilt man während der Beziehung vor allem „Alltagssorgen und die Plage" (V. 8) sowie „Freuden der Gehaltszulage" (V. 9). Das Liebespaar kommt aber nicht über den Austausch alltäglicher Belange hinaus. „Das übrige" (V. 10), womit vielleicht echte Nähe und das Sprechen über Gedanken und Gefühle des jeweils anderen gemeint sein könnten, wird nur über das „Telephon" (V. 10) hergestellt. Die Betonung von nur technisch vermittelten Kontakten (siehe auch „Stenographenschrift", V. 25) unterstreicht eindrucksvoll die Entfremdung in der

Moderne, die das gesamte Umfeld des beschriebenen Paares bestimmt. Man „wohnt möbliert“ (V. 12), sodass man sich nur in der Öffentlichkeit, im „Gewirr von Lärm und Autorasen“ (V. 13), treffen kann, und für körperliche Nähe und Erotik ist nur am Sonntag bei Wochenendausflügen aufs Land Zeit und Gelegenheit (vgl. V. 18). Die fehlende Romantik liegt in den Zwängen und Einschränkungen des Großstadtlebens begründet, denen das Paar nicht entkommen kann. So heißt es auch in Vers 20: „Man spricht konkret und wird nur selten rot.“ Damit kann gemeint sein, dass der Großstadttrubel den Liebenden keine Zeit für Komplimente und Liebesgeflüster lässt, bei dem sie erröten würden. Stattdessen müssen sie pragmatisch denken und können nur über konkrete Belange reden. Auch schenken sich die Liebenden keine Blumen und schreiben sich keine Briefe (vgl. V. 21 f.), alles Dinge, die man mit einer romantischen Liebe verbindet. Auf diese Weise entsteht der Eindruck, als handle es sich bei der Partnerschaft mehr um eine Zweckbeziehung, die von Anfang an nicht auf Dauerhaftigkeit angelegt ist, sondern nur eine Zeit lang den Großstadtalltag etwas verschönern soll.

Ende der Beziehung

Dies betont die Beschreibung des Beziehungsendes in der letzten Strophe, in der es lapidar heißt: „Hat man genug von Weekendfahrt und Küssen, / Läßt man's einander durch die Reichspost wissen“ (V. 23 f.). Dies klingt nach einer gewissen Zwangsläufigkeit und so, als sei das Ende von Beginn an schon mit eingeplant gewesen und als würde eine Großstadtliebe immer mit einem nur schriftlich vermittelten „aus“ (V. 25) enden. Das Ausrufezeichen nach dem letzten Satz deutet, nach der zuvor eher resigniert-ironischen und abgeklärten Darlegung einer prototypischen Großstadtliebe (vgl. V. 3, 5, 18 f.), ein leichtes Entsetzen oder zumindest Verwunderung angesichts des Beziehungsverlaufs an, der sich aber trotzdem wiederholen wird.

Schluss

Sehnsucht nach echter Liebe

So ist das Gedicht von Mascha Kaléko nicht nur, wie es der Titel vermuten lässt, eine der Neuen Sachlichkeit entsprechende weitgehend neutrale Schilderung einer „Großstadtliebe“ mit ihren Höhen und Tiefen, sondern zwischen den Zeilen schimmert auch Sehnsucht und Wehmut nach einer romantischen Liebe mit Tiefgang und Dauerhaftigkeit durch. Eine solche scheint im hektischen und schnelllebigen Großstadtalltag, in dem weder für viele Worte noch für große Gefühle Zeit ist, aber nicht mehr so leicht zu finden und zu führen zu sein. Deshalb ist dem Gedicht ein gewisser nostalgischer Charakter nicht abzusprechen.

Thüringen – Besondere Leistungsfeststellung Deutsch 2018
Aufgabe 4: Interpretation eines Dramentextes

Gotthold Ephraim Lessing (1729–1781):
Emilia Galotti. Ein Trauerspiel in fünf Aufzügen (Auszug)

Der Prinz eines kleinen italienischen Staates, Hettore Gonzaga, ist für Emilia Galotti, die Tochter eines Untertanen, entflammt und will sie zu seiner neuen Mätresse machen.
Er hat erfahren, dass Emilia den Grafen Appiani heiraten will. Das verhindert der Prinz mit Hilfe seines Kammerherren Marinelli, indem er den Grafen töten lässt. Emilia wird auf das nahegelegene Lustschloss Dosalo des Prinzen gebracht. Der Vater, Oberst Odoardo Galotti, durchschaut die Machenschaften und Absichten des Prinzen und ist gekommen, um die Ehre seiner Tochter zu retten.

Fünfter Aufzug. Siebenter Auftritt
Emilia, Odoardo

EMILIA: Wie? Sie hier, mein Vater? – Und nur Sie? – Und meine Mutter? nicht hier? – Und der Graf? nicht hier? – Und Sie so unruhig, mein Vater?

ODOARDO: Und du so ruhig, meine Tochter? –

EMILIA: Warum nicht, mein Vater? – Entweder ist nichts verloren oder alles. Ruhig sein können und ruhig sein müssen: kömmt es nicht auf eins?

ODOARDO: Aber was meinest du, daß der Fall ist?

EMILIA: Daß alles verloren ist – und daß wir wohl ruhig sein müssen, mein Vater.

ODOARDO: Und du wärest ruhig, weil du ruhig sein mußt? – Wer bist du? Ein Mädchen? und meine Tochter? So sollte der Mann und der Vater sich wohl vor dir schämen? – Aber laß doch hören: was nennest du alles verloren? – daß der Graf tot ist?

[…]

EMILIA: […] Denn wenn der Graf tot ist; wenn er darum tot ist – darum! was verweilen wir noch hier? Lassen Sie uns fliehen, mein Vater!

ODOARDO: Fliehen? – Was hätt es dann für Not? – Du bist, du bleibst in den Händen deines Räubers.

EMILIA: Ich bleibe in seinen Händen?

ODOARDO: Und allein; ohne deine Mutter, ohne mich.

EMILIA: Ich allein in seinen Händen? – Nimmermehr, mein Vater. – Oder Sie sind nicht mein Vater. – Ich allein in seinen Händen? – Gut, lassen Sie mich nur; lassen Sie mich nur. – Ich will doch sehn, wer mich hält – wer mich zwingt – wer der Mensch ist, der einen Menschen zwingen kann.

ODOARDO: Ich meine, du bist ruhig, mein Kind.

EMILIA: Das bin ich. Aber was nennen Sie ruhig sein? Die Hände in den Schoß legen? Leiden, was man nicht sollte? Dulden, was man nicht dürfte?

ODOARDO: Ha! wenn du so denkest! – Laß dich umarmen, meine Tochter! – Ich hab es immer gesagt: das Weib wollte die Natur zu ihrem Meisterstücke machen. Aber sie vergriff sich im Tone; sie nahm ihn zu fein. Sonst ist alles besser an euch als an uns. – Ha, wenn das deine Ruhe ist, so habe ich meine in ihr wiedergefunden! Laß dich umarmen, meine Tochter! – Denke nur: unter dem Vorwande einer gerichtlichen Untersuchung – o des höllischen Gaukelspieles! – reißt er dich aus unsern Armen und bringt dich zur Grimaldi.

EMILIA: Reißt mich? bringt mich? – Will mich reißen, will mich bringen; will! will! – Als ob wir, wir keinen Willen hätten, mein Vater!

ODOARDO: Ich ward auch so wütend, daß ich schon nach diesem Dolche griff – *ihn herausziehend* –, um einem von beiden[1] – beiden! – das Herz zu durchstoßen.

EMILIA: Um des Himmels willen nicht, mein Vater! – Dieses Leben ist alles, was die Lasterhaften haben. – Mir, mein Vater, mir geben Sie diesen Dolch.

ODOARDO: Kind, es ist keine Haarnadel.

EMILIA: So werde die Haarnadel zum Dolche! – Gleichviel.

ODOARDO: Was? Dahin wäre es gekommen? Nicht doch; nicht doch! Besinne dich. – Auch du hast nur ein Leben zu verlieren.

EMILIA: Und nur eine Unschuld!

ODOARDO: Die über alle Gewalt erhaben ist. –

EMILIA: Aber nicht über alle Verführung. – Gewalt! Gewalt! wer kann der Gewalt nicht trotzen? Was Gewalt heißt, ist nichts: Verführung ist die wahre Gewalt! – Ich habe Blut, mein Vater; so jugendliches, so warmes Blut als eine. Auch meine Sinne sind Sinne. Ich stehe für nichts. Ich bin für nichts gut. Ich kenne das Haus der Grimaldi. Es ist das Haus der Freude. Eine Stunde da, unter den Augen meiner Mutter – und es erhob sich so mancher Tumult in meiner Seele, den die strengsten Übungen der Religion kaum in Wochen besänftigen konnten! Der Religion! Und welcher Religion? – Nichts Schlimmers zu vermeiden, sprangen Tausende in die Fluten, und sind Heilige! – Geben Sie mir, mein Vater, geben Sie mir diesen Dolch.

ODOARDO: Und wenn du ihn kenntest, diesen Dolch! –

EMILIA: Wenn ich ihn auch nicht kenne! – Ein unbekannter Freund ist auch ein Freund. – Geben Sie mir ihn, mein Vater; geben Sie mir ihn.

ODOARDO: Wenn ich dir ihn nun gebe – da! *Gibt ihr ihn.*

EMILIA: Und da! *Im Begriffe, sich damit zu durchstoßen, reißt der Vater ihr ihn wieder aus der Hand.*

ODOARDO: Sieh, wie rasch! – Nein, das ist nicht für deine Hand.

EMILIA: Es ist wahr, mit einer Haarnadel soll ich – *Sie fährt mit der Hand nach dem Haare, eine zu suchen, und bekommt die Rose zu fassen.* Du noch hier? –

Herunter mit dir! Du gehörest nicht in das Haar einer – wie mein Vater will, daß ich werden soll!

ODOARDO: Oh, meine Tochter! –

EMILIA: Oh, mein Vater, wenn ich Sie erriete! – Doch nein; das wollen Sie auch nicht. Warum zauderten Sie sonst? – *In einem bittern Tone, während daß sie die Rose zerpflückt.* Ehedem wohl gab es einen Vater, der seine Tochter von der Schande zu retten, ihr den ersten, den besten Stahl in das Herz senkte – ihr zum zweiten das Leben gab. Aber alle solche Taten sind von ehedem! Solcher Väter gibt es keinen mehr!

ODOARDO: Doch, meine Tochter, doch! *Indem er sie durchsticht.* – Gott, was hab ich getan! *Sie will sinken, und er faßt sie in seine Arme.*

EMILIA: Eine Rose gebrochen, ehe der Sturm sie entblättert. – Lassen Sie mich sie küssen, diese väterliche Hand.

[...]

Quelle: Lessing, Gotthold Ephraim: Emilia Galotti. In: Nationale Forschungs- und Gedenkstätten der Klassischen deutschen Literatur (Hrsg.): Lessings Werke in fünf Bänden. Erster Band. Aufbau Verlag, Berlin und Weimar 1988, S. 303–306.

1 gemeint sind der Prinz und sein Kammerherr Marinelli

Arbeitsauftrag

Interpretieren Sie den Auszug aus dem bürgerlichen Trauerspiel.

Lösungsvorschlag

Die Aufgabenstellung verlangt die Interpretation des Auszugs aus einer Dramenszene. Lesen Sie den Text mehrfach und genau, um die für heutige Ohren teilweise altertümliche Sprache zu verstehen. Nutzen Sie auch die Vorbemerkung, die Ihnen wichtige Informationen liefert. Sie entscheiden über die Schwerpunktsetzung Ihrer Interpretation. Es empfiehlt sich jedoch die Konzentration auf die beiden Hauptfiguren, um diese sowohl in ihrem Charakter als auch in ihrer Entwicklung darzustellen. Dabei ist auf die Sprache der Figuren zu achten, auf die Redeanteile sowie auf deren nonverbales Verhalten, welches in den kursiv gedruckten Regieanweisungen erklärt wird. Die Beziehungen zwischen den Figuren ergeben sich aus deren Kommunikation (verbal und nonverbal) und sind ebenfalls von Relevanz für Ihre Interpretation. Es empfiehlt sich ein am Verlauf der Szene orientiertes Vorgehen. Um Ihre Ansichten zu belegen, sollten Sie auf die adäquate Verwendung von Textzitaten achten.
Gliedern Sie Ihre Arbeit in Einleitung, Hauptteil und Schluss.
Spätestens im Schlussteil sollten Sie einen Bezug zur Epoche, in der das Stück handelt, herstellen. Ein aktueller Bezug beispielsweise zu Ihrer Lebenswelt bietet sich an, sollte aber nicht aufgesetzt wirken.

Einleitung

Tristan und Isolde, Romeo und Julia, Luise und Ferdinand – die Liste der Liebespaare in der Literatur weist viel mehr Namen auf. Die genannten Paare haben eine Gemeinsamkeit: die Gesellschaft, in der sie leben, lässt ihre Liebe nicht zu, die Paare scheitern an ihrem Anspruch auf ein glückliches Leben. Etwas anders und doch ähnlich ergeht es Emilia Galotti aus Lessings gleichnamigem Trauerspiel. Ob ihre Liebe zu Graf Appiani so stark ist wie die Julias zu Romeo, erfährt der Leser/Zuschauer nicht, auf jeden Fall will sie Appiani aus freien Stücken heiraten.

Kontext der Szene

Als der Prinz des kleinen Staates, Hettore Gonzaga, von der bevorstehenden Heirat Emilias hört, setzt er alles daran, diese zu verhindern. Mithilfe seines Kammerherrn Marinelli wird ein Überfall auf die Hochzeitskutsche geplant und durchgeführt. Appiani wird getötet, Emilia von ihren Eltern getrennt und auf das Lustschloss des Prinzen entführt. Dort, so hofft der Prinz, werde Emilia seinen Avancen nicht länger widerstehen können/wollen. Damit, dass sich ihm eine Frau, noch dazu eine Untertanin, denn Emilias Stand ist das Bürgertum, widersetzen würde, hat er nicht gerechnet.

zentrales Thema und Aufbau der Szene

In der vorletzten Szene des Stückes tritt der Prinz nicht auf. Emilia und ihrem Vater, der bis zu seiner Tochter vorgedrungen ist, geht es in ihrem letzten Aufeinandertreffen einzig um eine Sache – um nichts weniger als um die Ehre. Dabei lässt sich der Dramenauszug in vier Sinnabschnitte unterteilen, die Emilias innere Entwicklung nachzeichnen: Während Emilia im ersten Abschnitt allmählich ihre aussichtslose Lage erkennt (Z. 1–19), bekundet sie im zweiten ihre Entschlossenheit, Widerstand zu leisten (Z. 19–34). Im dritten Abschnitt erblickt Emilia im Tod das letzte Mittel zur Selbstbewahrung (Z. 35–66), bevor sie im vierten Abschnitt ihren Vater zu ihrer Ermordung provoziert (Z. 67–77).

Analyse des Dialogs

Odoardos Gemütsverfassung zu Beginn der Szene

Odoardo Galotti war zum Lustschloss Dosalo geeilt, um seine Tochter zu befreien oder „um einem von beiden – beiden! – das Herz zu durchstoßen" (Z. 36 f.). Seine Wut richtet sich sowohl gegen den Prinzen als auch gegen dessen Helfershelfer Marinelli, die er beide für den Tod des Grafen und für Emilias Entführung verantwortlich macht.

Emilias Ruhe

Als Odoardo das Zimmer betritt, in dem Emilia festgehalten wird, ist seine Tochter sehr überrascht, den Vater an diesem Ort zu sehen, noch dazu ohne Begleitung ihrer Mutter und des Grafen. Sie fragt nach beiden, dabei scheint ihr die Wahrheit immer klarer zu werden, denn sie spricht stockend, immer wieder von kurzen Pausen unterbrochen (vgl. Z. 1 f.). Auf ihre letzte Frage an den Vater: „Und Sie so unruhig, mein Vater?" (Z. 2) erwidert Galotti: „Und du so ruhig, meine Tochter? –" (Z. 3) Er wartet ihre Antwort ab, als würde er seine Tochter prüfen. Emilias scheinbar ruhiges, besonnenes Verhalten irritiert ihn. Nach einem kurzen Moment des Innehaltens erklärt sie ihre „Ruhe": „Entweder ist nichts verloren oder alles." (Z. 4) Für sie macht es keinen Unterschied, ob man ruhig sein kann oder sich dazu zwingen muss (vgl. Z. 5). Emilias Antwort lässt deutlich erkennen, dass sie sich einer Katastrophe bewusst ist – es sei „alles verloren", daher *müssten* sie „wohl ruhig sein" (Z. 7).

Ihr Vater sucht daraufhin in Emilia das selbstbewusste Mädchen, das er erzogen hat (vgl. Z. 8 f.). Er kann sich mit ihrer Resignation nicht abfinden („Und du wärest ruhig, weil du ruhig sein mußt?" Z. 8), er versucht, sie aufzurütteln, indem er zunächst kurz seine eigene Schwäche andeutet, Emilia dann aber konkret fragt, was sie denn alles für verloren halte (vgl. Z. 10). Dabei rutscht ihm die Nachricht heraus, „daß der Graf tot ist" (Z. 10 f.).

Emilias Erkenntnis ihrer Situation

Emilias Erschütterung über Appianis Tod ist groß, sehr schnell jedoch ahnt sie die Zusammenhänge (vgl. Z. 13) und fordert den Vater auf, gemeinsam zu fliehen. Odoardo hält eine Flucht für sinnlos, denn Emilia entkäme nicht „den Händen [ihres] Räubers“ (Z. 15 f.). Um seiner Tochter dieses Schicksal noch drastischer zu zeigen, betont der Vater, dass Emilia ganz allein bliebe. Der zweimalige Gebrauch des Wortes „ohne“ in der Aufzählung „ohne deine Mutter, ohne mich“ (Z. 18) muss Emilia wie ein Paukenschlag treffen. Entschieden antwortet sie dem Vater: „Nimmermehr, mein Vater.“ (Z. 19)

Entschluss zum Widerstand

Emilia ist der Gedanke, dem Prinzen ausgeliefert zu sein, unerträglich. Ihre scheinbare Ruhe ist dahin. Indem sie vor sich hinspricht, festigt sich ihr Entschluss, dem Prinzen nicht ohne Widerstand gegenüberzutreten: „Ich will doch sehn, wer mich hält – wer mich zwingt –“ (Z. 21). Odoardos Erziehung hat seiner Tochter offenbar eine gewisse Selbstständigkeit zugestanden.

Epochenbezug

Damit entspricht er dem zu Lessings Zeit vorhandenen Bild vom aufgeklärten Hausvater. Ganz den Gedanken der Aufklärung erfüllt auch Emilias nächste Überlegung: „[W]er [ist] der Mensch [...], der einen Menschen zwingen kann.“ (Z. 22) Mit diesem Bekenntnis zum selbstbestimmten Handeln begehrt Emilia gegen Unterdrückung und Willkürherrschaft auf.

Sie will nicht „[d]ie Hände in den Schoß legen“ (Z. 24 f.) und abwarten, bis mit ihr etwas geschieht, sie will selber aktiv werden. Erneut hinterfragt sie von der Gesellschaft auferlegte traditionelle Verhaltensweisen, indem sie zwar mit rhetorischen Fragen, aber sehr deutlich ihre Ansicht darstellt: Sie sieht es weder ein, unter einer unmoralischen, ungesetzlichen Handlung eines anderen zu leiden, noch diese zu erdulden (vgl. Z. 25).

Pläne des Prinzen – Ohnmacht der Galottis

Diese klare Haltung gefällt dem Vater: Er umarmt seine Tochter und lobt euphorisch ihre Denkweise. In einem Redeschwall, der von kurzen Pausen, in denen Odoardo vermutlich seine Gefühle unter Kontrolle zu bringen versucht, unterbrochen ist, zeigt sich seine ganze Erleichterung. Dabei setzt er Emilia über die Absicht des Prinzen in Kenntnis. Der wolle nämlich Emilia unter einem Vorwand und mittels einer Rechtsbeugung den Eltern entreißen und sie ins Haus der Grimaldis bringen (vgl. Z. 30 ff.). Entsetzt wiederholt Emilia die Worte des Vaters: „Reißt mich? bringt mich?“ und setzt ihnen ihre Auslegung entgegen: „Will mich reißen, will mich bringen, will! will!“ (Z. 33 f.) Während der alte Galotti die Absicht des Prinzen wie eine Tatsache im Indikativ wiedergibt und damit das künftige Geschehen als unvermeidbar hinnimmt, betont seine Tochter, dass der Vater von der Absicht des Prinzen sprach. Die viermalige Wiederholung des Modalverbs „wollen“ zeigt dem Vater nicht nur, dass Emilia keineswegs bereit ist, sich dem Plan des Prinzen zu fügen, sondern geht über in den Appell an Galottis Stolz als Bürgerlicher: „Als ob wir, wir keinen Willen hätten, mein Vater!“ (Z. 34)

Suizid als Ausweg?

Odoardo selbst ist zum Äußersten bereit – zum Mord am Prinzen und an Marinelli. Er zieht den in seiner Kleidung verborgenen Dolch hervor und präsentiert ihn seiner Tochter. Diese fleht ihn „[u]m des Himmels willen“ (Z. 38) an, den Mord nicht zu begehen. Sie begründet ihre Meinung damit, dass „die[se] Lasterhaften“ (Z. 39) dafür zu bedauern wären, dass sie nichts weiter hätten als ihr Leben, dass sie also aufgrund ihres Mangels an Idealen und Tugend erbärmlich seien. Stattdessen verlangt sie den Dolch für sich. Ihr Vater warnt vor der Gefährlichkeit der Waffe, diese sei „keine Haarnadel“ (Z. 40). Dann werde eben die harmlose Haarnadel zur Waffe, erwidert Emilia, es mache keinen Unterschied, womit man zusticht. Da versteht Odoardo die Absicht seiner Tochter und erschrickt. Er versucht, Emilia vom Gedanken der Selbsttötung abzubringen, indem er ihr die Folgen ihres Tuns aufzeigt: „Auch du hast nur ein Leben zu verlieren.“ (Z. 43) Dem setzt Emilia elliptisch ihr Selbstverständnis entgegen: „Und nur eine Unschuld!“ (Z. 44)

Emilias Angst vor der Verführung

In diesem Schlagabtausch (Z. 40–46) bleibt keiner der beiden Dialogpartner dem anderen eine Antwort schuldig. So hat auch Emilia sofort einen Einwand auf des Vaters Beschwichtigungsversuch parat: Der Gewalt könne sie widerstehen, aber die Gefahr ginge für sie von der Verführung aus. Diese bezeichnet Emilia als „die wahre Gewalt“ (Z. 47). Sie malt dem Vater ihr Schicksal im Hause der Grimaldis aus: Sie sei jung und lebensfroh und empfindsam wie andere in ihrem Alter auch; dieses „Haus der Freude“ (Z. 50) sei für sie voller Verlockungen, denen sie womöglich nicht widerstehen können würde. Sie erinnert sich an einen früheren Besuch dort und ist noch heute bewegt, als sie davon spricht: „und es erhob sich so mancher Tumult in meiner Seele“ (Z. 51). Diese Verwirrungen hätten nicht einmal mit wochenlangen „strengsten Übungen der Religion“ (Z. 52) beruhigt werden können.

Suizidversuch

Emilia vergleicht ihren Todeswunsch mit dem Handeln der Märtyrer, die aus ähnlichem Grund wie Emilia in den Freitod gegangen waren und die nun als Heilige verehrt würden (vgl. Z. 53f.). Um ihre Tugend zu bewahren, ist sie zur Selbsttötung bereit. Am

Ende ihrer langen Ausführungen bittet sie eindringlich um den Dolch (vgl. Z. 54 f.). Dabei spricht sie den Vater ausdrücklich an, wie um ihn an seine Verantwortung der Tochter gegenüber zu erinnern. Der alte Galotti scheint am Entschluss seiner Tochter zu zweifeln. Wie um sie auf die Probe zu stellen, reicht er Emilia den Dolch, den sie sofort gegen sich richtet. Im letzten Moment kann er seiner Tochter die Waffe aus der Hand reißen. Erschrecken und Besorgnis sprechen aus seiner knappen Belehrung: „Sieh, wie rasch!" (Z. 62) Ruhiger und bestimmt erklärt er: „Nein, das ist nicht für deine Hand." (Z. 62) Diesen Gedanken versteht seine Tochter anders, als er vom Vater gemeint war, sie sucht nun nach einer „passenderen" Waffe, nach einer Haarnadel. Als sie ihr Haar nach einer solchen durchfährt, „bekommt [sie eine] Rose zu fassen" (Z. 64), die offenbar vom Brautschmuck übriggeblieben ist. Aber für Emilia ist diese Rose keine glückliche Erinnerung, sondern ein vorweggenommenes Zeichen ihrer künftigen lasterhaften Lebensweise. „Du gehörst nicht in das Haar einer – wie mein Vater will, daß ich werden soll!" (Z. 65 f.) Sie spricht das Wort „Hure" nicht aus, aber der Vater versteht sofort. Es ist ihm, als hätte Emilia ihm den Dolch ins Herz gestoßen. Die Tochter ist es, die den Vater beruhigt, indem sie ihm nach einer kleinen Überlegungspause entschieden zugesteht: „Doch nein; das wollen Sie auch nicht." (Z. 68 f.) Enttäuscht von der ausbleibenden Reaktion des Vaters zerpflückt Emilia die Rose, wobei sie „[i]n einem bittern Tone" (Z. 69) sich, aber vor allem den Vater an eine alte Geschichte erinnert: „Ehedem wohl gab es einen Vater, der seine Tochter von der Schande zu retten, ihr den ersten, den besten Stahl in das Herz senkte – ihr zum zweiten das Leben gab." (Z. 70–72) Mit dieser paradoxen Wendung – der Tod wird als Leben verstanden – spielt Emilia auf die römische Legende vom Tod der Virginia an, deren Vater ihr nur, indem er sie erstach, die Freiheit erhalten konnte. Bedauernd fährt Emilia fort: „Aber alle solche Taten sind von ehedem! Solcher Väter gibt es keinen mehr!" (Z. 72 f.)

Provokation des Vaters

Hier ist der Höhepunkt der Szene erreicht. Eine Entscheidung muss fallen. Die Enttäuschung seiner Tochter über den zögerlichen Vater, ihre Verzweiflung wegen des verhassten Schicksals, das sie erwartet, und seine eigene Trauer und Hoffnungslosigkeit bringen Odoardo Galotti dazu, seiner Tochter zu widersprechen und ihr den Dolch in den Leib zu bohren. Im selben Moment ergreift ihn angesichts dieser Tat das blanke Entsetzen: „Gott, was

Tötung Emilias

hab ich getan!“ (Z. 74 f.) Er fängt die zu Boden sinkende Tochter auf und hält sie in seinen Armen. Emilias Antwort auf des Vaters verzweifelten Selbstvorwurf ist ein Dank. Er habe „[e]ine Rose gebrochen, ehe der Sturm sie entblättert“ (Z. 76). Mit dieser Metapher beruhigt sie ihn, dass er seine Tochter vor der möglichen Schande bewahrt und so ihre Ehre gerettet habe.

Symbol der Rose

Die Rose ist in dieser Szene mehrdeutig: Zeugte sie zunächst vom zerstörten Eheglück, bedeutete sie dann eine Warnung vor der Schande der Prostitution und symbolisiert zuletzt Emilia selbst. Am Ende küsst die sterbende junge Frau „diese väterliche Hand“ (Z. 77), die ihr zwar den Tod brachte, sie aber damit vor Schlimmerem, nämlich der sündhaften Selbsttötung oder einem unehrenhaften Leben, bewahrte.

Schluss

Aussage des Dramas

Der moderne Leser/Zuschauer mag sich angesichts der Tragödie fragen, ob es denn keine andere Lösung hätte geben können. Damit stellt er aber Lessings Intention infrage. Lessing kritisiert in der Figur des Prinzen Gonzaga die absolutistische Willkür. Der Bürger Odoardo Galotti ist der charakterliche Gegenentwurf dazu. Er versucht, seine aufgeklärte Denkart im familiären Umfeld zu bewahren. Bei seiner Tochter Emilia hat er damit Erfolg. Angesichts einer skrupellos eingesetzten Macht bleibt ihm und seiner im Sinne seiner Ideale erzogenen Tochter nur das Mittel verzweifelten moralischen Widerstandes.

Epochenbezug

Lessings Stück gehört in die Zeit der Aufklärung, deren Motto Immanuel Kant formulierte: „Habe Mut, dich deines eigenen Verstandes zu bedienen.“ Sowohl Odoardos als auch Emilias Handeln kann man unter diesem Aspekt betrachten. Beide treffen eine Entscheidung, die bei aller Tragik Kants Forderung nicht entgegensteht. Allerdings treibt Lessing die moralische Selbstbestimmung auf die Spitze: Für die Tugend sind Emilia und ihr Vater bereit zum (Selbst-)Mord. Die Botschaft ist klar: Das Bürgertum ist auf dem Weg, sich von den absolutistischen Herrschern zu emanzipieren.

Thüringen – Besondere Leistungsfeststellung Deutsch 2019
Aufgabe 1: Interpretation eines Prosatextes

Bertolt Brecht (1898–1956): **Maßnahmen gegen die Gewalt**

Als Herr Keuner, der Denkende, sich in einem Saale vor vielen gegen die Gewalt aussprach, merkte er, wie die Leute vor ihm zurückwichen und weggingen. Er blickte sich um und sah hinter sich stehen – die Gewalt.

„Was sagtest du?" fragte ihn die Gewalt.

„Ich sprach mich für die Gewalt aus", antwortete Herr Keuner.

Als Herr Keuner weggegangen war, fragten ihn seine Schüler nach seinem Rückgrat. Herr Keuner antwortete: „Ich habe kein Rückgrat zum Zerschlagen. Gerade ich muß länger leben als die Gewalt."

Und Herr Keuner erzählte folgende Geschichte:

In die Wohnung des Herrn Egge, der gelernt hatte, nein zu sagen, kam eines Tages in der Zeit der Illegalität ein Agent, der zeigte einen Schein vor, welcher ausgestellt war im Namen derer, die die Stadt beherrschten, und auf dem stand, daß ihm gehören solle jede Wohnung, in die er seinen Fuß setze; ebenso sollte ihm auch jedes Essen gehören, das er verlange; ebenso sollte ihm auch jeder Mann dienen, den er sähe.

Der Agent setzte sich in einen Stuhl, verlangte Essen, wusch sich, legte sich nieder und fragte mit dem Gesicht zur Wand vor dem Einschlafen: „Wirst du mir dienen?"

Herr Egge deckte ihn mit einer Decke zu, vertrieb die Fliegen, bewachte seinen Schlaf, und wie an diesem Tage gehorchte er ihm sieben Jahre lang. Aber was immer er für ihn tat, eines zu tun hütete er sich wohl: das war, ein Wort zu sagen. Als nun die sieben Jahre herum waren und der Agent dick geworden war vom vielen Essen, Schlafen und Befehlen, starb der Agent. Da wickelte ihn Herr Egge in die verdorbene Decke, schleifte ihn aus dem Haus, wusch das Lager, tunchte die Wände, atmete auf und antwortete: „Nein." (1930)

Quelle: Brecht, Bertolt: Maßnahmen gegen die Gewalt. In: Brecht, Bertolt: Geschichten vom Herrn Keuner. Aufbau-Verlag, Berlin 1958, S. 7–8.

Arbeitsauftrag

Interpretieren Sie die Parabel.

Lösungsvorschlag

*Die vorliegende Aufgabe fordert Sie dazu auf, eine **Parabel** von Bertolt Brecht zu **interpretieren**. Das heißt, dass Sie über eine **inhaltliche** und eine **formale Analyse** zu einer **Gesamtdeutung** des Textes gelangen müssen. Da dieser nicht sonderlich lang ist, haben Sie Zeit, ihn mehrmals **aufmerksam durchzulesen**. Achten Sie dabei sowohl auf den besonderen **Aufbau** der Parabel (**Zweiteilung** in Rahmen- und Binnenerzählung) als auch auf das **Thema**, bei dessen Erschließung auch die **Überschrift** hilfreich sein kann. Fragen Sie sich, wer die **Protagonisten** der Parabel sind und wofür diese jeweils stehen. Dies ist hier nicht ganz einfach zu beantworten, da die Parabel **keine klare Trennung in Bild- und Bedeutungsebene** aufweist, sondern beides ineinander verflochten ist. Versuchen Sie bei Ihrer Interpretation trotzdem, zu einer übergeordneten, allgemeingültigen **Deutung** zu kommen.*
*Ihren Aufsatz gliedern Sie am besten in eine Einleitung, einen Hauptteil und einen Schluss. Mit der **Einleitung** sollten Sie zum Thema hinführen und die Parabel in einer Art **Basissatz** kurz vorstellen. Den **Hauptteil** beginnen Sie mit einer kurzen **Zusammenfassung des Inhalts**, ehe Sie sich der **Analyse** widmen und dabei auf Aufbau, Inhalt und Form des Textes eingehen. Dabei ist es wichtig, **Inhalt** und **Sprache** der Parabel nicht getrennt voneinander zu betrachten, sondern beides sinnvoll miteinander zu **verknüpfen**. So gestalten Sie Ihren Aufsatz ansprechend und vermeiden Wiederholungen. Außerdem fällt es Ihnen auf diese Weise leichter, die **Moral** der Parabel herauszuarbeiten. Diese sollten Sie am Ende präzise nennen und auch die **Gesamtdeutung** des Textes klar auf den Punkt bringen. Runden Sie Ihren Aufsatz mit einem passenden **Schlussgedanken** ab, der zum Beispiel einen Bezug zur Biografie Bertolt Brechts herstellen kann.*

Einleitung
Hinführung zum Thema

Liest man den Namen Bertolt Brecht, denkt man als Erstes an das epische Theater, als dessen „Erfinder" der aus Augsburg stammende Autor gilt. Stücke wie „Mutter Courage und ihre Kinder" oder „Der gute Mensch von Sezuan" stehen heute noch regelmäßig auf den Spielplänen deutscher Theater. Weniger bekannt ist dagegen, dass Brecht auch Parabeln geschrieben hat, mit denen er seine Sicht auf die Welt kundtun konnte. So zeigt die vorliegende, 1930 verfasste Parabel „Maßnahmen gegen die Gewalt", mit welchem Verhalten man nach Meinung des Autors einer repressiven Obrigkeit begegnen sollte.

Autor, Textsorte, Erscheinungsjahr, Titel, Thema

Hauptteil
Aufbau

Brechts Parabel lässt sich in zwei Sinnabschnitte untergliedern, von denen der erste (Z. 1–9) die Rahmenerzählung darstellt, während der zweite (Z. 10–25) als Binnenerzählung fungiert.

Inhaltszusammenfassung

Zu Beginn der Parabel spricht sich deren Protagonist Herr Keuner vor Publikum gegen die Gewalt aus, merkt jedoch, dass sich seine Zuhörer entfernen. Dies liegt daran, dass die Gewalt plötzlich hinter ihm steht. Als sie Herrn Keuner mit der Frage nach dem Inhalt seiner Rede konfrontiert, behauptet der, er habe die Gewalt befürwortet. Von seinen Schülern später auf seine fehlende Charakterstärke angesprochen, rechtfertigt Herr Keuner sich damit, dass sein Überleben wichtiger als offener Widerstand sei. Um seine Einstellung zu verdeutlichen, erzählt er seinen Schülern eine Geschichte. In dieser Binnenerzählung wird ein Mann, Herr Egge, von einem Agenten aufgesucht, der sich in Herrn Egges Haus einnistet und von ihm bedienen und aushalten lässt. Auf die Frage des Agenten, ob Herr Egge bereit sei, ihm zu Willen zu sein, schweigt der Angesprochene. Zwar kümmert er sich ohne Gegenwehr um seinen Besucher, bleibt jedoch die ganze Zeit über stumm. Erst als der Agent nach sieben Jahren gestorben ist, antwortet Herr Egge auf die zuvor gestellte Frage mit Nein.

Analyse der Rahmenerzählung

– Vorstellung Herrn Keuners und der Gewalt

Herr Keuner wird in der Rahmenerzählung als „der Denkende" (Z. 1) beschrieben. Er wird damit als Philosoph oder Wissender ausgewiesen und als seriös charakterisiert. Verstärkt wird dieser Eindruck dadurch, dass er in einem Saal „vor vielen" (Z. 1) spricht. Vor der Gewalt, gegen die seine Rede gerichtet ist (vgl. Z. 1 f.), haben die Menschen Angst, was daran ersichtlich ist, dass sie den Ort verlassen, als die Gewalt hinter Herrn Keuner auftaucht. Die Bedrohung, die von ihr ausgeht, wird durch eine Inversion und die mit einem Gedankenstrich abgesetzte Nachstellung des Substantivs hervorgehoben: „[...] und sah hinter sich stehen – die Gewalt." (Z. 3) Außerdem wird die Gewalt personifiziert (sie steht hinter Herrn Keuner und spricht mit ihm, vgl. Z. 3 f.), wodurch deutlich wird, dass sie für Menschen steht bzw. für Gewalt, die von Menschen ausgeht.

– Herrn Keuners Umgang mit der Gewalt

Auf die Frage der Gewalt nach dem Inhalt seines Vortrags antwortet Herr Keuner nicht wahrheitsgemäß (vgl. Z. 5). Die parallel formulierte, antithetische Nennung des Vortragsthemas, „gegen die Gewalt" – „für die Gewalt" (Z. 1 und 5), hebt hervor, dass Herr Keuner hier lügt. Er fürchtet offenbar eine Bestrafung, wenn er bei der Wahrheit bliebe. „Die Gewalt" wirkt so bedrohlich und einschüchternd, dass man nicht ihr Missfallen erregen will.

– Rechtfertigung Herrn Keuners

Nach seiner Lüge fragen die Schüler Herrn Keuners ihn nach seinem Rückgrat. Er sieht sich also mit dem Vorwurf konfrontiert, dass er gegenüber der Gewalt klein beigegeben habe. Herr Keuner rechtfertigt sein Verhalten, indem er beim Bild des Rückgrats bleibt, das er, wie er sagt, nicht „zum Zerschlagen" (Z. 7) habe.

Auffällig ist hier die Abweichung von der gängigen Formulierung des „Brechens“ von jemandes Rückgrat zugunsten eines stärkeren Begriffs. Die Verbindung des Rückgrats, also im übertragenen Sinn einer heldenhaften, widerständigen Haltung, mit dem Bild des brutalen Zerschlagens offenbart, dass Märtyrertum, also die Bereitschaft, sich aus Prinzipientreue zu opfern, als unsinnig eingestuft wird. Schließlich würde es im Extremfall zum Tod des Kritikers führen. Die Sinnlosigkeit solchen Verhaltens verdeutlicht Herr Keuner mit den Worten: „Gerade ich muß länger leben als die Gewalt.“ (Z. 8)

Analyse der Binnenerzählung

– Parallelen der beiden Erzählungen

Nach dieser Äußerung beginnt die Binnenhandlung. Herr Keuner will mit seiner folgenden Geschichte sein Verhalten rechtfertigen und seinen Studenten Maßnahmen gegen die Gewalt aufzeigen, wie es der Titel der Parabel verspricht. In der Geschichte fungiert Herr Keuner als auktorialer Erzähler, tritt darin aber an keiner Stelle persönlich in Erscheinung. Trotzdem wird deutlich, dass sowohl der Aufbau als auch der Protagonist, „Herr Egge“ (Z. 19), Parallelen zur Rahmenerzählung und zu Herrn Keuner aufweisen. So ist der Beginn genauso unvermittelt wie der der Rahmenhandlung und enthält eine der Nennung des jeweiligen Protagonisten nachgestellte kurze Charakterisierung (vgl. Z. 1 und 10). Die Schilderung von dem Eindringling, der sich Zugang zu Herrn Egges Wohnung und zu dessen Besitz verschafft und diesen obendrein zu seinem Bediensteten macht, lässt deutlich werden, dass es auch hier um eine Begegnung mit der Gewalt geht.

– Vorstellung des Agenten

Der Repräsentant der Staatsgewalt beweist Herrn Egge mit einem „Schein“ (Z. 11), dass er „im Namen derer, die die Stadt beherrschten“ (Z. 12), handelt und zu diesem Verhalten autorisiert ist. Seine konkreten Befugnisse werden in Form einer Aufzählung dargeboten (vgl. Z. 12 ff.), um zu veranschaulichen, wie weitreichend diese sind. Da der Mann als „Agent“ (Z. 11) betitelt wird, denkt man unwillkürlich an einen Spitzel oder Spion, der sich auf Geheiß einer Obrigkeit Zugang zur Privatsphäre anderer verschafft. Tatsächlich sucht der Agent Herrn Egge in dessen privater Wohnung auf und nicht – wie die Gewalt Herrn Keuner – an einem öffentlichen Ort. Dieses Vorgehen weckt Assoziationen an ein totalitäres Regime, in dem die Menschen selbst in ihren eigenen vier Wänden überwacht und unterdrückt werden.

– Vorstellung Herrn Egges

Herr Egge wird als jemand charakterisiert, „der gelernt hatte, nein zu sagen“ (Z. 10). Da er in der „Zeit der Illegalität“ (Z. 11), also einer von Ungesetzlichkeit geprägten Zeit, lebt, könnte das darauf hindeuten, dass er es bislang vermieden hat, sich einer Gewaltherrschaft zu unterwerfen. Dennoch stößt der Agent mit all seinen Forderungen bei Herrn Egge auf keinerlei Widerstand. Herr Egge verhält sich augenscheinlich noch unterwürfiger gegenüber der Gewalt als Herr Keuner, der sich immerhin gegen diese ausgesprochen hat. Obwohl Herr Egge die Frage des Agenten „Wirst du mir dienen?" (Z. 17 f.) unbeantwortet lässt, zeigt eine erneute Aufzählung, was er alles für seinen Besucher tut: Er „deckte ihn mit einer Decke zu, vertrieb die Fliegen, bewachte seinen Schlaf" (Z. 19 f.). Er scheint sich also entschlossen zu haben, dem Agenten zu Willen zu sein.

– Herrn Egges Umgang mit der Gewalt

Diesem Eindruck wird jedoch entgegengestellt, dass Herr Egge in der langen Zeit des Gehorsams („sieben Jahre lang", Z. 20) kein einziges Wort sagt (vgl. Z. 20 f.). Durch die syntaktische Nachstellung dieser Aussage, die sogar mit einem Doppelpunkt abgetrennt ist, erhält sie eine besondere Betonung, wird also als zentral für die gesamte Erzählung hervorgehoben. Der Leser ahnt bereits, dass sich hinter dieser Schweigsamkeit Herrn Egges „Maßnahm[e] gegen die Gewalt" (Titel) verbirgt. Und tatsächlich – nachdem der Vertreter der Gewalt sich über die Jahre durch sein herrschaftliches Verhalten selbst zerstört hat (vgl. Z. 22 ff.), entfernt Herr Egge den Verstorbenen aus seinem Haus und spricht nur das eine Wort „Nein" (Z. 25). Dieses hat er die ganze Zeit für sich behalten, um es nach dem Ableben der Gewalt, die mithin keine Gefahr mehr darstellt, endlich laut auszusprechen.

Moral

Die Moral dieser Geschichte wird, wie für die Textsorte üblich, nicht explizit genannt, jedoch können Herrn Keuners Schüler – und die Leser der Parabel – diese leicht selbst erschließen: Indem Herr Egge geduldig auf eine aktive Auflehnung verzichtet, hat er am Ende die Gewaltherrschaft überlebt und kann im Sinne seiner Überzeugungen etwas Neues aufbauen. Aus seinem Verhalten lässt sich also – ebenso wie zuvor von Herrn Keuner erklärt – die Lehre ziehen, dass aktiver Widerstand das Leben kosten kann und deshalb als sinnloses Märtyrertum zu betrachten ist. Im Sinne der Geschichte sollte man sich angesichts einer Gewaltherrschaft vielmehr in sich zurückziehen (innere Emigration) und damit sein eigenes Überleben sichern.

Schluss

Gesamtdeutung

Brechts Parabel beschäftigt sich also mit den Möglichkeiten, auf eine Gewaltherrschaft zu reagieren. Dabei wird dem aktiven Widerstand bzw. dem Märtyrertod für die eigenen Überzeugungen eine Absage erteilt. Stattdessen rät die Parabel zum passiven

Widerstand, der das Überleben gewährleistet und die Gewalt an sich selbst zugrunde gehen lässt.

Deutung mit Bezug zur Biografie Brechts

Wenn man bedenkt, dass Brecht seine Parabel im Jahr 1930 verfasst hat, erweist er sich mit der kurzen Erzählung als äußerst weitsichtig. Nur drei Jahre später, nach der Machtübernahme der Nationalsozialisten in Deutschland, sah er sich als Regimegegner selbst mit der Frage konfrontiert, wie man sich im Angesicht einer totalitären Diktatur verhalten soll. Im Sinne seiner Parabel leistete er keinen aktiven Widerstand, sondern emigrierte ins Ausland. Es lässt sich allerdings durchaus kritisch hinterfragen, ob sich ein Gewaltproblem tatsächlich, wie in der Binnenerzählung dargestellt, ohne jegliche Form von aktivem Widerstand von selbst löst. Dass Brecht aus dem Exil in einer Vielzahl literarischer Erzeugnisse seine Abneigung gegen die neuen Machthaber kundtat, unterläuft dieses Prinzip der vollkommenen Passivität und lässt erahnen, dass aktiver Widerstand aus einer sicheren Position heraus durchaus sinnvoll, wichtig und wirkungsvoll sein kann.

Thüringen – Besondere Leistungsfeststellung Deutsch 2019
Aufgabe 2: Textgebundene Erörterung

Tanja Mokosch (geb. 1990): **Mach dich weg**

Wenn du nicht noch eine Runde läufst, gibt's heute kein Abendessen, sagte ich mir und rannte weiter – noch ein bisschen schneller. Am Ende lief ich knapp neun Kilometer – ohne Frühstück und mitten im Hochsommer bei gefühlten 32 Grad. Wenige Wochen zuvor war Lena Gercke als erste Gewinnerin von „Germany's next Topmodel“ auf dem Cover der deutschen „Cosmopolitan“ abgebildet. Lena war 18, ich 15, und das Jahr war der Anfang von etwas, das mich heute noch manchmal beschäftigt: einem ziemlich gestörten Bild von meinem Körper.

Ich hatte jede Folge auf ProSieben gesehen. Ich wollte nicht Germany's next Topmodel werden, aber so auszusehen wie die Bewerberinnen wird ja wohl möglich sein, dachte ich mir. Sind doch ganz normale junge Frauen. Oder? Manche sprechen im Fernsehen Dialekt, wie ich damals. Andere weinen, weil sie Pickel haben, wie ich damals.

Meine Oberschenkel hatten im Sommer nach der ersten Staffel nur noch den Durchmesser einer Ein-Liter-Cola-Flasche. Als ich mittags beim Radfahren von der Schule nach Hause meine Beine in kurzer Hose inspizierte, war ich selbst leicht schockiert. Mein Wecker hatte wie jeden Tag um 6.45 Uhr geklingelt. Knapp sieben Stunden war ich wach. Gegessen hatte ich bis dahin: einen Apfel. Wie jeden Tag, seit ein paar Monaten.

13 Jahre später läuft die Sendung immer noch. Jedes Jahr eine Staffel. Laut einer Studie der AOK Nordost ist unter ihren Versicherten der Anteil der Frauen mit Essstörungen in der Altersgruppe 13 bis 17 Jahre von 2010 bis 2016 um 44 Prozent gestiegen, bei den 18- bis 24-Jährigen sogar um 55 Prozent. Sie waren etwa im Grundschulalter, als die erste Staffel lief.

Ich war immerhin schon in der achten Klasse und mein täglicher Apfel in der Pause Thema. „Wie lang willst du den noch abkauen?“, fragte mich mein bester Freund einmal, weil ich seit 15 Minuten am Kerngehäuse nagte. Er war genervt, weil wir uns früher in der Pause zusammen Leberkäsesemmeln beim Metzger geholt hatten. Nun freute ich mich sogar, dass er gemerkt hatte, wie ich mich beim Essen zusammenriss. Damals war ich mir sicher, dass er mich zu dick fand.

Dass es mehr Essgestörte gibt als noch vor zehn Jahren (und es betrifft vor allem Frauen), liegt natürlich nicht nur an „GNTM“. In allen Altersgruppen zeigt die Studie der AOK Nordost eine erhebliche Zunahme von Essstörungen seit 2010, beispielsweise 50 Prozent mehr bei den 50- bis 54-Jährigen. Es ist aber äußerst wahrscheinlich, dass sehr wohl ein Zusammenhang besteht. In einer Studie des Internationalen Zentralinstituts für das Jugend- und Bildungsfernsehen (IZI) gaben 2015 zwei Drittel der befragten Essgestörten an, dass die Sendung sie zumindest beeinflusst habe.

Ich war nicht magersüchtig, hatte aber sicher Untergewicht und lag auf meinem Zimmerboden vor dem Fernseher, um Sit-ups zu machen, während „Heidis Mädchen“ über den Laufsteg schwebten. In den ersten Staffeln, bevor sich Kritik regte, wurden sie noch richtig fertiggemacht, Körper vermessen und auf falschen Angaben zur Pogröße in den Bewerbungen herumgeritten. In der Sprache der Sendung hieß das: COM-PE-TI-TION. Es geht ja bei „GNTM“ nie darum, sein Bestes zu geben, es geht immer darum, besser (und schöner und dünner) als die anderen zu sein. „Es kommt (bei Zuschauerinnen) zu Vergleichsprozessen, bei denen völlig übersehen wird, dass es sich hier um absolute Ausnahmeerscheinungen in Körperstatur und Gesichtszügen handelt“, so die IZI-Studie.

Die Kommission für Jugendmedienschutz prüfte die Sendung, nachdem die Studie veröffentlicht wurde, und befand, dass Heidi Klums Schönheitswettbewerb „nicht entwicklungsbeeinträchtigend“ sei. Problematische Szenen würden ausreichend relativiert, und kritische Kommentare bezüglich des Körpergewichts beschränkten sich auf die beruflichen Anforderungen an ein Laufstegmodel. Klum würde außerdem verdeutlichen, dass Hungern kein Weg sei. […]

Irgendwann habe ich mir wieder erlaubt, auch ohne rennen zu essen. Dann immer öfter. Ich wurde älter, Heidi Klum peinlicher, die Sendung etwas, das man nur noch ironisch mit Take-away-Pizza gucken konnte, ohne vor seinen Freunden das Gesicht zu verlieren. Auch 13 Jahre später kann ich nicht verstehen, warum Klum immer noch mit absurd retuschierten Fotos über die Zukunft „ihrer Mädchen“ entscheiden darf.

Quelle: Mokosch, Tanja: Mach dich weg. In: Bundeszentrale für politische Bildung (Hrsg.): fluter. Magazin der Bundeszentrale für politische Bildung. Nr. 66, Frühjahr 2018, S. 10–11.

Tanja Mokosch ist eine Journalistin.

Arbeitsauftrag

Beschreiben Sie die argumentative Entfaltung der Autorenposition.
Setzen Sie sich auf deren Basis mit der Problematik auseinander.

Lösungsvorschlag

__Lesen__ Sie sich den Text „Mach dich weg" von Tanja Mokosch __mindestens zweimal__ genau durch. Im ersten Durchgang achten Sie nur darauf, den Text und seine Aussagen zu verstehen. Beim zweiten Durchgang markieren Sie wichtige Sätze oder Schlagwörter und machen sich am Rand des Textes Notizen.

Die Aufgabenstellung ist zweigeteilt. Zunächst sollen Sie die __Argumentation__ der Autorin __beschreiben__. Welche Argumente bringt die Autorin vor, um die Leserinnen und Leser von ihrer Position zu überzeugen? Lässt sich eine __Struktur__, ein klarer __Aufbau__, ein roter Faden erkennen? Denken Sie daran: Ihr Aufsatz soll keine Zusammenfassung des Textes sein, sondern die Argumentation der Autorin untersuchen und darstellen. Achten Sie darauf, Aussagen der Autorin, die nicht __direkt zitiert__ werden, in der __indirekten Rede__ und damit im Konjunktiv wiederzugeben.

Je genauer Sie bei der ersten Teilaufgabe arbeiten, desto leichter wird Ihnen die Bearbeitung der zweiten fallen. In dieser sollen Sie sich __mit der__ in Mokoschs Text angesprochenen __Problematik auseinandersetzen__. Greifen Sie dazu auf Ihre Ergebnisse der ersten Teilaufgabe zurück und überlegen Sie, wie Sie selbst zu dem Thema des Textes stehen. Können Sie der Autorin zustimmen oder gibt es Punkte, bei denen Sie ihr widersprechen wollen? Entwickeln Sie __eigene Argumente__ und achten Sie dabei auf eine vollständige Argumentation aus Behauptung, Begründung und Beispiel. Sie können hier Ihr Wissen und Ihre eigenen Erfahrungen einfließen lassen.

Ihrem Aufsatz stellen Sie eine kurze __Einleitung__ voran, die zum Thema hinführt. Diese sollte auch einen __Basissatz__ umfassen, der die zentralen Informationen zum Text enthält (Textsorte, Autorin, Titel, Erscheinungsort und -datum, Thema). Am Ende runden Sie Ihren Text mit einem passenden __Schlusswort__ – in der Regel bieten sich eine kurze Zusammenfassung und/oder ein Fazit an – ab.

Einleitung
Hinführung

Wer kennt das nicht? Man sitzt abends vor dem Fernseher und sieht sich einen spannenden Film an. Man betrachtet die makellosen Schauspielerinnen und Schauspieler mit ihren perfekten Körpern und fragt sich: Warum kann ich nicht so aussehen? Dass Prominente aus Film und Fernsehen einen großen Einfluss darauf haben, was wir für schön und angesagt halten, liegt auf der Hand. Aber kann diese Beeinflussung auch schädliche Ausmaße annehmen? In ihrem Kommentar „Mach dich weg", der 2018 in dem Magazin „fluter" erschienen ist, befasst sich die Journalistin Tanja Mokosch mit genau dieser Frage und will dabei auf den Einfluss der TV-Show „Germany's Next Topmodel" im Hinblick auf die Aspekte Essverhalten und Körperbild aufmerksam machen.

Textsorte, Titel, Erscheinungsjahr und -ort, Autorin, Thema

Mokosch beginnt ihren Text mit der Schilderung eines persönlichen Erlebnisses. Sie beschreibt, wie sie sich in ihrer Jugend beim Sporttreiben unter extremen Bedingungen selbst unter Druck gesetzt hat, um die erwünschte Leistung zu erbringen (vgl. Z. 1–3). Von diesem Verhalten zieht sie eine zeitliche Parallele zur Erstausstrahlung der TV-Show „Germany's Next Topmodel" (vgl. Z. 4 f.). Zu dieser Zeit habe die damals 15-Jährige begonnen, ein gestörtes Bild von ihrem eigenen Körper zu entwickeln (vgl. Z. 7).

Hauptteil

Teil 1: Beschreibung der Argumentation

Einstieg: persönliche Erfahrung verknüpft mit „GNTM"-Show

Wie in diesem ersten Abschnitt folgt Mokoschs Kommentar im Weiteren einer klaren Struktur, die sich auch in den Absätzen des Textes widerspiegelt: Schilderungen ihrer eigenen Erlebnisse und Erfahrungen (vgl. Z. 8–10, 13–18, 24–29, 38–40, 54–59) wechseln sich ab mit Erläuterungen und Reflexionen zur Sendung „Germany's Next Topmodel" und Hintergrundinformationen zu den Themen Körperwahrnehmung und Essstörung (vgl. Z. 10–12, 19–23, 30–37, 40–53).

Weitere Struktur analog: Wechsel von eigenen Erfahrungen und Sachinformationen

In den subjektiv beschreibenden Passagen erläutert die Verfasserin, welchen Einfluss die Show „Germany's Next Topmodel" auf sie als Teenagerin gehabt habe: Ihre Motivation dafür, ihre Ernährung umzustellen und exzessiv Sport zu treiben, war das Ziel, so auszusehen wie die Teilnehmerinnen der TV-Sendung (vgl. Z. 8–10). Da sie Gemeinsamkeiten zwischen sich und den GNTM-Kandidatinnen, „ganz normale[n] junge[n] Frauen" (Z. 10), wie sie damals dachte, erkennen konnte, erschien ihr dieses Vorhaben als realistisch (vgl. Z. 10–12). Über Monate hinweg habe sie bis zum Nachmittag nur einen Apfel gegessen, weswegen sich ihre Figur sichtlich verändert habe (vgl. Z. 13–18). Auch ihrem Freundeskreis sei ihr verändertes Essverhalten aufgefallen. Kritik daran habe sie allerdings als Bestätigung ihres Erfolges gewertet (vgl. Z. 28 f.). Mokosch behauptet, damals nicht an Magersucht gelitten zu haben, wohl aber untergewichtig gewesen zu sein (vgl. Z. 38). „Irgendwann" (Z. 54) habe sie ihr Verhalten schließlich wieder geändert, ein normaleres Verhältnis zu ihrem Körper, zu Sport und Ernährung entwickelt. Den Grund dafür deutet sie nur sehr knapp an: „Ich wurde älter, Heidi Klum peinlicher" (Z. 55).

Subjektive Schilderungen:

- extremes Ess- und Bewegungsverhalten in der Jugend
- GNTM-Kandidatinnen als Vorbilder
- Kritik als Bestätigung der eigenen Disziplin
- erst später wieder normales Verhältnis zum eigenen Körper

Auf der wissenschaftlichen Seite führt Mokosch zunächst eine Studie der AOK Nordost an, wonach unter ihren Versicherten bei den 13- bis 24-Jährigen die Anzahl der Mädchen und Frauen mit Essstörungen im Lauf von sechs Jahren stark angestiegen sei (vgl. Z. 19–23). Die Autorin suggeriert einen Zusammenhang

Wissenschaftliche Darstellungen:

- Studie der AOK zum Anstieg von Essstörungen

mit der Sendung „Germany's Next Topmodel", wenn sie direkt im Anschluss erklärt: „Sie [die Frauen mit Essstörungen] waren etwa im Grundschulalter, als die erste Staffel lief." (Z. 22 f.) Zwar gesteht Mokosch relativierend zu, dass der Anstieg von Essstörungen „natürlich nicht nur an ‚GNTM'" (Z. 31) liege, aber nur, um zu bekräftigen, dass „äußerst wahrscheinlich" (Z. 33 f.) sei, dass es „sehr wohl ein[en] Zusammenhang" (Z. 34) gebe. Dies belegt sie anhand einer Studie des Internationalen Zentralinstituts für das Jugend- und Bildungsfernsehen, in der zwei Drittel der befragten Personen mit Essstörung einen Einfluss von Heidi Klums TV-Show auf ihr Essverhalten eingeräumt haben (vgl. Z. 34–37). Ein Grund für diese Einflussnahme liegt laut der Studie darin, dass die Zuschauerinnen, die sich mit den Teilnehmerinnen der Sendung vergleichen, nicht beachten, dass es sich bei diesen Frauen um „Ausnahmeerscheinungen in Körperstatur und Gesichtszügen" (Z. 46 f.) handelt. Dennoch, so führt die Verfasserin schließlich an, habe die Kommission für Jugendmedienschutz die Sendung „Germany's Next Topmodel" als „nicht entwicklungsbeeinträchtigend" (Z. 50) eingestuft, da das gezeigte Körperideal innerhalb der Sendung ausreichend relativiert und gefährliche Verhaltensweisen kritisiert würden.

- Herstellung eines Zusammenhangs mit „GNTM"
- Relativierung mit anschließender Bekräftigung
- Studie des IZI zum Zusammenhang von Essstörungen und „GNTM"
- Urteil über Unbedenklichkeit der Sendung

Dass Tanja Mokosch diese Ansicht nicht teilt und die Einschätzung der Kommission in kritisierender Absicht anführt, wird in ihrem Schlusssatz noch einmal überdeutlich: Sie betont hier ihr Unverständnis darüber, dass „Germany's Next Topmodel" auch nach so vielen Jahren noch immer im Fernsehen ausgestrahlt wird und die Macherin Heidi Klum ihren nach Meinung der Verfasserin schädlichen Einfluss ungehindert ausüben darf (vgl. Z. 57–59).

Schlussurteil der Autorin: Kritik an der Sendung

In dem Kommentar findet ein stetiger Wechsel zwischen den beschriebenen inhaltlichen Ebenen, das heißt den Schilderungen subjektiver Erfahrungen einerseits und den objektiven Darstellungen von Fakten andererseits, statt. Sie werden in dem Text permanent aufeinander bezogen und vermischt. Mokoschs persönliche Ansichten und Thesen werden dadurch immer wieder in einen größeren Kontext gesetzt und eine Übertragbarkeit des Individuellen auf die Allgemeinheit suggeriert. Das Wechselspiel dient nicht nur dazu, die Position der Autorin durch wissenschaftliche Daten zu untermauern. Umgekehrt sollen Mokoschs Erfahrungen das bestätigen und veranschaulichen, was in den Studien ermittelt wurde. Mokoschs Ausführungen machen deshalb auf die Leserinnen und Leser durchaus einen in sich geschlossenen und plausiblen Eindruck.

Funktion des argumentativen Aufbaus

Wirkung auf Lesende

So wie es der Journalistin Tanja Mokosch erging, erleben es wahrscheinlich auch heutzutage noch viele Mädchen. Sie werden in den Bann der Sendung „Germany's Next Topmodel" gezogen. Allerdings greift Mokoschs Darstellung der Zusammenhänge zwischen der TV-Sendung und dem Thema „Essstörung" an vielen Stellen zu kurz.

Teil 2: Argumentative Auseinandersetzung mit dem Text – eigene Position: abwägend

Jeder, der die Casting-Sendung schon einmal gesehen hat, wird zustimmen, dass damit fragwürdige Körperbilder und Schönheitsideale vermittelt werden, und dies obendrein auf ziemlich banale und für die Teilnehmerinnen bloßstellende Art und Weise. Einen Menschen auf seine Körpermaße und Gesichtszüge zu reduzieren, ist oberflächlich und ungerecht, das sollte jedem Zuschauer von Vornherein bewusst sein. Viele Jugendliche durchschauen den diskriminierenden und potenziell gefährlichen Charakter der Sendung aber nicht, weil sie sich selbst in einer Entwicklungsphase befinden, die meist mit viel Unsicherheit in Bezug auf das eigene Äußere einhergeht und in der es von großer Bedeutung ist, wie man von anderen gesehen und bewertet wird. In dieser entscheidenden Lebensphase kann eine Sendung wie „Germany's Next Topmodel", deren Kandidatinnen Jugendlichen großes Identifikationspotenzial bieten, leicht als Verstärker bestimmter Denkmuster und Verhaltensweisen wirken, wie es auch die von Mokosch zitierte Studie des IZI nahelegt.

Zustimmung zur Autorenmeinung:

- Vermittlung fragwürdiger Inhalte durch die Sendung
- Jugendliche als leicht beeinflussbare Zielgruppe

Dennoch spielen bei der Entwicklung einer Essstörung und einer gestörten Selbstwahrnehmung viele Faktoren eine Rolle. Nur weil man Heidi Klums Sendung verfolgt und vielleicht sogar für ihre Botschaft empfänglich ist, wird man nicht zwingend essgestört. Die Anzahl derer, die sich „Germany's Next Topmodel" ansehen, ohne eine solche Störung zu entwickeln, ist sicher enorm. Umgekehrt hat nicht jedes Mädchen und jede Frau mit einem gestörten Verhältnis zum Essen und zu ihrem Körper zuvor die Sendung verfolgt. Der Zusammenhang, den die Journalistin zwischen den beiden Phänomenen herstellt, scheint zwar vorhanden, wie die IZI-Studie nahelegt. Er ist aber sicherlich nicht so zwingend, wie es die Autorin zu suggerieren versucht, wenn sie den Anstieg der Anzahl Essgestörter anführt und diese Entwicklung anschließend mit der „Germany's Next Topmodel"-Sendung begründet. Was genau unter der in der IZI-Studie erwähnten Angabe, man sei „zumindest beeinflusst" (Z. 37) worden, tatsächlich zu verstehen ist, wird nicht näher erläutert. Hier würde man sich als Leserin oder Leser wünschen, dass Mokosch

Einschränkung / Ablehnung der Autorenmeinung:

- viele Faktoren für Essstörung verantwortlich
- Zusammenhang zwischen Sendung und gestörtem Körperbild nicht zwingend

weitere Erklärungen zur Studie liefert, um die Sachlage besser beurteilen zu können. Letztlich ist der Zusammenhang wohl nicht eindeutig nachweisbar, weswegen auch die Kommission für Jugendmedienschutz die Sendung als „nicht entwicklungsbeeinträchtigend“ (Z. 50) eingestuft hat.

Ein Grund, der die Kommission zu diesem Urteil gebracht hat, ist vielleicht die Tatsache, dass die jugendlichen Zuschauer der Sendung nicht schutzlos ausgeliefert sind. Dieser Eindruck könnte entstehen, wenn man Mokoschs Text liest. An keiner Stelle erwähnt sie etwa die Rolle ihrer Eltern bzw. ihrer Familie im Zusammenhang mit ihrem extremen Verhalten in der Jugend. Tatsächlich kann man erwarten, dass auch hier der verstärkte Bewegungsdrang und das veränderte Essverhalten aufgefallen sind, sodass ein Handeln der Erwachsenen angebracht gewesen wäre. Eltern sollten über den Medienkonsum ihrer Kinder Bescheid wissen und diesen, wenn nötig, auch thematisieren. Sieht sich der oder die Jugendliche eine Show wie „Germany's Next Topmodel“ gerne an, muss man dies nicht unterbinden, kann aber die darin aufgestellten Ideale und Ansichten im Gespräch kritisch hinterfragen, sie relativieren und Position beziehen. Insbesondere können und sollten sich Freunde und Familie um ein Eingreifen bemühen, wenn sie bemerken, dass sich das Verhalten eines Jugendlichen sehr verändert hat. Es gilt dann, dem oder der Betreffenden zu vermitteln, wie oberflächlich und banal die von Heidi Klum propagierten „Werte“ sind und wie wenig erstrebenswert es ist, sie zur Richtschnur des eigenen Lebens zu machen.

- Familie und Eltern können und sollten Einfluss nehmen
- Inhalte der Sendung thematisieren und hinterfragen

Zusammenfassend kann man Tanja Mokosch in vielen Punkten ihrer Kritik an „Germany's Next Topmodel“ bedenkenlos zustimmen. Dennoch ist es ratsam, keine allzu einfachen Schlussfolgerungen aus bestimmten Entwicklungen, die in etwa zeitgleich stattfinden, zu ziehen. Stattdessen sollte man den möglichen Zusammenhang zwischen der Ausprägung von Essstörungen und der TV-Sendung etwas differenzierter betrachten. Das beste Mittel, um die Ausstrahlung plumper oder fragwürdiger Shows im Fernsehen und deren Einflussnahme zu verhindern, ist letztlich ganz simpel: Einfach nicht ansehen!

Schluss

Fazit

Abrundung

Thüringen – Besondere Leistungsfeststellung Deutsch 2019
Aufgabe 3: Gedichtinterpretation

Gottfried Keller (1819–1890): **Gewitter im Mai**

In Blüten schwamm mein Heimatland,
Es wogte weiß in schwüler Ruh;
Der dunkle, feuchte Himmel band
Mir schwer die feuchten Augen zu.

Voll Gram und Reu hatt ich den Mai
Gegrüßt und seinen Blumenflor;
Nun zog er mir im Schlaf vorbei,
Und träumend nascht ich armer Tor!

Da war ein Donnerschlag geschehn,
Ein einziger; den Berg entlang
Hört ich Erwachender vergehn
Erschrocken seinen letzten Klang:

„Steh auf! steh auf! entraffe dich
Der trägen, tatenlosen Reu!"
Durch Tal und Herz ein Schauer strich,
Mein Leben grünte frisch und neu. (1851)

Quelle: Keller, Gottfried: Gewitter im Mai. In: Nationale Forschungs- und Gedenkstätten der klassischen deutschen Literatur (Hrsg.): Kellers Werke in fünf Bänden. Erster Band. Gedichte. Aufbau-Verlag, Berlin und Weimar 1988, S. 64–65.

Arbeitsauftrag

Interpretieren Sie das Gedicht.

Lösungsvorschlag

Die Aufgabenstellung verlangt von Ihnen eine vollständige Gedichtinterpretation. Das Gedicht ist also ***formal*** *zu beschreiben sowie nach* ***sprachlichen und inhaltlichen Gesichtspunkten*** *zu untersuchen, um zu einer* ***Gesamtdeutung*** *zu kommen. Am besten gliedern Sie Ihren Aufsatz wie üblich in drei Teile: Nach einem zum Thema des Gedichts hinführenden Einstieg sollte die* ***Einleitung*** *wichtige Informationen zum Text enthalten (Autor, Titel, Textart, evtl. Jahr der Veröffentlichung). Diese können knapp in einem Übersichtssatz formuliert werden. An diesen ersten Abschnitt schließt sich der* ***Hauptteil*** *an. Er enthält neben der Wiedergabe und Deutung des Inhalts auch Aussagen über den Gedichtaufbau, die Form und die sprachliche Gestaltung des Textes. Der* ***Schluss*** *rundet die Gedichtinterpretation ab.*

Es empfiehlt sich, das Gedicht zunächst ***mehrmals zu lesen****. Ihre ersten Beobachtungen und Eindrücke notieren Sie am besten direkt neben dem Text. Achten Sie auf auffallende Aspekte wie den Titel (Welche Assoziationen weckt er bei Ihnen?) und die* ***Stimmung****, die das Gedicht erzeugt. Prüfen Sie, ob entsprechende Gedanken evtl. als Einstieg in den Aufsatz geeignet sind. Wenden Sie sich dann dem* ***Aufbau*** *des Gedichts zu (Strophenzahl, Verszahl je Strophe, Reimschema, Metrum, Versschlüsse) und beschreiben Sie diesen. Gehen Sie idealerweise auch auf die Wirkung der äußeren Form ein. Dies kann aber auch erst am Schluss des Hauptteils erfolgen. Selbiges gilt für den* ***Titel****, den Sie in Ihrem Aufsatz nicht vergessen dürfen. Sie können die Erwartungen, die er weckt, zu Beginn des Hauptteils thematisieren oder an dessen Ende – oder beides und so anfängliche Hypothesen untermauern oder widerlegen.*

Beim mehrmaligen, vertiefenden Lesen konzentrieren Sie sich dann immer stärker auf den ***Inhalt****, auf die* ***Umsetzung des Themas*** *und auf das Zusammenspiel von* ***äußerer Form*** *und* ***sprachkünstlerischen Mitteln*** *mit der Aussage des Gedichts. Achten Sie darauf, sprachlich-stilistische Mittel oder formale Elemente nie nur aufzuzählen, sondern immer in Bezug auf ihre* ***Wirkung*** *zu untersuchen bzw. auf den Inhalt zu beziehen. Auch sollten Sie Ihre Aussagen stets mit geeigneten* ***Textbelegen*** *(Zitaten) untermauern. Um unnötige Wiederholungen zu vermeiden und den Überblick zu behalten, bietet sich eine lineare Vorgehensweise an, die sich an der Abfolge der Strophen orientiert. Anschließend können weitere, für das gesamte Gedicht wesentliche Aspekte angesprochen und eine* ***Aussage zur Gesamtdeutung*** *getroffen werden.*

Der ***Schluss*** *soll die Interpretation abrunden. Hier kann ein* ***Gedanke des Einstiegs*** *genauso wieder aufgegriffen werden wie eine abschließende* ***Wertung*** *erfolgen oder ein anderer themengerechter Gedanke geäußert werden. Es kann sich auch anbieten, hier auf* ***biografische Aspekte****, sofern bekannt, und/oder auf den Entstehungshintergrund des Gedichts (****Epoche****) einzugehen.*

Einleitung

Hinführung zum Thema

Beim Hören oder Lesen des Monatsnamens Mai fallen vielen von uns bestimmte Wendungen oder Zeilen bekannter Frühlingslieder ein: „Komm, lieber Mai, und mache …", „Der Mai ist gekommen", „Alles neu macht der Mai". Auch die Bezeichnung „Wonnemonat" wird für den Mai oft gebraucht, drückt sie doch, wie auch die Lieder, die Freude über das Erwachen der Natur im Frühling aus. Wie passt aber ein Gewitter zu den freundlichen Vorstellungen vom Mai? Diese Frage stellt sich angesichts des Gedichts „Gewitter im Mai" des Dichters Gottfried Keller, das 1851 entstanden ist.

Textart, Titel, Autor und Entstehungsjahr

Hauptteil

Assoziationen zum Titel

Schon der Titel des Gedichts ruft also die Assoziation von zwei gegensätzlichen Stimmungen hervor – hell und hoffnungsvoll auf der einen, düster und unheilverheißend auf der anderen Seite. So entsteht beim Leser von Anfang an eine Spannung, die neugierig auf den weiteren Inhalt des Gedichts macht.

Aufbau und Form

Dieser ist in vier Strophen zu je vier Versen dargestellt. Zu dieser regelmäßigen Form passen der durchgehend vierhebige Jambus sowie das einheitliche Reimschema aus Kreuzreimen mit ausschließlich männlichen Kadenzen. Gestalterisch liegt also eine Gleichmäßigkeit vor, die zum einen einen ruhigen, unaufgeregten Eindruck vermittelt. Zum anderen bildet die Harmonie der Form einen Gegenpol zum spannungsgeladenen Inhalt und lenkt dadurch die Aufmerksamkeit verstärkt auf die im Titel angedeuteten und im Gedicht ausgeführten Kontraste.

Wirkung des Textäußeren

Inhalt und Deutung:

Strophen 1 und 2

- Beschreibung von Frühlingsphänomenen

Alliteration

In den ersten zwei Strophen werden durchaus typische Frühlingsphänomene beschrieben, wenn von den „Blüten" (V. 1) die Rede ist, in denen das ganze Land geradezu schwimmt (vgl. V. 1) und durch die es weiß „wogte" (V. 2) – ein Verb, das man mit einem Meer, in diesem Fall einem Blütenmeer, verbindet. Die Alliteration („wogte weiß") unterstreicht zusätzlich die geschilderte sanfte Wellenbewegung. Der „Blumenflor" (V. 6) lässt einen dazu passend an leuchtende Farben und viel Grün denken und auch das Grüßen des Mais (vgl. V. 5/6) harmoniert mit diesen freundlichen Assoziationen. Jedoch ist die Stimmung, die in diesen Strophen vermittelt wird, keineswegs eine ausgelassen freudige. Denn die Zeichen des Frühlings stehen in Verbindung mit einer „schwüle[n] Ruh" (V. 2) und einem „dunkle[n], feuchte[n] Himmel" (V. 3). Es scheint sich über das frühlingshafte Land also etwas Düsteres, Schweres gelegt zu haben. Der Leser wird direkt an die dunklen Wolken und die Schwüle vor einem Gewitter erinnert. Besonders die Personifikation in den letzten beiden Ver-

- düstere statt fröhlicher Stimmung

Personifikation

sen der ersten Strophe lässt den Leser das bedrückende Gefühl mitempfinden: „Der dunkle, feuchte Himmel band / Mir schwer die feuchten Augen zu." (V. 3/4) Die Wortwahl „schwül", „schwer", „dunkel" und „feucht" (V. 2–4) steht im Widerspruch zu den in der Regel positiven Beschreibungen des Monats Mai und lässt eine beklemmende Stimmung entstehen. Auffällig ist die zweimalige Verwendung des Adjektivs „feucht" (V. 3 und 4), mit dem einerseits der Himmel, andererseits die Augen des lyrischen Ichs beschrieben werden und somit auch auf dessen traurige Gefühlslage gedeutet wird.

negative Wortwahl

Wiederholung

– lyrisches Ich trauert

Die Vermutung, dass der Sprecher traurig ist, bestätigt sich im ersten Vers der zweiten Strophe, wenn die Worte „Gram und Reu" (V. 5) fallen. Denn nicht, wie man erwarten könnte, voll freudiger Erwartung, sondern verhalten, gar bekümmert und reuevoll wird der Monat Mai trotz all seiner Blumenpracht vom lyrischen Ich gegrüßt (vgl. V. 5/6). Die positiven Veränderungen der Natur im Frühling scheint es nicht oder kaum wahrzunehmen, sie ziehen „im Schlaf vorbei" (V. 7). Die Trägheit, die schon in der ersten Strophe mit der „schwüle[n] Ruh" (V. 2) angedeutet ist, setzt sich hier in einer passiven, phlegmatischen Haltung fort, aus der sich der lyrische Sprecher offenbar nicht lösen kann oder will. Lediglich im Traum schafft er es, den Frühling etwas zu genießen, davon „zu naschen" (vgl. V. 8).

– ist passiv

In diese gedrückte, lähmende „Ruh" (V. 2) hinein bricht in der dritten Strophe das im Titel angekündigte Gewitter. Plötzlich ertönt „ein Donnerschlag" (V. 9). Das „Da" (V. 9) zu Beginn der Strophe wirkt wie ein Weckruf und lenkt sofort die Aufmerksamkeit des Lesers auf das besondere Geschehen. Es ist nur „[e]in einziger" (V. 10) Knall, der ausreicht, um das lyrische Ich aufzuwecken und zu erschrecken (vgl. V. 11/10). Auffällig ist die Nachstellung von „Ein einziger" (V. 10) nach das Bezugswort „Donnerschlag" (V. 9). Dadurch rückt der Zusatz an den Anfang des nächsten Verses und erreicht so und durch die ungewöhnliche Satzstellung eine Hervorhebung der Aussage und eine Verstärkung des Eindrucks des Besonderen. Dank der anschaulichen Schilderung von der Ausbreitung des Donners „den Berg entlang" (V. 10) scheint dem Leser der Hall besonders laut und lang im Ohr zu klingen. Das lyrische Ich empfindet nun ganz anders als vor dem Ausbruch des Gewitters: War es zuvor müde und träge, fühlt es sich jetzt als „Erwachender" (V. 11). Es vernimmt regelrecht „[e]rschrocken" (V. 12) über die eigene Passivität den

Strophe 3

– plötzliche Veränderung: Gewitter bricht herein

Nachstellung / auffällige Syntax

– lyrisches Ich ist aufgerüttelt

„letzten Klang“ (V. 12). Der Doppelpunkt am Ende der Strophe erzeugt Spannung und unterstreicht die Erwartungen des Lesers, dass hierauf etwas Neues folgen und die Lethargie des lyrischen Ichs beendet sein müsse.

Interpunktion

Diese Erwartungen erfüllen sich in der letzten Strophe, die mit Imperativen beginnt: Die wiederholte Aufforderung „Steh auf! steh auf!“ (V. 13) richtet sich in direkter Rede nachdrücklich an den lyrischen Sprecher. Der personifizierte Donner spricht zum lyrischen Ich, fordert es auf, sich aufzuraffen und die träge Untätigkeit zu überwinden: „entraffe dich / Der trägen, tatenlosen Reu!“ (V. 13/14) Der lähmende Zustand des Bedauerns und Trauerns über etwas Vergangenes oder Versäumtes, der zu Beginn des Gedichts geschildert wird, soll also beendet und ein neuer Anfang gewagt werden. Und tatsächlich entfaltet sich die wohltuende, reinigende Wirkung des Gewitters. Trägheit und Mattheit sind wie fortgespült, ein frischer Hauch vertreibt nicht nur die drückende Schwüle der Umgebung, sondern auch die unguten Gedanken zugunsten von Tatendrang und neuem Lebensmut: „Durch Tal und Herz ein Schauer strich, / Mein Leben grünte frisch und neu.“ (V. 15/16) So fühlt sich der Leser mit der Wortwahl des letzten Verses („frisch“, „neu“ und „grünte“, V. 16) und mit dem Aufbruch des lyrischen Ichs nun tatsächlich an den Mai als belebten und belebenden Monat und an den Neubeginn, für den der Frühling steht, erinnert. Das Gewitter hat für diese Veränderung gegenüber dem Anfang des Gedichts gesorgt. Und schließlich spiegelt sich die in der Form des Gedichts vorhandene Harmonie auch inhaltlich wider.

Strophe 4

Imperative, Wiederholung, Personifikation

– Aufforderung zum Handeln / Aktivwerden

– reinigende Wirkung: Überwindung des trägen, passiven Zustandes

positive Wortwahl

→ Veränderung gegenüber Anfangszustand, Form und Inhalt im Einklang

So ruft das Gedicht dazu auf, nicht Versäumtem oder Vergangenem reumütig nachzutrauern und in Passivität zu verharren, sondern sich aufzuraffen und den Neuanfang zu suchen und zu wagen, so wie auch die Natur sich immer wieder erneuert. Es zeigt, wie hilfreich dabei ein Weckruf sein kann und dass es manchmal eines reinigenden Gewitters bedarf, um aus seiner Trägheit herausgerissen und aufgerüttelt zu werden.

Gesamtdeutung

Denkt man an Kellers Biografie und die Entstehungszeit des Gedichtes 1851 kann dieser Gedanke auch im Hinblick auf die Revolution von 1848 gedeutet werden. Dies klingt an, wenn im ersten Vers vom „Heimatland“ (V. 1) die Rede ist. Zunächst „blühte“ voll Zuversicht die nationale Bewegung auf, insbesondere in studentischen Kreisen, zu denen auch Keller zählte, der zunächst in der Schweiz, dann in Deutschland die Revolutions-

Schluss

Deutung vor biografischem und zeitgeschichtlichem Hintergrund

bewegungen miterlebte. Doch das Scheitern der Revolution und des Nationalbestrebens lässt viele in Traurigkeit und Lethargie versinken. Vielleicht wünscht sich Keller hier einen „Donnerschlag“ und Weckruf, der aufrüttelt, die Kräfte neu anfacht, die Revolutionäre noch einmal mobilisiert und einen Neuanfang bewirkt.

2019-19

Thüringen – Besondere Leistungsfeststellung Deutsch 2019
Aufgabe 4: Sachtextanalyse

Stefan aus dem Siepen (geb. 1964): **Der Flaneur**

Heute: Vom Essen und Trinken jederzeit und überall

Man stelle sich an eine beliebige Straßenecke und warte ab, bis jemand vorüberkommt, der isst oder trinkt: Man wird nicht lange warten müssen. All die Bierflaschen, Pappbecher, Burgerschachteln, die hungrige und durstige Deutsche in ihren Händen umhertragen, werden später einmal als das schaurig-amüsante Erkennungsmerkmal unserer Epoche gelten. Zumal das Trinken aus der Flasche ist ubiquitär[1] geworden. Früher sah man es bei Leuten, die sich auf Baugerüsten betätigten, bei Fußballspielern, die auf dem Rasen lagen und sich die Wade massieren ließen, sowie auf Partys zu vorgerückter Stunde. Heute benehmen sich alle wie Fußballspieler und Bauarbeiter, und eine latente Dauerpartylaune grassiert, die das Ende der Spaßgesellschaft überlebt hat.

Generation Babyfläschchen. Früher saßen sie im Kinderwagen und bekamen von der Mutter, sobald sich das kleinste Zeichen von Weinerlichkeit einstellte, das Fläschchen in den Mund geschoben. Heute schieben sie es sich selbst in den Mund, damit die Stimmung nie ins Wanken gerät. Jedes Bedürfnis muss gestillt werden, gleich wo es sich regt, der Zustrom der Zerstreuungen darf nie versiegen. Riesensäuglinge!

Kultur hat etwas mit freiwillig übernommener Umständlichkeit zu tun. Man sollte nicht den direkten und unschönen Weg wählen, um ein Bedürfnis zu befriedigen, sondern den indirekten und schönen – wobei die Pointe darin besteht, dass man für den Umweg belohnt wird, denn die mittelbare Befriedigung verschafft den größeren, subtileren Genuss. Wer sich fürs Essen nicht zu Tisch setzt, Gläser als störend empfindet, hat wenig verstanden. „Coffee to go". „Fast food". „Burger take-away". „Döner Station". Die unerfreuliche Sprache folgt dem unerfreulichen Tun.

Manet[2] stellte in seinem Gemälde „Frühstück im Grünen" eine ungewöhnliche Picknick-Gesellschaft dar: Die Herren sind angezogen, die Damen sind es nicht. Damit wollte er, so darf man vermuten, auf die verborgenen Instinkte anspielen: Es geht um die Abstreifung kultureller Fesseln, besonders unter freiem Himmel. Sobald die eine Hemmung fällt, lässt die nächste nicht lange auf sich warten. Erst stillt man ungeniert seine Lust am Essen, dann eine andere. Der Philosoph Herbert Spencer[3] erklärte die damals aufkommende Mode des Picknicks für einen Rückfall in Zeiten der Barbarei. Dies gehört zur Kategorie „stark übertrieben und doch nicht ganz falsch".

In manchen Lokalen Berlins wird Bier ohne Glas serviert. Man will die Freiheit, die man sich draußen erobert hat, drinnen nicht preisgeben. Immerhin, Gläser sind vorhanden, sie werden im Einzelfall herausgegeben, zumal an Gäste der angestaubten Sorte. Letztens wurde ich in einem Lokal gefragt: „Möchten Sie ein Glas?" Ich gebe zu, das machte mich ein wenig stolz. Im Auswärtigen Amt wäre man noch vor wenigen Jahren für einen erstaunlichen Typen gehalten worden, wenn man in der Kantine aus der Flasche getrunken hätte. Heute tun's die jungen Kollegen mit dem Gestus der Selbstverständlichkeit, und nicht nur in der Kantine. Auch die Diplomatie wird eben lockerer! Sogar bei internationalen Verhandlungen in der UNO kann man neuerdings Flaschen beobachten, die an Hälsen hängen. Nur bei Anlässen der förmlichen Art, etwa einem „gesetzten Essen" auf Einladung des Botschafters, trinkt nach wie vor jeder aus dem geschliffenen Glas. Das gute Benehmen als etwas, das man sich für außerordentliche Gelegenheiten aufspart.

Quelle: aus dem Siepen, Stefan: Der Flaneur. In: Cicero. Magazin für politische Kultur. Nr. 12. Dezember 2017, Res Publica Verlags GmbH, Berlin, S. 100.

Stefan aus dem Siepen, der Verfasser der Kolumne „Der Flaneur", ist ein deutscher Jurist, Diplomat und Schriftsteller.

1 ubiquitär: überall verbreitet
2 Edouard Manet: französischer Maler (1832–1883)
3 Herbert Spencer: englischer Philosoph und Soziologe (1820–1903)

Arbeitsauftrag

Analysieren Sie den Text.
Gehen Sie dabei insbesondere auf die sprachlichen Mittel und deren Wirkung ein.

Lösungsvorschlag

Die Aufgabe verlangt von Ihnen eine Analyse des Textes. Dabei ist es hilfreich, im Vorfeld für jeden Abschnitt ***Zwischenüberschriften*** *zu finden und diese an den Rand der gegebenen Kolumne zu notieren. Auf diese Weise ermitteln Sie den Kerninhalt und können die Textstruktur leichter durchdringen.*
Aus der ***Textzusammenfassung****, die den* ***ersten Teil*** *Ihrer Analyse bildet, sollte neben dem* ***Inhalt*** *auch der* ***Aufbau*** *des Textes hervorgehen. Stellen Sie der Zusammenfassung als Einleitung einen* ***Basissatz*** *voran, der die wichtigsten Angaben zum Text enthält und über dessen Thema informiert. Achten Sie dann beim Schreiben der Zusammenfassung darauf, den Text in* ***eigenen Worten*** *wiederzugeben. Es wäre falsch, in diesem Aufsatzteil wörtlich zu zitieren. Meinungen und Einschätzungen des Autors müssen in der* ***indirekten Rede*** *und damit im Konjunktiv wiedergeben werden.*
Bei Ihrer ***Analyse*** *des Textes sollen Sie „insbesondere auf die* ***sprachlichen Mittel*** *und deren* ***Wirkung****" eingehen. Dieser Untersuchungsgegenstand steht im* ***zweiten und umfangreicheren Teil*** *Ihres Aufsatzes im Zentrum. Sie verleihen Ihren Ausführungen zur sprachlichen Gestaltung des Textes Struktur, indem Sie die* ***Aussageabsichten*** *des Autors benennen und Ihre Beobachtungen zu den sprachlichen Mitteln darauf beziehen. Bei der vorliegenden Lösung folgt die Wiedergabe der Absichten des Autors der Chronologie des Textes. Die Kolumne ist von zahlreichen sprachlichen Mitteln durchzogen. Bei Ihrer Analyse kommt es darauf an, auf diejenigen Mittel einzugehen, die* ***gehäuft*** *vorkommen oder die sich besonders gut auf eine* ***bestimmte Aussageabsicht*** *beziehen lassen. Wichtig ist, sprachliche Mittel nicht nur zu benennen, sondern auch deren Wirkung zu erläutern.* ***Zitate*** *verleihen Ihrer Analyse die nötige Substanz.*
Indem Sie am ***Schluss*** *die wichtigsten Merkmale des Textes kurz zusammenfassen und dabei Ihre* ***persönliche Sichtweise*** *einfließen lassen, runden Sie Ihren Aufsatz ab.*

Einleitung

Textsorte, Autor, Erscheinungsort und -datum, Titel

In seiner Kolumne „Der Flaneur" beschäftigt sich Stefan aus dem Siepen im 12. Heft des Magazins „Cicero", das im Dezember 2017 erschienen ist, mit dem Thema „Vom Essen und Trinken jederzeit und überall". Darin beschreibt der Autor, wie Essen und Trinken zunehmend als Bedürfnisse betrachtet werden, die unmittelbar befriedigt werden müssen. Er bedauert den damit einhergehenden Verlust an guten Manieren und plädiert gleichzeitig dafür, diesen essenziellen Bereich des menschlichen Lebens wieder stärker zu kultivieren.

Thema

Hauptteil

Inhaltszusammenfassung

Zu Beginn der Kolumne schildert Stefan aus dem Siepen seine Beobachtungen zur gegenwärtigen Ess- und Trinkkultur. Zu deren Kennzeichen zähle nicht nur, dass unterwegs gegessen werde, auch das Trinken aus der Flasche erfreue sich zunehmender Beliebtheit. Anschließend stellt er dieser Form der schnellen Bedürfnisbefriedigung seine Vorstellung von einem angemessenen Ess- und Trinkverhalten gegenüber: Seiner Meinung nach sollte man ein Mindestmaß an Aufwand betreiben, um sinnlichen Genuss, der über den bloßen Moment hinausreicht, erleben zu können. Anhand eines historischen Beispiels verdeutlicht der Kolumnist nachfolgend, was das Aufgeben kultureller Ansprüche nach sich ziehen könne. Dabei geht es insbesondere um die im 19. Jahrhundert aufkommende Mode des Picknicks im Freien. Künstler und Philosophen haben diesen Trend dahingehend interpretiert, dass mit der dadurch gewonnenen Freiheit auch ein gewisses Maß an Enthemmung – über das Essen hinaus – verbunden sei. Abschließend wendet sich der Autor wieder der Gegenwart zu und illustriert anhand mehrerer Beispiele, wie sich dementsprechend heute ein zunehmend zügelloses Verhalten ausbreite und in der Art und Weise zu trinken bemerkbar mache: Siepen berichtet aus persönlicher Erfahrung, dass nicht nur in Gaststätten und Kantinen, sondern selbst bei Verhandlungen in der UNO zunehmend aus Flaschen getrunken werde. Diesen Verlust an gutem Benehmen bedauert der Autor.

Analyse von Inhalt und Sprache

1. Abschnitt: weite Verbreitung des öffentlichen Essens und Trinkens

– Stil instruktiver Texte, „man" → Allgemeingültigkeit

Zu Beginn des Textes zielt Siepen darauf ab, die aus seiner Sicht nachlässige und unkultivierte Art zu essen und zu trinken als weit verbreitetes Phänomen darzustellen. „Man wird nicht lange warten müssen" (Z. 2), so der Autor, um Menschen zu beobachten, die im Gehen trinken oder essen. Auffällig ist gleich zu Beginn des Textes die stilistische Imitation einer Gebrauchsanleitung, die mithilfe des Indefinitpronomens „man" etwas Allgemeingültiges zum Ausdruck bringt: „Man stelle sich […] und warte ab" (Z. 1). Durch diese Formulierung legt der Autor nahe, es handle sich um eine Beobachtung allgemeiner Art. Jeder und jede könne sie machen. Wie weit verbreitet es sei, Essen und Trinken als Bedürfnisse zu behandeln, die nur beiläufig gestillt werden, bringt der Verfasser durch mehrere Hyperbeln zum Ausdruck: Hiervon könne man sich an jeder „beliebige[n] Straßenecke" (Z. 1) überzeugen. Sichtbares Zeichen dafür seien auch „[a]ll die" (Z. 2) Flaschen und Verpackungsreste, die man in der Öffentlichkeit sieht. Siepen geht sogar so weit, diesen Müll als „Erkennungsmerkmal unserer Epoche" (Z. 4 f.) zu deklarieren. Überspitzt formuliert ist ebenso die Aussage, das Trinken aus der Flasche sei „ubiquitär" (Z. 5 f.), also überall verbreitet. Zudem behauptet er,

– Hyperbeln → Reichweite des Phänomens

nicht nur einige wenige, sondern „alle" (Z. 8) würden diese Unart an den Tag legen. Weiterhin signalisiert der Verfasser mit einem Vergleich sein Missfallen an dieser Art zu trinken. Wer das tue, verhalte sich „wie Fußballspieler oder Bauarbeiter" (Z. 8 f.). Da in beiden Bereichen eher raue Sitten vorherrschen, unterstellt der Kolumnist damit denjenigen, die direkt aus der Flasche trinken, einen Mangel an Manieren und Feingefühl.

– Vergleich → Missfallen

Der Autor belässt es nicht bei einer kritischen Beschreibung des gegenwärtigen Ess- und Trinkverhaltens, er spottet auch darüber. Insbesondere über das Trinken aus Flaschen macht er sich lustig, indem er dieses Verhalten durch eine parallele Satzkonstruktion mit dem in der Säuglingszeit vergleicht: „Früher [...]. Heute [...]." (Z. 11–14). Dazu greift er auf ein Vokabular aus dem Kleinkindbereich zurück, etwa wenn er feststellt, Erwachsene würden sich heute das „Fläschchen" (Z. 13) selbst geben. Durch den verniedlichenden Diminutiv kennzeichnet Siepen ein solches Trinkverhalten als Rückfall in ein infantiles Entwicklungsstadium. Kindlich ist seines Erachtens auch das Verlangen, Bedürfnissen immer gleich nachzugeben (vgl. Z. 14 ff.), nämlich schon beim „kleinste[n] Zeichen von Weinerlichkeit" (Z. 12). Wiederum kommt die Kritik des Autors in einer Hyperbel zum Ausdruck. Diejenigen, die hier kritisiert werden, bezeichnet Siepen spöttisch als „Generation Babyfläschchen" (Z. 11). Mit dieser sowie einer weiteren Ellipse am Ende des Absatzes – dem emphatischen Ausruf „Riesensäuglinge!" (Z. 15 f.) – rahmt Siepen seine Ausführungen zu diesem Aspekt pointiert ein.

2. Abschnitt: Unsitte des Trinkens aus der Flasche

– Parallelismus, Vergleich, Wortwahl → Spott

– Hyperbel → Kritik

– Ellipsen, Ausruf → Emphase, Pointierung

Eine Intention des Verfassers besteht darin, für ein Ess- und Trinkverhalten zu werben, das den sinnlichen und kulturellen Ansprüchen einer zivilisierten Gesellschaft gerechter wird. Wichtig ist seiner Ansicht nach, dass in diesem Bereich wieder ein höheres Maß an Kultur gepflegt wird. Die Umschreibung dessen als „freiwillig übernommene[ ] Umständlichkeit" (Z. 17) bringt auf den Punkt, worauf es dem Autor ankommt. Es geht darum, sich (wieder) Mühe zu machen. Analog dazu betreibt der Autor auf der sprachlichen Ebene einen größeren Aufwand, wenn er den einfachen Begriff „Kultur" durch eine längere Wendung wie die genannte präzisiert und anschließend in einem weitschweifigen Satzgefüge ausführt, wie genau dies zu verstehen ist (vgl. Z. 17–21): Auch wenn es bedeute, zur Bedürfnisbefriedigung Umstände in Kauf zu nehmen, lohne sich dieser Aufwand. Diese Ansicht ver-

3. Abschnitt: Werben für mehr Kultiviertheit

– gehobener Ausdruck, komplexe Syntax → sprachliche Nachahmung des Inhalts

deutlicht der Kolumnist mithilfe einer Antithese. Statt den „direkten und unschönen Weg“ (Z. 18) zu gehen, zahle es sich aus, den „indirekten und schönen“ (Z. 19) zu nehmen. In Bezug auf das Essen und Trinken heißt das zum Beispiel, sich dafür an einen Tisch zu setzen und Gläser zu benutzen (vgl. Z. 21 f.).

– Antithese → Verdeutlichung

Um seine Argumentation für eine gehobenere Ess- und Trinkkultur zu stützen, möchte der Autor aufzeigen, dass Nachlässigkeit in dieser Hinsicht auch Folgen in anderen Lebensbereichen nach sich zieht. Dies sei etwa in der Sprache der Fall, wie Siepen durch eine Aufzählung von Begriffen aufzeigt, die sich auf das schnelle Essen und Trinken bzw. die Nahrungsaufnahme unterwegs beziehen und die vor allem dem Englischen entlehnt sind (vgl. Z. 22 f.). Er stellt dazu eine Analogie zwischen den seiner Meinung nach unschönen Ausdrücken und dem damit Bezeichneten her und will so bei den Leserinnen und Lesern ein Gefühl des Befremdens erzeugen. Für ebenso fragwürdig wie die genannten Begriffe („‚Coffee to go‘. ‚Fast food‘. ‚Burger take-away‘. ‚Döner Station‘.“, Z. 22 f.) hält der Autor das damit verbundene Handeln. Durch die Wiederholung des Adjektivs „unerfreulich[ ]“ (Z. 23) bringt Siepen seinen Unmut deutlich zum Ausdruck.

4. Abschnitt: Mögliche Folgen vernachlässigter Esskultur

– Aufzählung von Anglizismen → negative Konnotation

– Wiederholung → Hervorhebung

Des Weiteren greift der Autor auf ein historisches Beispiel zurück, das mögliche Konsequenzen eines unkultivierten Ess- und Trinkverhaltens veranschaulichen soll. So sei die im 19. Jahrhundert aufkommende Modeerscheinung, im Freien zu picknicken, als Anzeichen eines bevorstehenden Sittenverfalls gedeutet worden. Ein Gemälde von Manet zeige das. Bei dessen Beschreibung lenkt ein Parallelismus den Blick auf das entscheidende Detail der Picknickszene: „Die Herren sind angezogen, die Damen sind es nicht.“ (Z. 26) Die Nacktheit der Frauen, so die Interpretation des Autors, stehe für die Enthemmung, die von der fehlenden Form beim Essen auf andere Bereiche übergreife (vgl. Z. 27 ff.). Das Ablegen der Kleidung symbolisiere die „Abstreifung kultureller Fesseln“ (Z. 28).

– historisches Beispiel → Veranschaulichung

– Parallelismus → Lenken der Aufmerksamkeit

Am Ende des Textes bringt Siepen persönliche Erfahrungen ins Spiel, um sein Bedauern über den Verlust guter Manieren angesichts der um sich greifenden Lässigkeit auszudrücken. In einer Art Klimax führt er Orte an, an denen inzwischen ganz selbstverständlich direkt aus der Flasche getrunken wird. Dies konnte der Autor nicht nur in „Lokalen Berlins“ (Z. 34) beobachten, sondern auch in der Kantine des Auswärtigen Amtes (vgl. Z. 38 ff.) und selbst „bei internationalen Verhandlungen in der UNO“ (Z. 42 f.).

5. Abschnitt: Bedauern über Verlust guter Manieren

– Klimax → Intensivierung

Durch den Wechsel zur Ich-Perspektive (vgl. Z. 37 f.) legt der Kolumnist den subjektiven Charakter seiner Erfahrungen offen, seine Äußerungen wirken dadurch jedoch auch authentisch. Vielleicht hofft er, die Leserinnen und Leser würden dadurch eher seiner abschließenden Einschätzung zustimmen, dass heute „gute[s] Benehmen […] etwas [sei], das man sich für außerordentliche Gelegenheiten aufspar[e]“ (Z. 45). Mit dieser bitterironischen Schlussbemerkung in Form einer Ellipse ist implizit die Aufforderung verbunden, eine Ess- und Trinkkultur zu pflegen, bei der die Form gewahrt und auf sinnlichen Genuss mehr Wert gelegt wird.

– Perspektivwechsel, subjektive Darstellung → Authentizität Überzeugungskraft

– Ellipse, Ironie → Kritik und indirekter Appell

Zusammenfassend lässt sich festhalten, dass es Stefan aus dem Siepen darauf ankommt, die Leserinnen und Leser mit seiner Kolumne zu unterhalten. Insbesondere durch überspitzte Formulierungen und Übertreibungen verleiht er seinem Text Witz und Lebendigkeit. Der klare Aufbau seiner Argumentation erleichtert es zudem, seinem Gedankengang zu folgen. Die Schilderungen persönlicher Erlebnisse tragen zur Authentizität des Textes bei. Doch der in dem Text vorherrschende spöttische Ton macht gleichzeitig deutlich, dass die Kritik, die er auf diese Weise übt, auch aufrütteln und Leserinnen und Lesern für das beanstandete Verhalten sensibilisieren soll.

Schluss

Zusammenfassung: Intentionen Unterhaltung und Kritik

Dessen ungeachtet muss man das Urteil, zu dem der Autor am Ende kommt, nicht teilen. Dass zunehmend direkt aus der Flasche getrunken wird, ist nicht zwingend als Mangel an gutem Benehmen zu deuten. Es kann auch als Zeichen dafür verstanden werden, dass sich die Kluft zwischen einem eher zwanglosen Verhalten im Privatleben und einem von strenger Etikette bestimmten Leben im Beruf und in der Öffentlichkeit verringert und damit ein Stück persönliche Freiheit gewonnen wird.

Individuelle Wertung

Thüringen – Besondere Leistungsfeststellung Deutsch 2020
Aufgabe 1: Textgebundene Erörterung

Babette Müller:
Jugend und Politik: Eine Beziehung voller Missverständnisse

Die Jugend von heute interessiert sich für nichts, beschäftigt sich sowieso nur mit dem Handy und der Playstation und lässt jegliches Interesse an den großen Fragen unserer Zeit vermissen. So lauten zumindest die Vorwürfe und Vorurteile der älteren Generation.

Umso interessanter waren daher die Ergebnisse der Shell-Jugendstudie aus dem Jahr 2015. Diese erhebt regelmäßig die Sichtweisen, Stimmungen und Erwartungen der Jugendlichen in Deutschland und ermittelte, dass sich 41 Prozent der befragten Jugendlichen als politisch interessiert bezeichneten. Laut den Autoren der Studie steht dieses Ergebnis für eine signifikante Trendwende, zeichneten sich doch die Vorgänger, die Jugendlichen der „Generation Y", vor allem durch politisches Desinteresse und fehlendes Engagement aus. Schnell wurden Hoffnungen auf eine neue, engagierte Generation geweckt, quasi die Wiedergeburt der politischen, gar rebellischen Jugend prophezeit.

Auf den zweiten Blick zeichnen die Ergebnisse der Shell-Studie jedoch ein weniger rosiges Bild vom Verhältnis der deutschen Jugend zur Politik. Sie boykottieren zwar Konsumgüter aufgrund politischer Konflikte, demonstrieren für soziale Gerechtigkeit und unterzeichnen Petitionen im Netz, die Politikverdrossenheit bleibt aber vor allem mit Blick auf die etablierten politischen Parteien und das politische System hoch.

Unterstützt wird dieser Befund durch Zahlen, die im Rahmen einer Untersuchung der Friedrich-Ebert-Stiftung erhoben wurden. In Anlehnung an die Ergebnisse der Shell-Studie beschäftigte sich die Stiftung mit der Frage, ob sich das gestiegene politische Interesse auch in Form von politischem Engagement wiederfindet und welche Formen dabei von den Jugendlichen bevorzugt werden. In der repräsentativen Befragung von Jugendlichen zwischen 14 und 29 Jahren spiegelt sich jedoch besonders die Verdrossenheit in Hinblick auf das etablierte politische System: Nur 3 Prozent der befragten Jugendlichen gaben an, Mitglied in einer Partei zu sein. Gründe für diesen geringen Wert sind ein zunehmendes Vertrauensdefizit gegenüber Parteien und deren fehlende Attraktivität auf jugendliche Zielgruppen. Zudem wird Politik, so wie sie durch die Arbeit der politischen Parteien geprägt wird, als starr, intransparent und ohne wirkliche Chance zur Beteiligung wahrgenommen. Besonders großen Zuspruch durch Jugendliche erhalten jedoch Umweltschutz- und Menschenrechtsorganisationen, die Jugendlichen glaubhaft die Chance auf Mitbestimmung und politischen Einfluss vermitteln können und den etablierten Parteien so zunehmend den Rang ablaufen.

Generell ist das politische Engagement abseits der Mitgliedschaft in einer Partei jedoch geringer, als man erwarten würde: Obwohl sich 45 Prozent der Befragten eine Beteiligung an politischen Projekten vorstellen könnten, setzten dies nur 27 Prozent der Jugendlichen in die Tat um. Die Gründe dafür sind vielfältig: Neben Faktoren wie dem Alter, dem Geschlecht und dem Bildungsgrad spielen auch die Unwissenheit der Jugendlichen über den politischen Prozess, Unlust und das beständig schwindende Vertrauen in die politischen Parteien und in das politische System eine große Rolle für die geringe politische Beteiligung. Mit der Wahrnehmung fehlender Mitwirkungsmöglichkeiten verlieren Parteien und das politische System als Ganzes zunehmend an Relevanz für Jugendliche und politisches Engagement verlagert sich auf andere Akteure und Räume.

Die Jugend interessiert sich zwar, hat aber nur wenig Antrieb, sich auch politisch zu engagieren und Entscheidungen selbst in die Hand zu nehmen. Bleibt also doch alles beim Alten? Nicht ganz. Die Jugend interessiert sich wieder mehr für Politik. Das lässt sich klar aus den Ergebnissen der Studien ableiten. Dieses neue Interesse entfaltet ein politisches Potential, das nun genutzt werden muss. Das Verständnis von politischer Teilhabe und die Formen des Engagements haben sich jedoch verändert: Politische Aktivitäten finden individueller statt, im Privaten und im Netz und Nichtregierungsorganisationen werden den Parteien vorgezogen. Es liegt daher vor allem an den Parteien selbst, der Jugend glaubhaft zu vermitteln, dass sich das Engagement in den etablierten Parteien lohnt und somit das neu gewonnene Potential zu nutzen. Vielleicht kann aus der „Generation Z“ dann wirklich eine neue politische Generation werden.

Quelle: Müller, Babette: Jugend und Politik: Eine Beziehung voller Missverständnisse. In: https://www.neulandquartier.de (06. 06. 2019)

Arbeitsauftrag

Erörtern Sie auf der Grundlage der Argumentation im Text und Ihrer Erfahrung die These aus der Überschrift.

Lösungsvorschlag

Die Aufgabe, die These aus der Überschrift zu erörtern, zielt darauf ab, ***Argumente für bzw. gegen eine Annahme*** *zu formulieren. Da der zweite Bestandteil der* ***Überschrift relativ offen formuliert*** *ist („Eine Beziehung voller Missverständnisse“), kommt es zunächst darauf an, herauszufinden, was damit genau gemeint ist. Durch mehrmaliges Lesen des Ausgangstextes nähern Sie sich der Antwort auf diese Frage an. Sie werden feststellen, dass es im Text um das (vermeintlich)* ***distanzierte Verhältnis junger Menschen zur Politik*** *geht. Auf Basis des Textes und vor dem Hintergrund eigener Erfahrungen sollen Sie also kritisch prüfen, ob die These, die Beziehung zwischen Jugend und Politik sei problematisch, zutrifft. Nach einer kurzen* ***thematischen Hinführung*** *und der* ***Wiedergabe von Basisinformationen*** *zum Text in der* ***Einleitung*** *fassen Sie dessen* ***Inhalt*** *am Beginn des* ***Hauptteils*** *prägnant zusammen. Die Auseinandersetzung mit der Argumentation der Autorin stellt die Grundlage für die nachfolgende* ***Erörterung*** *dar. Bevor Sie mit der Abfassung der Argumentation beginnen, sollten Sie zunächst einen* ***Schreibplan*** *anfertigen. Angesichts der offen formulierten Aufgabenstellung minimieren Sie damit die Gefahr, vom eigentlichen Thema abzudriften. Bei der vorliegenden Lösung folgt auf ein Pro- ein Kontra-Argument, da zu jedem Aspekt, der für die Ausgangsthese spricht, ein passender Einwand formuliert wurde. Allerdings wäre auch eine Anordnung der Argumente im Block denkbar. Wichtig ist bei der Entfaltung Ihrer Argumentation, dass* ***Gründe für eine bestimmte Behauptung*** *dargelegt und* ***durch passende Beispiele veranschaulicht*** *werden. Dabei sollen Sie die* ***Argumente der Autorin aufgreifen****. Wenn Sie sich auf den Ausgangstext beziehen, müssen Sie dies durch* ***direkte oder indirekte Zitate*** *deutlich machen. Lassen Sie aber an passender Stelle erkennen, dass Sie in der Lage sind,* ***eigene Überlegungen*** *in die Erörterung einfließen zu lassen. Indem Sie die* ***Argumente am Schluss zusammenfassen*** *und ein* ***persönliches Fazit*** *ziehen, runden Sie Ihre Ausführungen ab.*

Einleitung
Hinführung zum Thema

Der Einsatz für Frieden, die Betonung der individuellen Freiheiten gegenüber der Einordnung in eine hierarchische Ordnung, das Aufbrechen einer rigiden Sexualmoral – das alles sind Ziele, für die sich Anhänger der sogenannten 68er-Bewegung eingesetzt haben. Von dem damaligen politischen Engagement vorwiegend junger Menschen profitiert unsere Gesellschaft noch heute.

Mit der Frage, in welchem Verhältnis Jugend und Politik gegenwärtig stehen, hat sich Babette Müller beschäftigt. In ihrem Kommentar, der am 6. Juni 2019 auf der Internetseite neulandquartier.de erschienen ist, warnt die Autorin vor zu viel Euphorie angesichts eines wachsenden Interesses an politischen Themen bei Jugendlichen. Nach wie vor stünden Heranwachsende dem politischen System vor allem skeptisch gegenüber. „Jugend und Politik. Eine Beziehung voller Missverständnisse" lautet daher der Titel des Artikels.

Basisinformationen: Autorin, Titel, Textsorte, Erscheinungsdatum und -ort; Position der Autorin

Die Überschrift legt nahe, dass das Verhältnis zwischen Jugend und Politik problematisch ist. Da eine Beziehung immer von zwei Seiten abhängt, müssen bei der Erörterung dieses Sachverhalts beide Akteure in den Blick genommen werden. Ist die Jugend nur vordergründig politisch? Oder aber erreicht die Politik Jugendliche nicht mehr?

Thema der Erörterung

Hauptteil

Textstruktur und -inhalt

In ihrem Artikel zitiert Babette Müller zu Beginn den vielfach geäußerten Vorwurf, die Jugend verfolge in erster Linie persönliche Interessen, anstatt sich mit gesellschaftlichen Fragen zu beschäftigen (Z. 1–4). Diesem Klischee stellt die Autorin im Anschluss das Ergebnis der letzten Shell-Jugendstudie aus dem Jahr 2015 gegenüber, wonach sich beinahe jeder zweite Jugendliche als politisch interessiert bezeichnet. Die Umfrage habe die Autoren der Studie zuversichtlich gestimmt, die Jugend von heute würde sich stärker als ihre Vorgängergeneration der Politik zuwenden (Z. 5–13). Die Autorin relativiert diese Einschätzung jedoch umgehend, indem sie der Jugend trotz des gestiegenen politischen Interesses und Engagements eine große Distanz zu den etablierten Parteien und zum politischen System insgesamt bescheinigt (Z. 14–19). Sie beruft sich dabei auf eine andere Jugendstudie, die die Politikverdrossenheit junger Menschen belege. Aufgrund eines Vertrauensverlusts in etablierte Parteien und deren geringer Attraktivität für Jugendliche würden sich Personen dieser Altersgruppe stärker in Nichtregierungsorganisationen engagieren (Z. 20–35). Zudem macht Müller deutlich, dass ein gestiegenes politisches Interesse nicht unmittelbar mit einem wachsenden politischen Engagement einhergehe. Aus mehreren Gründen sei die Beteiligung an politischen Projekten gering (Z. 36–46). Damit sich das neu erwachte Interesse der Jugend an Politik auch auf das Verhalten auswirke, müssen die etablierten Parteien der Autorin zufolge Angebote schaffen, die den neuen Ansprüchen der Jugend im Hinblick auf politische Teilhabe gerecht werden (Z. 47–58).

Argumentation:

Bei der Erörterung der Frage, inwiefern die Beziehung zwischen Jugend und Politik problematisch ist, muss zunächst diskutiert werden, ob die These von der anhaltenden Skepsis Jugendlicher gegenüber der Politik zutreffend ist.

geringe Parteibindung Jugendlicher

Versteht man unter Politik etablierte Parteien, ist eine große Distanz zur Lebenswelt Jugendlicher nicht von der Hand zu weisen. Eine Folge davon ist, dass sich nur sehr wenige Jugendliche an eine Partei binden. Einer Studie der Friedrich-Ebert-Stiftung zufolge sind nur drei Prozent der 14- bis 29-Jährigen Mitglied einer Partei (vgl. Z. 27 f.). Ein Grund hierfür ist sicherlich, dass das politische Geschehen v. a. von Erwachsenen über 40 bestimmt wird und das Identifikationspotenzial mit Verantwortungsträgern in der Politik eher gering ist. Hinzu kommt ein anhaltender Vertrauensverlust in politisch etablierte Parteien (vgl. Z. 42). Ausdruck hierfür ist beispielsweise das Video des Youtubers Rezo, der im Vorfeld einer Wahl davor gewarnt hat, der CDU oder SPD eine Stimme zu geben.

Gegenargument: politisches Engagement außerhalb von Parteien

Dennoch wäre es vorschnell, aufgrund der geringen Parteibindung Jugendlicher auf politisches Desinteresse zu schließen. Versteht man „politisch" in einem umfassenderen Sinn, nämlich als Einflussnahme auf öffentliche Angelegenheiten, ist auch die Altersgruppe der 14- bis 29-Jährigen durchaus an Politik interessiert und bereit, auf diesem Gebiet Verantwortung zu übernehmen. Großes Interesse besteht v. a. bei den Themen Umwelt und soziale Gerechtigkeit. Das zeigt sich zum Beispiel daran, dass sich Jugendliche verstärkt bei „Umweltschutz- und Menschenrechtsorganisationen" (Z. 33) engagieren, um gesellschaftlich etwas zu bewegen. Gerade die Begeisterung vieler Jugendlicher für die Fridays-for-future-Bewegung hat vor Augen geführt, dass junge Menschen bereit sind, sich am politischen Prozess zu beteiligen. Nicht zu vergessen ist auch vorbildhaftes Verhalten im Alltag, das eine Außenwirkung erzielen und eine politische Strahlkraft entfalten kann. So verzichten immer mehr Jugendliche auf „Konsumgüter aufgrund politischer Konflikte […] und unterzeichnen Petitionen im Netz" (Z. 16 f.).

Bewältigung von Entwicklungsaufgaben im Vordergrund

Fraglich ist allerdings, wie hoch der Anteil der Jugendlichen ist, die sich tatsächlich derart engagieren. Studien zeigen, dass sich eine Mehrheit faktisch nicht an politischen Projekten beteiligt (vgl. Z. 37 ff.). Das liegt ohne Zweifel auch daran, dass es für viele Jugendliche noch zu früh ist, politisch tätig zu werden. Es gehört zur natürlichen Entwicklung, dass in dieser Lebensphase das persönliche Vorankommen im Vordergrund steht. Neben der Auseinandersetzung mit Identitätsfragen geht es auch darum, die Schullaufbahn erfolgreich zu beenden und sich um einen Ausbildungs- oder Studienplatz zu kümmern. Das alles ist mit Anstrengungen verbunden, die für politisches Engagement wenig Raum lassen.

Dabei darf jedoch nicht vergessen werden, dass der Einsatz für politische Ideale nicht nur eine Altersfrage ist, sondern auch von anderen Faktoren wie der sozialen Herkunft oder dem Bildungsgrad abhängt (vgl. Z. 40). Vor allem junge Menschen, die in Vereinen ein soziales Miteinander pflegen, die aufgrund ihrer Bildung ein Problembewusstsein für gesellschaftliche Herausforderungen entwickelt haben und deren Eltern engagierte Vorbilder sind, neigen dazu, sich auch politisch einzusetzen. Wer zum Beispiel Jugendgruppen leitet, kennt die Probleme, mit denen Gleichaltrige oder jüngere Personen zu tun haben, und traut sich eher zu, die Interessen der eigenen Generation zu vertreten, etwa als Schülersprecher oder Schülersprecherin. Von einem solchen Engagement zu politischer Beteiligung ist der Schritt dann nicht mehr allzu groß.

Gegenargument: Abhängigkeit des politischen Interesses von weiteren Faktoren

Wenn man die Tragweite des jugendlichen Einsatzes für politische Zwecke infrage stellt, darf man sich nicht darauf beschränken, allein auf Einstellungen und Verhaltensweisen junger Menschen zu blicken. Vielmehr ist auch die Frage zu klären, ob die Politik die Jugendlichen überhaupt erreicht.

Überleitung zur Rolle der Politik

Zunächst ist festzustellen, dass von politischer Seite durchaus Angebote vorhanden sind, um Jugendliche an der Meinungsbildung mitwirken zu lassen und sich für öffentliche Belange einzusetzen. Zum einen gibt es in jeder etablierten Partei Jugendverbände, die die Interessen ihrer Altersgenossen vertreten. Man denke beispielsweise an die Jusos bei der SPD oder die Junge Union bei der CDU. Zum anderen versuchen Politikerinnen und Politiker, Sprach- und Kommunikationsformen zu finden, mit denen sie jugendliche Adressaten erreichen. Hierzu zählen unter anderem Videobotschaften oder Meinungsäußerungen, die über soziale Netzwerke publik gemacht werden.

Angebote der Politik an Jugendliche

Trotz dieser Annäherungsversuche stehen viele Jugendliche dem politischen Geschehen eher distanziert gegenüber. Das liegt v. a. daran, dass sich diese Altersgruppe von den etablierten Parteien

Gegenargument: Distanz zwischen Jugendlichen und Parteien

nicht angesprochen fühlt. Das mag an der mangelnden Präsenz der Jugendverbände in den Medien liegen. Entscheidender ist aber, dass viele Jugendliche Parteien als sehr komplexe Gebilde wahrnehmen, bei denen sie nur eine geringe Chance auf Mitwirkung haben (vgl. Z. 30 ff.). Hinzu kommt die Unsicherheit mancher Politikerinnen und Politiker, wie sie junge Menschen heute noch erreichen können. Die unbeholfenen Reaktionen auf das Rezo-Video haben gezeigt, dass auch auf Seiten der Polit-Profis diesbezüglich noch großer Lernbedarf besteht.

Schluss

Zusammenfassung der Argumente und persönliches Fazit

Abschließend bleibt festzuhalten, dass zwar nicht die „Wiedergeburt der politischen, gar rebellischen Jugend" (Z. 12 f.) der 1968er-Bewegung bevorsteht, es wäre aber zu kurzsichtig, das Verhältnis zwischen Jugend und Politik nur auf „[e]ine Beziehung voller Missverständnisse" zu reduzieren. Ohne Zweifel gibt es nach wie vor eine gewisse Distanz zwischen Politik und Jugend, was sich an der geringen Parteibindung zeigt und auf die Tatsache zurückzuführen ist, dass sich Jugendliche in erster Linie auf ihre persönliche Entwicklung konzentrieren. Dennoch darf nicht übersehen werden, dass das Interesse Jugendlicher an politischen Themen wächst, vor allem in den Bereichen Umwelt und soziale Gerechtigkeit. Mit steigendem Bildungsgrad ist auch davon auszugehen, dass die Bereitschaft, sich an politischen Prozessen zu beteiligen, zunimmt. Es kommt nun vor allem auf die etablierten Parteien an, das neue Interesse der Jugend an Politik für sich zu nutzen. Das bedeutet, dass bereits vorhandene Angebote ausgebaut und neue Möglichkeiten zur Beteiligung an politischen Prozessen geschaffen werden müssen. Die Chance, Heranwachsende für Politik zu begeistern, sollte nicht vertan werden, denn es gilt: Jugend und Politik – das ist eine Beziehung mit Potenzial.

Thüringen – Besondere Leistungsfeststellung Deutsch 2020
Aufgabe 2: Interpretation eines Dramentextes

Detlef Michel (geb. 1944): **Filet ohne Knochen**

In einer Metzgerei. Vor dem Ladentisch steht eine Dame, dahinter der Metzger.

DAME Eine Scheibe Rinderfilet, bitte. Aber ohne Knochen.

METZGER Das ist gar nicht so einfach meine Dame. Um nicht zu sagen, unmöglich. Wissen Sie, wie es unsereins geht? Schlecht, sehr schlecht. Man wartet auf Kundschaft, und wenn sie endlich kommt, was verlangt sie dann? Unmögliches!

DAME Was ist daran unmöglich, wenn ich ein Filet will?

METZGER Ohne Knochen!

DAME Ohne Knochen, allerdings.

METZGER Filet ohne Knochen gibts nicht. Filet ist ohne Knochen.

DAME Dann geben Sie mir bitte eine Scheibe.

METZGER Gern.

DAME Aber ohne Knochen.

METZGER Meine Dame, ich glaube, wir haben uns nicht richtig verstanden. Ich habe Ihnen gesagt, daß Filet immer ohne Knochen ist. Merken Sie denn eigentlich nicht, daß das blödsinnig ist? Das geht nicht!

DAME Wenns bei Ihnen nicht geht, na schön. Hol ichs mir eben woanders. Die Konkurrenz lauert überall, mein Herr!

METZGER Aber nun stellen Sie sich doch mal vor, Sie gehen in ein Möbelgeschäft und verlangen einen Tisch, aber mit Beinen.

DAME Ausgeschlossen! Ich habe zwei Tische, einen im Wohnzimmer und einen in der Küche. Was soll ich mit noch einem? Da kommt man hier rein, will ein Filet ohne Knochen, und schon wird man über seine Wohnverhältnisse ausgefragt. Finden Sie nicht, daß das zu weit geht?

METZGER Ihre Tische interessieren mich überhaupt nicht. Ich wollte nur klarmachen, daß es unsinnig ist, von einem Tisch mit Beinen zu reden, weil jeder Tisch Beine hat, weil – sonst wärs kein Tisch, sondern eine Holzplatte. Und genauso unsinnig ist es, von einem Filet ohne Knochen zu reden, weil ein Filet keine Knochen hat! Sonst wärs nämlich keins!

DAME Und was, wenn es doch welche hat?

METZGER Das gibt es nicht! Es gibt kein Filet mit Knochen!

DAME Will ich ja auch nicht! Ich will eins ohne! – Aber bitte, geh ich eben zur Konkurrenz und hol mir ein Kotelett. Mit Knochen.

Quelle: Michel, Detlef: Filet ohne Knochen. In: Braun, Karlheinz (Hrsg.): Minidramen. Verlag der Autoren, Frankfurt am Main 1987, S. 185 f.

Arbeitsauftrag

Interpretieren Sie den Einakter.

Lösungsvorschlag

*Die Aufgabenstellung verlangt von Ihnen die Interpretation des vorliegenden Textes. Die Bezeichnung „**Einakter**" gibt Ihnen den Hinweis darauf, dass der **Text vollständig** ist, dass also weder davor noch danach etwas passiert. Lesen Sie sich den Text langsam und genau, markieren Sie sich wichtige Begriffe und machen Sie sich Notizen am Rand. Ein dramatischer Text, und vor allem auch Michels Text, lebt immer von den sprachlichen **Äußerungen der Figuren**. Bei Ihrer Lektüre sollten Sie darauf ein besonderes Augenmerk legen.*

*In Ihrer **Einleitung** müssen Sie zum **Thema** des Einakters hinführen und die wichtigsten **Informationen zum Text** nennen (Titel, Autor, Textsorte, Erscheinungsjahr). Machen Sie sich bewusst, dass es in Michels Text nur vordergründig um ein „Filet ohne Knochen" geht. Vielmehr möchte der Autor anhand dieses Beispiels auf eine **allgemeinere Problematik** aufmerksam machen.*

*Für den **Hauptteil** Ihrer Interpretation empfiehlt es sich, dass Sie Zeile für Zeile vorgehen und sich immer folgende Fragen stellen: Was passiert genau im Text? Wie sind die Äußerungen der Figuren zu verstehen? Wie **reagieren** die Figuren auf die Äußerungen des jeweils anderen? Zeichnet sich ein **Konflikt** zwischen dem Metzger und der Dame ab? Wie wird ein solcher Konflikt in **sprachlich-stilistischer Hinsicht** gestaltet? Wie **entwickelt** sich das Gespräch? Kommt es zu einer **Lösung des Konflikts**?*

*Im **Schlussteil** Ihrer Interpretation sollten Sie Ihre Ergebnisse aus dem Hauptteil noch einmal präzise **zusammenfassen** und verdeutlichen, was Detlef Michel aus Ihrer Sicht mit seinem Einakter ausdrücken will.*

Einleitung

Hinführung über eine allgemeine Erfahrung

Sicher jeder von uns war schon einmal in einer Metzgerei oder einer Bäckerei und hat dort etwas bestellt. Man nennt der Person hinter der Ladentheke auf höfliche Weise, was man gerne haben möchte, beantwortet ein oder zwei Rückfragen und nimmt das Bestellte in Empfang. Nachdem man den genannten Preis bezahlt hat, verabschiedet man sich freundlich und verlässt den Laden wieder.

Grunddaten zum Drama

In dem 1987 erschienenen Einakter „Filet ohne Knochen" von Detlef Michel wird eine solche alltägliche Szene in einer Metzgerei gezeigt, die jedoch aufgrund eines kleinen sprachlichen Missverständnisses zu einem Streit und zum Abbruch der Kaufhandlung führt.

Hauptteil

Detailuntersuchung

Eröffnung der Szene

Die vorangestellte, kursiv gesetzte Regieanweisung führt knapp in das folgende Geschehen ein. Die Leser erfahren, dass die Handlung in einer Metzgerei spielt, in der eine Frau wohl etwas bei einem Metzger bestellen wird. So äußert sie mit ihrem ersten Satz auf höfliche Weise ihre Bestellung in knappen, elliptischen Sätzen – ganz so, wie man es als Leser erwarten würde: „Eine Scheibe Rinderfilet, bitte. Aber ohne Knochen." (Z. 1)

Entstehung des Konflikts

Die Antwort des Metzgers darauf fällt jedoch ungewöhnlich aus. Er nimmt nicht direkt Bezug auf die Bestellung der Dame, sondern umständlich über mehrere Zeilen, jedoch ohne konkret zu werden. Er beklagt, dass diese Bestellung „gar nicht so einfach" (Z. 2) sei, vielmehr „unmöglich" (Z. 2 f.). Der Metzger bleibt zwar höflich, indem er die Frau mit „meine Dame" (Z. 2) anspricht, auf emphatische Weise bringt er aber dann zum Ausdruck, dass es den Metzgern allgemein „[s]chlecht, sehr schlecht" (Z. 3) gehe. Denn die wenigen Kunden, die noch in Metzgereien einkaufen, würden „Unmögliches" (Z. 4) verlangen. Es fällt auf, dass der Metzger in seiner Antwort zwei Fragen formuliert, die er dann selbst prompt beantwortet (vgl. Z. 3 f.). Seine letzte Antwort scheint er mit besonderem Nachdruck, vielleicht sogar mit erhobener Stimme zu formulieren, da ein Ausrufezeichen seine Klage abschließt.

Benennen des Problems durch den Metzger

Die Dame bleibt höflich und stellt, möglicherweise etwas verunsichert durch die unerwartete Antwort des Metzgers, eine Rückfrage: „Was ist daran unmöglich, wenn ich ein Filet will?" (Z. 5) Wieder ist die Antwort des Metzgers nicht eindeutig, er bedient sich erneut eines Ausrufs: „Ohne Knochen!" (Z. 6) Nachdem die Dame ihre Bestellung erneut bekräftigt hat (vgl. Z. 7), erläutert der Metzger erstmals, weshalb die Bestellung der Dame aus seiner Sicht unmöglich ist: „Filet ohne Knochen gibts nicht. Filet ist ohne Knochen." (Z. 8) Das Missverständnis zwischen den beiden liegt also darin, dass die Dame ein Filet ohne Knochen bestellt hat und dies aus Sicht des Metzgers in sprachlicher und logischer Hinsicht eine überflüssige Formulierung ist, da jedes Filet knochenlos ist.

Der Metzger achtet also sehr auf sprachliche Exaktheit: Es genügt, Filet zu bestellen, denn die Bezeichnung „Filet" beinhaltet nun mal bereits, dass das servierte Fleischstück ohne Knochen ist. Es stellt sich jedoch bereits hier die Frage, ob es für das Verkaufsgespräch nicht zielführender gewesen wäre, der Dame das Filet einfach auszuhändigen und zu verkaufen. Im Anschluss daran hätte der Metzger die Dame immer noch auf freundliche Weise auf ihr kleines sprachliches Missgeschick aufmerksam machen können. Schließlich kann der Metzger nicht davon ausgehen, dass die Dame die Fachbegriffe aus dem Metzgereiwesen genau kennt.

emotionale Zuspitzung des Konflikts

Nachdem der Metzger das Missverständnis scheinbar aufgeklärt hat, wiederholt die Dame ihre Bestellung: „Dann geben Sie mir bitte eine Scheibe." (Z. 9) Sie präzisiert jedoch gleich darauf: „Aber ohne Knochen." (Z. 11) Durch diesen Zusatz gibt sie zu erkennen, dass sie die Begriffserklärung des Metzgers doch nicht verstanden hat. Der Metzger reagiert zunächst höflich und weist erneut auf das Missverständnis und seine Erklärung der Bedeutung des Begriffs „Filet" hin (vgl. Z. 12 f.). Dann lässt er jedoch seinem zunehmenden Ärger über die sprachliche Ungenauigkeit der Dame freien Lauf: „Merken Sie denn eigentlich nicht, daß das blödsinnig ist? Das geht nicht!" (Z. 13 f.) Wie bereits in seiner ersten Reaktion auf die Bestellung der Dame formuliert der Metzger hier eine Frage, die er dann unverzüglich und auf nachdrückliche Weise selbst beantwortet. Er unterstreicht damit, wie wichtig ihm die korrekte Verwendung des Begriffs „Filet" ist. Indem er die Bestellung der Dame als „blödsinnig" (Z. 14) bezeichnet, setzt er sich über das Höflichkeitsgebot hinweg, das eigentlich für Verkaufsgespräche gelten sollte. Der Metzger wird der Dame gegenüber beleidigend.

drohender Abbruch der Kommunikation

Daraufhin scheint die Dame genug zu haben von den sprachlichen Belehrungen des Metzgers und droht damit, eine andere Metzgerei aufzusuchen (vgl. Z. 15 f.). Auffällig ist, dass nun auch die Dame etwas ungehaltener wird. Ihre bis dahin höfliche Ausdrucksweise gleitet ins Umgangssprachliche („Wenns", „na schön", „Hol ichs", Z. 15). Und indem sie den Metzger mit „mein Herr" (Z. 16) anspricht, kopiert sie wohl auf ironische Weise dessen Ausdrucksweise („meine Dame", Z. 2, 12), was zusätzlich durch das Ausrufezeichen verstärkt wird. Ab diesem Punkt wird das am Anfang so harmlose Verkaufsgespräch mehr und mehr zum heftigen Streitgespräch.

Fortsetzung des Streitgesprächs

Der Metzger versucht nun erneut, das Missverständnis aufzuklären, indem er ein Beispiel nennt, das das Problem mit dem Begriff „Filet ohne Knochen" unterstreichen soll. Ein Filet ohne

Knochen zu verlangen, sei ebenso sinnlos, als würde man einen „Tisch, aber mit Beinen" (Z. 18) bestellen. Der Hinweis der Dame, sie besitze bereits zwei Tische (Z. 19 f.), legt offen, dass sie der Erklärung des Metzgers nicht folgen kann. Ihr fehlt offensichtlich das sprachliche Feingefühl und die Einsicht, dass Wörter bestimmte Bedeutungen in sich tragen, ohne dass man diese Bedeutungen explizit sprachlich ausdrücken müsste. Die Dame zeigt sich nun sichtlich verärgert und glaubt irrtümlicherweise, der Metzger würde sich mit seinem Tisch-Beispiel über ihre Wohnverhältnisse erkundigen wollen (vgl. Z. 21 f.). Ihr Ärger zeigt sich an ihrer langen Antwort und an den aufgebrachten Fragen, die sie formuliert: „Was soll ich mit noch einem [Tisch]?" (Z. 20), „Finden Sie nicht, daß das zu weit geht?" (Z. 22)

Beharren auf eigener Position und Vorantreiben der Eskalation

Der Metzger stellt daraufhin klar, was er mit seinem Beispiel ausdrücken wollte: Es sei „unsinnig […], von einem Tisch mit Beinen zu reden, weil jeder Tisch Beine hat" (Z. 24 f.) Und so wie ein Tisch ohne Beine kein Tisch sei, so sei ein Filet mit Knochen kein Filet (vgl. Z. 25 ff.). Die emotionale Ungehaltenheit des Metzgers über die fehlende Einsicht der Dame wird deutlich, als er mitten in seiner Erläuterung den Satz abbricht und eine umgangssprachliche Konstruktion wählt („weil – sonst wärs kein Tisch, sondern eine Holzplatte", Z. 25).

Der Dame leuchten die Erklärungen des Metzgers nicht ein, sie erweist sich als hartnäckig und stellt eine weitere Frage, um ihren Standpunkt als möglicherweise richtig zu verteidigen: „Und was, wenn es doch welche hat?" (Z. 28) Der Metzger reagiert mit zwei knappen Ausrufen, die er wohl mit lauter wütender Stimme hervorbringt: „Das gibt es nicht! Es gibt kein Filet mit Knochen!" (Z. 29)

Scheitern des Gesprächs

Diese Formulierung greift die Dame direkt auf und verstrickt sich dadurch noch tiefer in das Missverständnis, indem sie klarstellt, sie wolle ja auch kein Filet mit Knochen, sondern eines ohne (vgl. Z. 30). Die gehäuften Ausrufezeichen sprechen dafür, dass die Dame genau wie der Metzger nur noch mit erhobener Stimme spricht, vielleicht sogar schreit. Sie macht ihre Drohung (vgl. Z. 15 f.) nun wahr und will eine andere Metzgerei aufsuchen (vgl. Z. 30 f.). Dort wolle sie ein Kotelett bestellen, und zwar eines „[m]it Knochen" (Z. 31). Durch diese Schlusspointe beweist die Dame, dass sie nicht verstanden hat, was der Metzger ihr erläutern wollte. Denn die Leser ahnen es: Koteletts haben immer Knochen.

Diesen kuriosen Einakter von Detlef Michel könnte man als kleine Komödie bezeichnen. Wie der Metzger und die Dame immer wieder aneinander vorbeireden und wie stur beide auf ihren Standpunkten beharren, bringt die Leser an vielen Stellen zum Schmunzeln. Das Lachen darf aber nicht darüber hinwegtäuschen, dass Michel dieses skurrile Metzgereigespräch mit einem durchaus ernsten Anliegen verbindet. Er zeigt uns, was passiert, wenn man undeutlich, missverständlich und noch dazu unhöflich miteinander kommuniziert, und wenn man den Argumenten des jeweils anderen keinerlei Glauben schenkt. Dann scheitert die Kommunikation zwischen Gesprächsteilnehmern und es kann sich ein Streit entwickeln – und sei es nur wegen einer sprachlichen Ungenauigkeit.

Schluss

Kritik an mangelnder Gesprächsbereitschaft

Thüringen – Besondere Leistungsfeststellung Deutsch 2020
Aufgabe 3: Gedichtinterpretation

Eva Strittmatter (1930–2011): **Werte**

Die guten Dinge des Lebens
Sind alle kostenlos:
Die Luft, das Wasser, die Liebe.
Wie machen wir das bloß,
Das Leben für teuer zu halten,
Wenn die Hauptsachen kostenlos sind?
Das kommt vom frühen Erkalten.
Wir genossen nur damals als Kind
Die Luft nach ihrem Werte
Und Wasser als Lebensgewinn,
Und Liebe, die unbegehrte,
Nahmen wir herzleicht hin.
Nur selten noch atmen wir richtig
Und atmen Zeit mit ein,
Wir leben eilig und wichtig
Und trinken statt Wasser Wein.
Und aus der Liebe machen
Wir eine Pflicht und Last.

Und das Leben kommt dem zu teuer,
Der es zu billig auffaßt. (1977)

Quelle: Strittmatter, Eva: Werte. In: Strittmatter, Eva: Sämtliche Gedichte. Aufbau-Verlag GmbH, Berlin 2006, S. 288 f.

Arbeitsauftrag

Interpretieren Sie das Gedicht.

Lösungsvorschlag

Die Aufgabenstellung verlangt von Ihnen die Interpretation eines Gedichts. Bevor Sie sich an die Untersuchung des Textes machen, ist es sinnvoll, sich die Anforderungen bewusst zu machen, die damit verbunden sind. Dazu gehören …
- *eine Beschreibung der* ***Form*** *(möglichst mit Hinweisen zu ihrer Wirkung),*
- *eine Darstellung des* ***Inhalts*** *(am besten mit einer Erfassung des Aufbaus),*
- *eine Untersuchung der* ***sprachlichen Mittel*** *(mit Erläuterung ihrer Wirkung bzw. Funktion),*
- *eine* ***Deutung*** *des Gedichts auf der Grundlage dieser Textuntersuchung.*

Erarbeiten Sie sich dann das Gedicht mithilfe von ***Markierungen und Randnotizen****. Wenn Sie für die einzelnen Untersuchungsaspekte* ***verschiedene Farben*** *verwenden, fällt es Ihnen leichter, die Übersicht zu behalten: Benutzen Sie z. B. für sprachliche Mittel (wie die Metapher „Erkalten", V. 7) einen roten, für die Form (z. B. das Reimschema) einen blauen und für zentrale inhaltliche Elemente sowie für den Aufbau einen grünen Stift.*

Bei dem vorliegenden Gedicht ist eine ***aufmerksame Herausarbeitung des Aufbaus*** *besonders aufschlussreich. Überlegen Sie, was in den einzelnen Abschnitten bzw. Sätzen genauer gesagt wird und welche Funktion das Gesagte jeweils im Gedicht hat. So können Sie feststellen, dass der Text teilweise* ***argumentative Elemente*** *aufweist (z. B. eine Fragestellung, die dann beantwortet wird; die Erläuterung einer „These").*

Die Sprache des Gedichts ist an sich zugänglich, allerdings ist es wichtig, einzelne ***Begriffe auf ihren tieferen Sinn*** *hin zu befragen: Ist mit Luft und Wasser tatsächlich das jeweilige Element gemeint oder stehen sie möglicherweise beispielhaft für etwas Abstrakteres? Das Gedicht enthält übrigens nicht besonders viele auffällige rhetorische Mittel – umso wichtiger ist es, jene genau zu bezeichnen und in ihrer Funktion darzustellen.*

Um zu einer gelungenen ***Deutung*** *des Gedichts zu kommen, sollten Sie sich fragen, …*
- *wie sich* ***die Lebensweisen****, die in den beiden geschilderten Möglichkeiten des Umgangs mit Luft, Wasser und Liebe stecken,* ***genauer beschreiben lassen****,*
- *wie diese* ***Lebensweisen bewertet*** *werden.*

Vergessen Sie nicht, Ihren Aufsatz gemäß der üblichen Struktur von ***Einleitung****,* ***Hauptteil*** *und* ***Schluss*** *aufzubauen. Mithilfe einer Hinführung zum Thema können Sie in der Einleitung die Leser* ***auf das Thema einstimmen****. In jedem Falle sollte sie die grundlegenden Informationen zum Gedicht (Autorin, Titel etc.) enthalten. Der Schlussteil kann zur* ***prägnanten Zusammenfassung*** *Ihrer Deutung genutzt werden, Sie können aber beispielsweise auch einen* ***Bezug zu Ihrer Einleitung*** *herstellen oder auf die* ***Relevanz*** *des Gedichts* ***für unsere heutige Zeit*** *eingehen.*

Der Begriff „Werte“ kann ganz verschiedene Bedeutungen haben. Eine Unternehmerin wird vielleicht an den Wert ihrer Firma denken, ein Ethiklehrer eher an Wertvorstellungen im Sinne von moralischen Handlungsmaßstäben. Die unterschiedlichen Bedeutungsmöglichkeiten des Begriffs spielen auch in Eva Strittmatters Gedicht „Werte“ aus dem Jahr 1977 eine zentrale Rolle. Es kritisiert eine Lebenseinstellung, die sich eher an materiellen Werten orientiert, und stellt ihr das unbeschwerte Dasein des Kindes als Leitbild gegenüber.

Einleitung

Hinführung zum Thema

Autorin, Textsorte, Titel, Entstehungsjahr und Thematik

Das Gedicht besteht aus zwei unterschiedlich langen Abschnitten: Während der erste Abschnitt mit seinen 18 Versen fast das ganze Gedicht ausmacht, nimmt der zweite Abschnitt nur zwei Verse ein. Das Gedicht ist vom Kreuzreim geprägt, auch wenn sich die Verse 1 und 3 sowie 17 und 19 nicht reimen. Dabei reichen die Sätze häufig über den Abschluss eines Kreuzreims hinaus (vgl. u. a. V. 4 f., 8 f.). Satzstruktur und Reimschema fallen also nicht zusammen. So bleibt das Gedicht entgegen der Strukturierung durch die Kreuzreime im Fluss. Auch das Fehlen eines metrischen Schemas – zwar haben alle Verse drei Hebungen, aber die Senkungen sind unregelmäßig verteilt – passt zum reflektierenden Ton des Textes und zu seiner argumentativen Anlage.

Hauptteil

formale Merkmale

reflektierender Charakter des Gedichts

Schon die Sprechsituation deutet in diese Richtung. Denn hier spricht kein konkret in Erscheinung tretendes lyrisches Ich, das seine subjektive Erfahrung vermitteln will; vielmehr äußert sich ein nicht näher zu bestimmender Sprecher, der offenbar den Anspruch hat, eine Art Gegenwartsdiagnose zu formulieren. Darauf deutet in diesem Gedicht jedenfalls das verallgemeinernde Personalpronomen „wir“ (V. 4, 8, 12, 13, 15, 18) hin, das die Leserinnen und Leser mit einbezieht.

Sprechsituation

Auch ein Blick auf den Aufbau des Textes zeugt vom argumentativ-reflektierenden Ansatz des Gedichts: Es beginnt mit der Feststellung, dass das, was das Leben gut mache, nichts koste, (vgl. V. 1–3) und knüpft daran die Frage, warum wir dennoch davon ausgehen, dass das Leben teuer sei (vgl. V. 4–6). Es folgt die knappe Antwort, dass die Menschen „früh[ ] [e]rkalten“ (V. 7) würden. Diese Einschätzung wird dann mithilfe einer Gegenüberstellung des unbefangenen Daseins als Kind (V. 8–12) und des veränderten Lebens als Erwachsener (V. 13–18) erläutert. Die Kontrastierung der beiden Lebensweisen wird dadurch unterstrichen, dass sie jeweils in einem eigenen Satz dargestellt werden und diese Sätze sich in ihrer Struktur ähneln (vgl. den

Übersicht über Inhalt und argumentative Anlage des Gedichts

parataktischen Stil und die Anaphern „Und“, V. 10f., 14, 16f.). Die letzten beiden Verse erscheinen – auch weil sie abgesetzt sind – wie ein zusammenfassendes Fazit aus dem Vorigen. Insgesamt trägt dabei die Wiederholung bestimmter Signalwörter zur Klarheit bei. So werden die Begriffe „Leben“ (vgl. V. 1, 5, 10, 19), „kostenlos“ (V. 2, 6) und „teuer“ (V. 5, 19) ebenso im weiteren Verlauf wieder aufgegriffen wie die Zentralbegriffe „Luft“, „Wasser“ und „Liebe“ (V. 3, 9ff., 16f.).

Detailuntersuchung des Inhalts unter Einbezug der Sprache

– Die „Hauptsachen“ des Lebens

Aufzählung der Zentralbegriffe

Aber was sind nun die kostenlosen „Dinge“ bzw. „Hauptsachen“ (V. 6), die in unserem Leben eine größere Rolle spielen sollen? Darüber klärt der Text zu Beginn in einer asyndetischen, d. h. auf Konjunktionen verzichtenden Aufzählung auf: „Die Luft, das Wasser, die Liebe.“ (V. 3) Bei Luft und Wasser handelt es sich um Stoffe, die man als natürliche Grundbedingungen des menschlichen Lebens verstehen darf und die (aus damaliger Sicht) selbstverständlich und grenzenlos vorhanden sind. Zudem kann man sie zu den „einfachen Dingen“ des Lebens zählen. Die Liebe dagegen gehört in den Bereich der zwischenmenschlichen Beziehungen und bezeichnet eine grundlegende, ursprüngliche Empfindung der Zuneigung gegenüber einem anderen Menschen (z. B. auch zu Mutter und Vater). Die drei Begriffe teilen insofern miteinander die Aspekte der Natürlichkeit und des Elementaren.

Benennen eines Missstands in Form einer Frage

Die in der Frage (vgl. V. 4–6) steckende Einschätzung, die Menschen hielten allerdings das Leben „für teuer“ (V. 5), erzeugt den Eindruck, das Verhältnis der Menschen zu ihrem Leben sei eher von einem Fokus auf das Materielle, Finanzielle geprägt.

– Beziehung zur Welt in der Kindheit

Metapher als Ausdruck der Abstumpfung

In seiner Antwort auf die Frage geht der lyrische Sprecher davon aus, dass sich in der Entwicklung vom Kind zum Erwachsenen eine negative Veränderung im Verhältnis zur Welt vollzieht. Die Metapher des „frühen Erkalten[s]“ (V. 7) lässt diese Veränderung als Abstumpfung erscheinen, als Verlust einer Empfindungsfähigkeit, die es uns erlaubt, der Welt mit Wärme, mit Zugewandtheit zu begegnen. Der Blick zurück in die Kindheit führt genauer vor, was damit gemeint ist – die Fähigkeit, das Einfache und Elementare wie Luft und Wasser zu genießen (vgl. V. 8) und wertzuschätzen (vgl. V. 9 und 10), sowie das selbstverständliche (vgl. V. 11: „unbegehrte“) Empfinden von Liebe.

Neologismus

Die kindliche Unbefangenheit und Heiterkeit kommt dabei in dem Neologismus „herzleicht“ (V. 12) besonders klar zum Ausdruck. Interessanterweise wird hier auf die Worte „Wert“ und „Gewinn“ (vgl. V. 9f.) zurückgegriffen, die allerdings dem unternehmerisch-materiellen Kontext entzogen werden und so eine ideelle Bedeutung erhalten.

Auf welche Weise sich der Mensch beim Erwachsenwerden von der kindlichen Weltsicht entfernt, zeigen die nachfolgenden Verse, indem sie den Umgang der Erwachsenen mit Luft, Wasser und Liebe beschreiben: Das richtige Einatmen ist weitgehend verlernt worden (vgl. V. 13). Ebenso hat das Verhältnis zur Zeit gelitten, wie das Bild vom Einatmen der Zeit (vgl. V. 14) andeutet und das Adjektiv „eilig“ (V. 15) unterstreicht. Mit Vers 15 („Wir leben eilig und wichtig“) assoziiert man ein Leben, das von Stress geprägt ist und in dem man sich zu wichtig nimmt – ein Leben also, das das Gegenteil von Unbefangenheit und Heiterkeit darstellt. Die Entfremdung vom Einfachen und Natürlichen hebt der nächste Vers hervor. An die Stelle des lebensspendenden Wassers ist das Konsumgut „Wein“ (V. 16) gerückt. Wasser und Wein bilden im Kontext des Gedichts einen Gegensatz, auch wenn beide Begriffe über eine Alliteration miteinander verbunden sind. Und die Liebe schließlich hat jede Leichtigkeit und Selbstverständlichkeit verloren. Sie ist zur Belastung, zur „Pflicht und Last“ (V. 18), geworden, wie die negativ konnotierten Begriffe verdeutlichen.

– Beziehung zur Welt beim Erwachsenen

Adjektive zur Beschreibung von Rastlosigkeit

Alliteration

Die letzten beiden Verse resümieren dieses problematische Weltverhältnis in einer widersprüchlich wirkenden, antithetischen Formulierung: „Und das Leben kommt dem zu teuer, / Der es zu billig auffaßt.“ (V. 19 f.) Durch den deutlichen Rückbezug auf Vers 5 (über den Begriff „teuer“) wirkt sie wie eine nochmalige prägnante Antwort auf die obige Frage. Die Vorstellung, das Leben sei zu teuer, wird als Resultat einer falschen Einstellung, als Ergebnis einer zu „billig[en]“ (V. 20), d. h. nicht angemessenen und die falschen Schwerpunkte setzenden Auffassung vom Leben dargestellt.

– Gedichtschluss als Resümee

Benennen eines Widerspruchs in Form einer Antithese

Man kann dieses sprachlich gut zugängliche Gedicht als gesellschaftskritischen Text lesen, der die Entfremdung des Menschen von der Natur und von anderen Menschen beklagt. Es wird nicht ausdrücklich gesagt, aber das Gedicht erweckt den Eindruck, als bezöge es damit gegen eine typisch moderne Lebensweise Stellung – eine Lebensweise, in der Beruf, Geld und Konsum im Mittelpunkt stehen. Darin schwingt der Appell mit, sich bewusst zu machen, was im Leben wirklich wichtig ist, um so wieder die einfachen, natürlichen Dinge wertschätzen zu können. Insofern fordert es eine Art Umwertung der Werte.

Schluss

Gesamtdeutung

Thüringen – Besondere Leistungsfeststellung Deutsch 2020
Aufgabe 4: Sachtextanalyse

Freya Schwachenwald: Fordert uns!

Ich kann mich an eine Zeit ohne Bücher nicht erinnern – gut möglich, dass ich damit einer Minderheit meiner Generation angehöre. Denn natürlich kenne auch ich einige leidenschaftliche Buchgegner: Für sie ist Lesen langweilig und anstrengend.

Die Frage, ob das Buch überleben kann, wurde mir schon vor zehn Jahren gestellt – und trotzdem hat sich kaum etwas getan. Es gibt Romane, die Chats in den Text einbauen und mit gestalterischen Spielereien versuchen, wie Websites auszusehen. In meinen Augen sind das alles krampfhafte Anbiederungsversuche.

Selbst für mich ist es inzwischen viel spannender zu sehen, welche digitalen Erzählformen entstehen: von der Instagram-Story bis zu WordPad-Gruppen und ausufernden Netzserien. Dass junge Menschen wie ich im Digitalen vieles finden, was uns begeistert, hat auch damit zu tun, dass wir uns in der für uns gedachten Literatur nicht wiederfinden: Es ist anstrengend, dauerhaft unterschätzt zu werden – als wären wir alle gehirnlose Smartphonezombies. Wer uns erreichen will, sollte zuallererst die Kategorie „junger Mensch" neu denken: Wir sind nicht alle gleich, wir sind nicht alle verloren.

Jungsein ist ein Zwischenzustand, ein Nicht-mehr-da und Noch-nicht-hier, ein Ausprobieren und Hinterfragen. Ich will Geschichten, die dazu passen. Ich will etwas, das mich fordert, überrascht, womit ich mich identifizieren kann – oder gerade nicht. Ich finde Bücher, die sich mit politischen Fragen beschäftigen, wichtig. Ich möchte aber nicht bevormundet werden. Ich will Denkanstöße, keine Denkgebote. Mich beschäftigt, wie wir miteinander umgehen, wie wir Grenzen und Identitäten bestimmen und welche Gewalt entstehen kann, wenn man einander nicht zuhört. Wir brauchen eine Vielzahl an Geschichten, die sich unterscheiden, widersprechen, miteinander im Dialog stehen. Geschichten, die uns helfen, Verständnis aufzubauen und Wahrheiten nicht als absolut anzusehen.

Ich wünsche mir von den deutschen Verlagen, dass sie mehr wagen: Macht weniger Bücher aus Europa und den USA, bringt Übersetzungen aus anderen Regionen. Ihr könntet unsere Welt größer machen, stattdessen verkleinert ihr sie – und uns gleich mit. Wir werden in Zielgruppen eingeteilt, Farbcodes und Schriftarten sollen uns zu den richtigen Büchern führen. Aber nicht alle 15-jährigen Mädchen mögen Liebesgeschichten, nicht alle 16-jährigen Jungs Science-Fiction.

Erzieht uns nicht – und schon gar nicht zu dummen Konsumenten. Ich wünsche mir auch, dass Verlage ihre gesellschaftliche Aufgabe ernster nehmen, dass sie nicht nur an den unmittelbaren Verkauf von Büchern denken – auch wenn sie, schon klar, Wirtschaftsunternehmen sind. Warum gebt ihr uns nicht den Raum, zu entdecken, welche großartigen Welten zwischen den Seiten eines Buches stecken? Und wie wir mit diesen Welten unsere eigene gestalten können? Dann werden wir uns auch weiter Geschichten durch, über und mit Büchern erzählen.

Quelle: *Freya Schwachenwald: „Fordert uns!", DIE ZEIT 13/2019*

Freya Schwachenwald ist 25 Jahre alt und war bereits als Kind bei den Bücherpiraten in Lübeck aktiv. Für ihr Engagement in der Leseförderung erhielt sie 2015 den Bundesverdienstorden.

Arbeitsauftrag

Analysieren Sie den Text.

Lösungsvorschlag

Lesen Sie sich zunächst den Kommentar von Freya Schwachenwald genau durch, am besten zweimal. Markieren Sie dabei ***Sinnabschnitte****, wichtige Begriffe und auffällige* ***sprachliche Mittel****. Am Rand können Sie sich z. B.* ***Beobachtungen zur Argumentation*** *der Autorin notieren. Versuchen Sie bereits hier, das Hauptanliegen Schwachenwalds in eigene Worte zu fassen.*
In der ***Einleitung*** *sollten Sie zum* ***Thema*** *des Kommentars hinführen, indem Sie beispielsweise auf eigenen Erfahrungen zum Thema Lesen verweisen, und die* ***wichtigsten Informationen*** *zum Text nennen (Autorin, Titel, Textgattung, Erscheinungsort und -jahr).*
Im ***Hauptteil*** *Ihrer Analyse stehen Ihnen* ***zwei Möglichkeiten*** *offen: Sie können entweder mit einer* ***kurzen Zusammenfassung*** *des Textes beginnen und* ***dann die übrigen Analyseaspekte*** *(Aufbau, Argumentation, sprachlich-stilistische Mittel) jeweils gesondert abhandeln. Oder* ***Sie gehen abschnittsweise vor*** *und analysieren jeweils alle Aspekte integriert. Welche Möglichkeit Sie auch wählen: Vergegenwärtigen Sie sich, was von Ihnen in einer Analyse verlangt wird. Sie müssen die* ***Hauptthesen*** *des Textes benennen, Sie sollen darstellen, wie die Autorin ihre Thesen* ***argumentativ ausgestaltet****, und Sie sollen untersuchen, welche* ***sprachlich-stilistischen Mittel*** *die Autorin verwendet, um ihren Ausführungen Wirkung zu verleihen. Aus Ihren Analyseergebnissen muss klar ersichtlich werden, welche* ***Aussageabsicht*** *die Autorin mit ihrem Text verfolgt.*
In Ihrem ***Schlussteil*** *sollten Sie Ihre* ***Ergebnisse*** *noch einmal präzise* ***zusammenfassen****. Hier können Sie auch Ihre* ***persönliche Meinung*** *zum Text von Freya Schwachenwald äußern.*

Wer von uns kann ernsthaft behaupten, sich noch nie über ein schlechtes Buch geärgert zu haben? Diese frustrierende Erfahrung hat wohl jeder Leser bereits gemacht. Man kritisiert dann im Geiste die vielen Schwachstellen des Buches und malt sich aus, was man alles hätte besser machen können – von der Handlung über die Sprache bis hin zur Gestaltung des Buches. Freya Schwachenwald klagt in ihrem Kommentar „Fordert uns!", der im Jahr 2019 in der 13. Ausgabe des Magazins DIE ZEIT erschienen ist, die deutsche Literaturlandschaft an und verlangt von den Verlagen, den jungen Leserinnen und Lesern bessere und hochwertigere Bücher anzubieten.

Einleitung

Textsorte, Titel, Autorin, Ort und Jahr der Erscheinung, Kerninhalt

Zu Beginn ihres Textes (vgl. Z. 1–4) benennt Schwachenwald das Thema des Kommentars. Indem sich die Autorin als begeisterte Leserin zu erkennen gibt, lässt sie anklingen, dass es in ihrem Artikel um Bücher geht. Durch die doppelte Verneinung, sie könne sich „an eine Zeit ohne Bücher nicht erinnern" (Z. 1), hebt die Autorin hervor, dass Bücher in ihrem Leben immer präsent waren. Sie betont aber auch, dass sie mit ihrer Leseleidenschaft womöglich einer „Minderheit [ihrer] Generation angehöre" (Z. 2). Die üblichen Einwände gegen das Lesen würden nämlich lauten, dass es „langweilig und anstrengend" (Z. 3 f.) sei.

Hauptteil

Detailanalyse von Inhalt, Aufbau und Sprache

1. Abschnitt: Nennen des Themas

Nach dem persönlichen Einstieg präzisiert die Autorin das Thema. In ihrem Text greift sie die fast schon zeitlos gewordene Frage nach der Zukunftsfähigkeit von Büchern auf (vgl. Z. 5 f.), um im Anschluss Kritik daran zu üben, dass der Buchmarkt oft nicht attraktiv für junge Leserinnen und Leser ist. Obwohl viele junge Menschen Vorbehalte gegen das Lesen hätten, würden sich auf dem Feld der Literatur keine nennenswerten Bemühungen erkennen lassen, um junge Leser zu erreichen (vgl. Z. 5–8). Chats in Texten (vgl. Z. 6 f.) oder eine website-ähnliche Seitengestaltung (vgl. Z. 7 f.) bezeichnet Schwachenwald abwertend als „krampfhafte Anbiederungsversuche" (Z. 8). Darin ist der implizite Vorwurf enthalten, dass die Schriftsteller und Verlage das Gespür dafür verloren haben, was junge Leser interessiert. Welche Altersgruppe Schwachenwald mit „junge Menschen" (Z. 11) genau im Sinn hat – ob Kinder, Jugendliche oder junge Erwachsene – präzisiert sie nicht.

Frage nach der Zukunft des Buches und Kritik am Buchmarkt

– abwertender Begriff → Ausdruck von Kritik

Im Folgenden benennt die Autorin reizvollere Alternativen zur aktuellen Literatur (vgl. Z. 9–16). Durch eine Aufzählung von

2. Abschnitt

Tendenzen im medialen Bereich

Unterhaltungsformaten im digitalen Bereich („von der Instagram-Story bis zu WordPad-Gruppen und […] Netzserien“, Z. 10 f.) verdeutlicht sie, dass das klassische Buch nur mit diesen Angeboten mithalten kann, wenn es den Bedürfnissen der Jugendlichen von heute entspricht. Auffallend ist, dass Schwachenwald im gesamten Kommentar keine konkreten Beispiele nennt, weder für schlechte noch für gute Literatur oder für ansprechende digitale Angebote. Dadurch bleiben ihre Behauptungen über weite Strecken vage. Schwachenwald versucht vielmehr, ihren Aussagen dadurch Allgemeingültigkeit zu verleihen, dass sie sich als Sprachrohr junger Leserinnen und Leser ausgibt. Denn ab Zeile 12 spricht sie nicht mehr nur von „ich“, sondern auch von „uns“ bzw. „wir“. Dadurch erhalten ihre Aussagen und Forderungen im Folgenden mehr Gewicht.

- Aufzählung → Vielzahl an alternativen Angeboten zur Unterhaltung
- Wechsel zur wir-Form → allgemeiner Anspruch

Die jungen Menschen würde auch deshalb die digitale Welt bevorzugen, weil sie von der Literaturwelt „dauerhaft unterschätzt“ (Z. 13) würden. Sie denkt, die Verlage würden junge Leser als „gehirnlose Smartphonezombies“ (Z. 14) ansehen. Mit diesem Neologismus macht Schwachenwald ihren Frust über das Fehlurteil der Literaturwelt deutlich. Den jungen Menschen werde unterstellt, ihr Leben ganz auf das Smartphone auszurichten und ansonsten wie teilnahmslose Wesen zu erscheinen. Dann formuliert die Autorin erstmals eine Forderung an die Literatur, deren Dringlichkeit sie durch anaphorische Satzanfänge unterstreicht (vgl. Z. 15 f.): Die „Kategorie ‚junger Mensch‘“ (Z. 15) müsse überdacht werden, da jeder Jugendliche individuell sei. Die Unterstellung, dass die Literaturwelt junge Menschen als „verloren“ (Z. 16) ansehen würde, konkretisiert Schwachenwald nicht weiter.

- Neologismus → Kennzeichnung von Vorurteilen
- Anapher → Hervorheben des eigenen Standpunkts

Im nächsten Abschnitt (vgl. Z. 17–26) beschreibt die Kommentatorin das Lebensgefühl Jugendlicher, um daraus Konsequenzen für die Buchproduktion abzuleiten. Die Jugend wolle Dinge „[a]usprobieren und [h]interfragen“ (Z. 18). Diese Sehnsüchte sollten durch Literatur bedient werden. Ihre Forderungen listet sie in kurzen, überwiegend parataktischen Sätzen auf, die alle ähnlich aufgebaut sind, indem sie mit „Ich“ beginnen (vgl. Z. 18, 20 f.). Dadurch erhalten Ausführungen den Charakter eines leidenschaftlichen Plädoyers. Die Autorin wünscht sich Bücher, die anspruchsvoll sind, unterhalten, Identifikationsangebote schaffen und einen Dialog in Gang setzen. Zudem wolle sie beim Lesen

3. Abschnitt: Ansprüche junger Menschen an gute Bücher

- parataktischer Stil → Imitation eines Vortrags

„Denkanstöße, keine Denkgebote" (Z. 21 f.). Eine Vielfalt an Geschichten sei nötig, um zu lernen, dass „Wahrheiten nicht als absolut anzusehen" (Z. 26) sind. Was genau Schwachenwald mit dieser Aussage meint, führt sie nicht aus. Und auch in diesem Abschnitt wechselt sie wieder von der „ich"- zur „wir"-Form (vgl. Z. 22 ff.), um zu zeigen, dass ihr persönlicher Anforderungskatalog als stellvertretend für alle jungen Menschen gelten kann.

– erneuter Wechsel zur wir-Form → Allgemeingültigkeit der Forderungen

Schwachenwald wendet sich im Folgenden von diesen abstrakt gehaltenen Anforderungen an die Literatur ab und spricht in den letzten beiden Absätzen (vgl. Z. 27–39) direkt die Verlage an (vgl. „ihr", Z. 29, 36). Dadurch konstruiert die Autorin in ihrer Argumentation auf plakative Weise zwei gegensätzliche Lager: auf der einen Seite sie als Leserin, die als Sprachrohr ihrer Generation gelten kann und sich von der gegenwärtigen Literatur für junge Menschen unterfordert fühlt; auf der anderen Seite die Verlage und ihre Schriftsteller, die sich auf niedrigem Niveau an junge Leser anbiedern (vgl. Z. 8) und ihrer „gesellschaftliche[n] Aufgabe" (Z. 34) nur unzureichend nachkommen würden. Was diese gesellschaftliche Aufgabe der Verlage genau ist, erklärt Schwachenwald aber nicht.

4. Abschnitt: Forderungen an die Verlagsbranche

– direkte Anrede der Verlage → Hervorheben gegensätzlicher Vorstellungen

Mit Imperativen unterstreicht Schwachenwald die Vehemenz ihrer Forderungen („Macht", Z. 27; „Erzieht uns nicht", Z. 33). Sie wünscht sich mehr Mut von deutschen Verlagen, was die Internationalität von Literatur anbelangt (vgl. Z. 27 ff.). Es gäbe zu viele Bücher aus Europa und den USA, zu wenige Bücher aus dem Rest der Welt – beispielhafte Buchtitel zur Untermauerung ihrer Behauptung nennt Schwachenwald dabei nicht. Sie weitet ihre Vorwürfe aus, indem sie die starre Einteilung der jungen Leser in klischeehafte Zielgruppen kritisiert (vgl. Z. 30 ff.). Als Beispiel für ein längst überholtes Klischee führt sie die Vorstellung an, dass alle Mädchen Liebesgeschichten, alle Jungen hingegen Science-Fiction mögen würden (vgl. Z. 31 f.).

– Imperative → eindringliche Forderungen

Die Autorin wehrt sich dagegen, von den Verlagen zu einem „dummen Konsumenten" (Z. 33) erzogen zu werden, und unterstellt ihnen ein vorwiegend ökonomisches Interesse an Büchern (vgl. Z. 35). Mit zwei offen formulierten Fragen wendet sie sich zum Ende ihres Kommentars an die Verlage. In diesen Fragen fordert sie indirekt, dass die Geschichten in den Büchern mehr Bezug zur Lebenswelt der jungen Menschen herstellen sollten („wie wir mit diesen Welten unsere eigene gestalten können",

– offene Fragen → Inszenierung eines Dialogs mit Verlagen

Z. 38). Man könnte in dieser Forderung einen Widerspruch zu Schwachenwalds zuvor aufgestellter Maxime sehen, dass junge Leser nicht „bevormundet werden“ (Z. 21) wollen. Der letzte Satz ist als Fazit in Bezug auf die Ausgangsfrage zu verstehen. Die Autorin stellt in Aussicht, dass sich wieder mehr junge Menschen Büchern zuwenden würden, wenn die Verlage die von ihr formulierten Forderungen beherzigen würden (vgl. Z. 38 f.).

Schluss

eigene Meinung zur Position der Autorin

Bewertung der Argumentation

Freya Schwachenwald trifft mit ihrem engagierten Kommentar „Fordert uns!“ viele wunde Punkte, was das aktuelle Angebot an Literatur für junge Menschen anbelangt. Schriftsteller und Verlage sollten sich tatsächlich immer wieder aufs Neue fragen, ob sie mit ihren Geschichten tatsächlich der Lebenswelt junger Menschen gerecht werden. Texte wie der von Schwachenwald sind in dieser Hinsicht sehr förderlich, denn sie stellen einen Dialog her zwischen Lesern und Verlagen. Man würde sich zwar an einigen Stellen ihres Kommentars etwas weniger Plakativität und stattdessen mehr konkrete Beispiele von Schwachenwald wünschen, doch ihr Text überzeugt durch die insgesamt plausible Argumentation. Und ihrer Forderung nach mehr Qualität in der Literatur kann man ohnehin nicht widersprechen.

Thüringen – Besondere Leistungsfeststellung Deutsch 2021
Aufgabe 1: Textgebundene Erörterung

Marcus Jauer (geb. 1974)
Wird schon gut gehen, oder?

[…]

Wir kaufen Lebensmittel, die von Menschen hergestellt werden, die wir nicht kennen, an Orten und unter Bedingungen, für die dasselbe gilt. Wir steigen in Verkehrsmittel, die wir nicht selbst steuern, in denen wir aber sterben können, sobald derjenige, der es tut, einen Fehler macht. Wir leben in politischen Systemen, in denen wir nicht jede Meinung teilen müssen, doch nach den Meinungen der anderen sollen wir uns richten, sobald sie von der Mehrheit für gut befunden wurden. Wir setzen Technologien ein, die wir, selbst wenn sie aus dem Ruder laufen, nicht mehr abschalten können, ohne noch größere Schäden anzurichten.

Unsere Fähigkeit zu Arbeitsteilung und Koordination hat den Planeten in einem Ausmaß und einer Geschwindigkeit verändert, dass wir die Folgen längst nicht mehr überblicken. Wir haben unsere Welt größer und schneller gemacht, aber auch komplizierter und verletzlicher, dennoch beschleunigen wir sie immer weiter.

Damit dehnt sich der Raum, den unser Vertrauen abdecken muss, stetig aus. Vertrauen ist gut, Kontrolle ist besser, das war gestern. Heute heißt es: Kontrolle ist gut, Vertrauen geht schneller.

Vertrauen sei „ein Mechanismus der Reduktion sozialer Komplexität", schrieb der deutsche Soziologe Niklas Luhmann bereits Ende der Sechzigerjahre, als die soziale Komplexität noch weit weniger komplex war, als sie es heute ist. „Ohne jegliches Vertrauen könnte der Mensch morgens sein Bett nicht verlassen. Unbestimmte Angst, lähmendes Entsetzen befielen ihn."

Aber ist das wirklich so?

Selbstverständlich nehmen wir an, dass uns über Nacht nicht die Decke auf den Kopf fällt. Wir gehen davon aus, dass der Mensch, mit dem wir das Bett teilen, auch am nächsten Morgen noch neben uns liegt, zumindest wenn wir ihn nicht erst am Abend zuvor kennengelernt haben. Wir vertrauen der Kita, dass unsere Kinder dort sicher sind, den Autofahrern, dass sie bei Rot halten, und unserem Chef, dass er nicht plötzlich einen Kollegen an unseren Arbeitsplatz setzt, der unseren Job übernimmt. Wir sind im Grunde auch der Meinung, dass sich der Klimawandel schon irgendwie in den Griff bekommen lässt, während wir gleichzeitig wenig unternehmen, um ihn aufzuhalten. Wir haben unsere Erfahrungen damit, worauf wir bauen können, und wir würden verrückt werden, wenn wir ständig darüber nachdächten, wie kipplig eigentlich alles ist.

Aber ist das tatsächlich alles Vertrauen? Oder nur ein Sichverlassen? Oder Gewohnheit? Oder Zukunftsergebenheit?

Und falls es da einen Unterschied gibt – ist er von Bedeutung? […]

Quelle: Jauer, Marcus: Wird schon gut gehen, oder? In: Die Zeit. N°23, 28. 05. 2020, Zeitverlag Hamburg, S. 14.

Arbeitsauftrag

Erörtern Sie den Textauszug.

Lösungsvorschlag

Die Aufgabenstellung verlangt von Ihnen eine ***Erörterung*** *des vorliegenden Textes „Wird schon gut gehen, oder?“ von Marcus Jauer. Um zu den Aussagen des Textes eine* ***Position entwickeln*** *zu können, müssen Sie den Textauszug am besten mehrmals lesen. Markieren Sie dabei wichtige Wörter oder Passagen und halten Sie am Rand oder unter dem Text in* ***stichpunktartigen Notizen*** *fest, was Ihnen an diesem Text auffällt. Versuchen Sie, die folgenden Fragen für sich zu beantworten: Was ist das* ***Hauptthema*** *von Jauers Text? Welche* ***Beispiele*** *führt er für seine These(n) an? Welche* ***Erläuterungen*** *liefert er zur Untermauerung seiner Behauptungen? Je gründlicher Sie im Vorfeld den Text für sich erschließen, umso leichter wird Ihnen die Ausarbeitung der Erörterung gelingen.*

In der ***Einleitung*** *sollten Sie* ***zum Thema von Jauers Text hinführen****. Sie können dabei z. B. auf die Aktualität des Themas hinweisen oder von eigenen Erfahrungen im Umgang mit diesem Thema berichten. In einem* ***Basissatz*** *nennen Sie dann den Titel des Textes, den Autor, das Erscheinungsjahr und die Quelle.*

Bevor Sie im ***Hauptteil*** *zur Erörterung übergehen, sollten Sie den* ***Text kurz zusammenfassen****, damit Ihre Leserinnen und Leser begreifen, auf welcher Grundlage Ihre Ausführungen basieren. Halten Sie diese Zusammenfassung knapp und erwähnen Sie nur die wichtigsten Aspekte.*

In Ihrer Erörterung sollten Sie ***auf konkrete Aussagen von Marcus Jauer eingehen*** *und diese* ***auf den Prüfstand stellen*** *– stimmt es, was Jauer an der jeweiligen Stelle seines Textes sagt, oder nicht? Hat er ein zentrales Phänomen unseres Zusammenlebens korrekt beschrieben oder hat er eventuell ausschlaggebende Aspekte verschwiegen? Wichtig ist, dass Sie Ihre (volle oder auch eingeschränkte)* ***Ablehnung oder Zustimmung zu Jauers Aussagen jeweils gut begründen*** *und Beispiele dazu nennen. Formulieren Sie mehrere Pro- und Kontraargumente, um die Thematik auf differenzierte Weise zu durchdringen. Fällen Sie am* ***Schluss*** *ein* ***ausgewogenes Gesamturteil****, aus dem Ihre* ***eigene Position*** *deutlich hervorgeht.*

Vertrauen Sie mir, dass ich diesen Prüfungsaufsatz mit bestem Wissen und Gewissen und ohne Spickzettel verfasse? Und falls nicht oder nur eingeschränkt: Was folgt daraus? Nehmen Sie jedes meiner Worte doppelt und dreifach unter die Lupe? Dann würden Sie wohl andere Ihrer Aufgaben vernachlässigen und vielleicht Ärger mit dem Chef oder den Eltern bekommen. Marcus Jauer beschreibt in seinem Text „Wird schon gut gehen, oder?", der am 28. 05. 2020 in der Wochenzeitung „Die Zeit" erschienen ist, genau dieses Phänomen: Er unterstreicht das Ausmaß des Vertrauens, das die Menschen heutzutage füreinander aufbringen und in ökonomische, technologische und politische Entwicklungen setzen müssen, damit die Gesellschaft funktioniert.

Einleitung

Hinführung zum Thema

Basisinformationen

Marcus Jauer thematisiert die menschliche „Fähigkeit zu Arbeitsteilung und Koordination" (Z. 10), die dafür sorge, dass wir in den allermeisten Lebensbereichen Produkte konsumieren, Dienstleistungen in Anspruch nehmen oder Technologien verwenden würden (vgl. Z. 2 ff.), deren Urheber wir nicht sind und von denen wir keine genauere Kenntnis in Bezug auf die Herstellung oder die Herkunft haben. Aber das Vertrauen in andere Mitmenschen würde uns über dieses Phänomen nicht weiter grübeln lassen und fehlendes Vertrauen würde die Menschen lähmen und ihnen Angst bereiten (vgl. Z. 20 f.). Da die Welt immer „größer und schneller" (Z. 12) werde, müsse das Vertrauen der Menschen immer ausgedehnter werden (vgl. Z. 14). Jauer verdeutlicht, dass es auch im privaten, beruflichen und politischen Bereich nicht förderlich sei, ständig alles anzuzweifeln und mit dem Schlimmsten zu rechnen (vgl. Z. 23 ff.). Die Lebenserfahrung würde dem Menschen zusätzlich die nötige Sicherheit und das Vertrauen geben (vgl. Z. 31 ff.). Ob es sich aber tatsächlich um Vertrauen oder doch eher um Faulheit oder Gewohnheit des Menschen handelt, lässt Jauer am Ende des vorliegenden Textauszuges offen (vgl. Z. 34 ff.).

Zusammenfassung des Textes

In Übereinstimmung mit Jauer ist festzuhalten, dass unsere Welt immer komplexer und damit auch fragiler wird. In der Folge müssen wir immer mehr darauf vertrauen, dass das Funktionieren der gesellschaftlichen, wirtschaftlichen und politischen Ordnung nicht gefährdet ist. Sind wir aber inzwischen zu vertrauensselig geworden? Diese Frage soll im Folgenden kontrovers diskutiert werden.

Erörterung

Stellen der Themafrage

Pro-Argumente:

zu großes Vertrauen in die Lebensmittelindustrie

Auf der einen Seite kann einem das Ausmaß des notwendigen Vertrauens, so wie es Marcus Jauer schildert, tatsächlich Sorgen bereiten. Es gibt durchaus Bereiche des Lebens, in denen man wachsamer und skeptischer, also weniger vertrauensvoll sein sollte. Denn grundsätzlich muss man damit rechnen, zum Opfer von Betrug zu werden oder Schaden zu erleiden, wenn man das Gegebene nicht mehr kritisch hinterfragt. So spricht Jauer zurecht davon, dass unsere Lebensmittel zum Großteil „an Orten und unter Bedingungen" (Z. 3) hergestellt werden, die uns unbekannt sind. Es gab in den letzten Jahren z. B. viele Skandale in der Fleischindustrie, die die Verbraucherinnen und Verbraucher alarmieren sollten. Beim Griff in die Fleischtheke des Supermarkts ist allzu großes Vertrauen also nicht nur fehl am Platz, sondern kann sogar gesundheitsgefährdend sein. Aber selbst bei Produkten mit wie auch immer gearteten Bio-Siegeln, etwa Eiern oder Milch, können wir nicht sicher sein, dass diese auch tatsächlich unter fairen und nachhaltigen Bedingungen hergestellt wurden. Denn das Geschäft mit den Bio-Siegeln ist längst aus dem Ruder gelaufen, die verschiedenen Produkthersteller schmücken sich aus Image-Gründen damit und wollen so Kundschaft anlocken. Es gibt unzählige Bio-Etiketten, Bio-Siegel und Bio-Logos, denen allen jeweils ganz unterschiedliche Standards zugrunde liegen. Bio ist also nicht gleich Bio. Aber wer liest sich die Berichte und Studien zu diesem Thema durch und passt sein Kaufverhalten dementsprechend an? Hier ist wohl die Macht der „Gewohnheit" (Z. 35), die Jauer anspricht, am Werk. Um bewusst, umweltfreundlich und nachhaltig zu konsumieren, sollte man das uneingeschränkte Vertrauen in die Lebensmittelindustrie zu Recht ein Stück weit hinterfragen.

Vertrauensmissbrauch in der Autoindustrie

Und auch im Bereich der Technik (vgl. Z. 8 f.) ist ein Übermaß an Vertrauen nicht förderlich. So kam vor wenigen Jahren der sogenannte Abgasskandal mehrerer namhafter deutscher Autohersteller ans Licht. Mittels manipulativer Technik wurden gesetzliche Grenzwerte für Autoabgase umgangen. Derartig produzierte Autos haben mehr Abgase als vom Hersteller angegeben produziert. Die Kundinnen und Kunden wurden also gezielt belogen und betrogen: Sie haben mit guter Absicht Autos gekauft im Vertrauen darauf, dass diese den Klimagesetzen entsprechen. Eine Einzelperson hätte einen derartigen Betrug wohl kaum erkennen können, aber das Beispiel zeigt, dass das Misstrauen gegenüber Händlern und Herstellern bei größeren Investitionen prinzipiell gar nicht groß genug sein kann.

Sorglosigkeit herrscht oft auch beim Umgang mit dem Smartphone. Obwohl längst bekannt ist, dass Smartphone-Hersteller und beteiligte Technologie-Firmen ohne Unterbrechung und ungefragt private Daten über die Nutzerinnen und Nutzer sammeln, ist das Leben ohne Smartphones nicht mehr vorstellbar. Vertrauen die Menschen diesen Firmen nach wie vor oder handelt es sich um das von Jauer erwähnte „Sichverlassen" (Z. 34) darauf, dass der Schaden möglichst gering sei? Vermutlich ist es die „Gewohnheit" (Z. 35), die kalkulierte Inkaufnahme des Schadens, denn diese Geräte sind derart tief in unseren Alltag integriert, ihr Nutzen wird so hoch eingeschätzt, dass man gerne ein Auge zudrückt und über die Gefahren hinwegsieht.

unkritischer Gebrauch des Smartphones

Als mündige Bürgerin bzw. als mündiger Bürger kann man eben nicht nur darauf vertrauen, dass Industrie und Wirtschaft hilfreiche und einwandfreie Produkte und Dienstleistungen anbieten, die das Leben besser machen. Es ist im kapitalistischen System verankert, dass alle Firmen danach streben, ihren Profit zu steigern, ihren Wert zu erhöhen und ihre Konkurrenz hinter sich zu lassen. Ebenso ist es in der Politik: Hinter all den Versprechungen und Appellen von Politikerinnen und Politikern steht auch immer der Wunsch, gewählt zu werden, um die eigene politische Karriere erfolgreich weiterführen zu können. Diese Einsicht sollte aber nicht dazu verleiten, der Politik generell zu misstrauen, sondern dazu führen, dass man den Politikbetrieb aufmerksam und kritisch verfolgt – nur so kann eine moderne Demokratie lebendig bleiben.

gesundes Misstrauen gegenüber politischen Versprechen

Denn wir müssen Vertrauen haben, sonst funktioniert weder der Einzelne noch die Gesellschaft. Jeder muss sich auf seinen Bereich konzentrieren und das Beste geben im Vertrauen darauf, dass auch andere in ihrem Bereich ihr Bestes geben. Das setzt Verantwortungsbewusstsein voraus. Eine Journalistin muss sich für objektive Berichterstattung einsetzen zum Wohle aller Bürgerinnen und Bürger, der Kellner muss sich um einen guten Service für die Gäste bemühen, eine Ärztin ist in der Pflicht, eine richtige Diagnose und eine passende Behandlung der Symptome herbeizuführen, ein Fliesenleger muss seine Arbeit korrekt und sauber ausführen usw. Die von Jauer erwähnte „Arbeitsteilung und Koordination" (Z. 10), die unsere moderne Welt und das Arbeitsleben überhaupt erst möglich macht, sind nur durch Vertrauen

Kontra-Argumente:

Vertrauen als Zutrauen

darauf aufrechtzuerhalten, dass meine Mitmenschen ihr Bestes geben und parallel ich selbst meine Aufgaben und Pflichten erfülle.

Aufbau sozialer Beziehungen durch Vertrauen

Auch in dem von Jauer angesprochenen privaten Bereich (vgl. Z. 24 f.) ist es nicht förderlich, zu jedem Zeitpunkt an Freundschaften oder an Beziehungen zu zweifeln. Vertrauen ist der Kitt in zwischenmenschlichen Verbindungen, ohne Vertrauen kann man keine tiefgehenden Gespräche führen, ohne Vertrauen kann man keine langfristige Bindung zu anderen Menschen aufbauen. Natürlich speist sich das Vertrauen aus der Summe der Erfahrungen, die man mit seinen Mitmenschen gemacht hat: Wurde man in der Vergangenheit z. B. oft belogen, verletzt oder betrogen, dann wird man anderen Menschen möglicherweise skeptischer begegnen.

Vertrauen als Stärke

Dennoch sollte man erkennen, dass die allermeisten Menschen, mit denen man es zu tun hat, einem keinerlei Schaden zufügen möchten, sondern freundlich und hilfsbereit sind. Und das Vertrauen auf die Liebe der Familie und der Freunde verleiht dem Einzelnen die innere Stärke, um dann beispielsweise die vorherrschenden Herausforderungen, manchmal vielleicht auch Zumutungen, in anderen Lebensbereichen (z. B. Konsum, Arbeitswelt, Politik) besser zu meistern. Zwar kann allzu großes, blindes Vertrauen, oder besser gesagt Naivität wie oben erwähnt manchmal tatsächlich schädlich sein. Im Gegenüber immer nur einen potenziellen Betrüger zu vermuten, führt aber wie in einem Teufelskreis zu noch mehr Vertrauensverlust und kann ein krankhaftes Gefühl der Isolation und der Einsamkeit erzeugen. Der Mensch ist ein soziales Wesen, das gesellschaftliche Leben kann nur gemeinsam bewältigt werden – das setzt Vertrauen voraus.

Schluss

Vertrauen und auch eine gewisse Portion Optimismus ist also wichtig, ansonsten kann der Einzelne sein Leben nicht sinnvoll gestalten. Auch der gesellschaftliche Zusammenhalt und Fortschritt wären gefährdet, wenn niemand mehr dem anderen über den Weg traut – in unserer modernen Welt ist nun mal jeder von den Taten und der Arbeit der anderen abhängig und leistet selbst seinen Beitrag zum großen Ganzen. Dennoch sollte man sich einen kritischen Geist erhalten und nicht naiv durch das Leben gehen. Es gibt viele Missstände auf dieser Welt, die man nur erkennen und beseitigen kann, wenn man sich keinen naiven Illusionen hingibt. Ein kritischer Optimismus – das ist wohl der zielführende Weg!

Thüringen – Besondere Leistungsfeststellung Deutsch 2021
Aufgabe 2: Interpretation eines Dramentextes

William Shakespeare (1564–1616): **Macbeth** 1. Aufzug/7. Szene (Auszug)

Duncan, König von Schottland, besucht Macbeth auf dessen Schloss. Macbeth ist der fähigste Feldherr Duncans und hat Ambitionen auf den Thron, kann diese aber aufgrund des Erbfolgegesetzes nicht verwirklichen. Daher sind ihm mörderische Gedanken gekommen, die er unmittelbar vor diesem Gespräch mit seiner Gemahlin, Lady Macbeth, wieder verworfen hat.

Siebente Szene
Ebendaselbst, Raum im Schloss.
Oboen und Fackeln. Ein Vorschneider und mehrere Diener mit Schüsseln gehen über die Bühne; dann kommt Macbeth.

MACBETH [...]
(Lady Macbeth tritt auf.)
Wie nun, was gibt's?
LADY MACBETH Er [Duncan, *Anmerkung des Verfassers]* hat fast abgespeist.
Warum hast du den Saal verlassen?
MACBETH Hat er
Nach mir gefragt?
LADY MACBETH Weißt du nicht, dass er's tat?
MACBETH Wir woll'n nicht weitergehn in dieser Sache;
Er hat mich jüngst belohnt, und goldne Achtung
Hab ich von Leuten aller Art gekauft,
Die will getragen sein im neusten Glanz
Und nicht so plötzlich weggeworfen.
LADY MACBETH War
Die Hoffnung trunken, worin du dich hülltest?
Schlief sie seitdem und ist sie nun erwacht,
So bleich und krank das anzuschauen, was sie
So fröhlich tat? – Von jetzt an denk ich
Von deiner Liebe so. Bist du zu feige,
Derselbe Mann zu sein in Tat und Mut,
Der du in Wünschen bist? Möchtst du erlangen,
Was du den Schmuck des Lebens schätzen musst,
Und Memme sein in deiner eignen Schätzung?
Muss dir „Ich fürchte" folgen dem „Ich möchte",

Der armen Katz' im Sprichwort gleich?
MACBETH Sei ruhig!
Ich wage alles, was dem Menschen ziemt;
Wer mehr wagt, der ist keiner.
LADY MACBETH Welch ein Tier
Hieß dich von deinem Vorsatz mit mir reden?
Als du es wagtest, da warst du ein Mann;
Und mehr sein, als du warst, das machte dich
Nur umso mehr zum Mann. Nicht Zeit, nicht Ort
Traf damals zu, du wolltest beide machen:
Sie machen selbst sich und ihr hurt'ger Dienst
Macht dich zu nichts. Ich hab gesäugt und weiß,
Wie süß, das Kind zu lieben, das ich tränke;
Ich hätt, indem es mir entgegenlächelte,
Die Brust gerissen aus den weichen Kiefern
Und ihm den Kopf geschmettert an die Wand,
Hätt ich's geschworen, wie du dieses schwurst.
MACBETH Wenn's uns misslänge –
LADY MACBETH Uns misslingen! –
Schraub deinen Mut nur bis zum Punkt des Halts,
Und es misslingt uns nicht. Wenn Duncan schläft,
Wozu so mehr des Tages starke Reise
Ihn einlädt – seine beiden Kämmerlinge
Will ich mit würz'gem Weine so betäuben,
Dass des Gehirnes Wächter, das Gedächtnis,
Ein Dunst sein wird und der Vernunft Behältnis
Ein Dampfhelm nur. – Wenn nun im vieh'schen Schlaf
Ertränkt ihr Dasein liegt, so wie im Tode,
Was können du und ich dann nicht vollbringen
Am unbewachten Duncan? was nicht schieben
Auf die berauschten Diener, die die Schuld
Des großen Mordes trifft?
MACBETH Gebär mir Söhne nur!
Aus deinem unbezwungnen Stoffe können
Nur Männer sprossen. Wird man es nicht glauben,
Wenn wir mit Blut die zwei Schlaftrunknen färben,
Die Kämmerling', und ihre Dolche brauchen,
Dass sie's getan?
LADY MACBETH Wer darf was anders glauben,
Wenn unsers Grames lauter Schrei ertönt
Bei seinem Tode?

MACBETH Ich bin fest; gespannt
Zu dieser Schreckenstat ist jeder Nerv.
Komm, täuschen wir mit heiterm Blick die Stunde:
Birg, falscher Schein, des falschen Herzens Kunde!
(Sie gehen ab.)

Quelle: Shakespeare, William: Macbeth. Tragödie. Übersetzt von Dorothea Tieck. Philipp Reclam jun. GmbH & Co. KG, Stuttgart 2001, S. 20–21.

Arbeitsauftrag

Interpretieren Sie den Szenenauszug.

Lösungsvorschlag

Vielleicht haben Sie den Namen Macbeth schon einmal gehört, möglicherweise sogar Shakespeares gleichnamiges Theaterstück gelesen. Aber auch wenn Ihnen beides unbekannt sein sollte, können Sie sich durchaus an die Lösung der Aufgabe wagen. Zum wesentlichen Inhalt des Szenenauszugs, der zu ***interpretieren*** *ist, sowie zu dessen Einordnung in den Gesamtzusammenhang des Dramas werden Ihnen* ***erläuternde Hinweise*** *gegeben. Angaben zum Handlungsort und zu handelnden Figuren entnehmen Sie der* ***Regieanweisung****. Den Inhalt des gesamten Stücks müssen Sie für die Interpretation des Ausschnitts nicht kennen. Dank Ihrer Kenntnisse zur Methode des Interpretierens und mithilfe Ihrer Kenntnisse der Dramentheorie sollte Ihnen die Lösung der Aufgabe gelingen.*
Stellen Sie also zuerst das im Szenenausschnitt dargestellte Geschehen ***kurz zusammengefasst*** *dar. Dabei sind sowohl der Handlungsort als auch die agierenden Personen zu nennen und ggf. kurz zu beschreiben. Der Ausschnitt stammt aus der siebten Szene des ersten Aktes und ist* ***Teil der Exposition*** *des Stücks. Das Geschehen ist also noch davon bestimmt, dass Handlungsort und -zeit sowie die wichtigsten Figuren vorgestellt werden. Auch der Hauptkonflikt deutet sich an. Achten Sie bei der Interpretation auf die* ***Sprechweise der Personen*** *und auf deren* ***Redeanteile****, denn diese tragen zur* ***Figurencharakterisierung*** *bei. Dass die Dialoge in Shakespeares Dramen lebendig und mitreißend sind, konnten Sie vielleicht bei der Lektüre eines seiner anderen Theaterstücke bereits bemerken. Wenn es Ihnen gelingt, einige (wenige)* ***künstlerische Mittel****, die der Dichter genutzt hat, zu ermitteln und kurz in ihrer* ***Wirkung zu beschreiben****, wird das Ihre Interpretation bereichern. Vergessen Sie nicht, Ihre Darlegungen mit Zitaten zu untermauern, wobei Sie auf* ***korrektes Zitieren*** *achten sollten.*

Einleitung

Hinführung über eine Grundfrage

Wie weit willst du gehen, um dein Ziel zu erreichen? In einer leistungsorientierten, von Karrierestreben geprägten Gesellschaft stellt sich diese Frage für viele auch im Beruf. Manche schrecken dabei nicht davor zurück, den Pfad der Tugend zu verlassen und unlautere Mittel anzuwenden, die auf der Karriereleiter weiter nach oben führen. Der Wunsch, ganz am oberen Ende der gesellschaftlichen Ordnung zu stehen, ist nicht neu.

Grunddaten zum Drama

In dem über 400 Jahre alten Drama „Macbeth" führt William Shakespeare vor Augen, wie der gleichnamige Protagonist seines Theaterstücks nach dem schottischen Thron strebt und dabei vor keinem Mittel zurückschreckt, auch nicht vor der Ermordung seines Königs.

Hauptteil

Kontext der Szene

Macbeth ist einer der besten Feldherren des schottischen Königs Duncan. Mit dem Besuch auf dem Schloss seines Heerführers bezeugt der König Macbeth Respekt und Anerkennung für dessen Dienste. Dennoch gibt sich Macbeth nicht damit zufrieden, er will nichts weniger als den Thron. Obwohl ihm dieser aufgrund des Erbfolgegesetzes versagt bleibt, rückt Macbeth von seinem Ziel nicht ab. Da er es auf legalem Wege nicht erreichen kann, lässt er immer wieder mörderische Gedanken zu.

zentrales Thema und Aufbau der Szene

Die siebte Szene des ersten Aktes zeigt Macbeth in einem Gewissenskonflikt. Seine Ambitionen auf den schottischen Thron sind groß, er weiß aber, dass er mit der Ermordung seines Königs eine schreckliche Tat begehen würde. Ein Streitgespräch mit seiner Frau, der Lady Macbeth, führt schließlich dazu, dass er seine Bedenken beiseiteschiebt und seine mörderischen Pläne, die er zwischenzeitlich verworfen hat, wieder aufnimmt. Die Unterhaltung mit seiner Gemahlin durchläuft dabei drei Phasen. Anfangs versucht Macbeth, die Versuche seiner Frau, ihn zum Festhalten an seiner Mordabsicht zu bewegen, abzuwehren (V. 1–41). Im mittleren Teil des Gesprächs wird deutlich, wie sich der Feldherr immer mehr auf das Komplott gegen den König einlässt (V. 42–65). Am Ende der Szene ist Macbeth fest entschlossen, sein verbrecherisches Vorhaben in die Tat umzusetzen (V. 66–70).

Analyse des Dialogs:

Abwehr der Mordpläne zu Beginn des Gesprächs

Zu Beginn des vorliegenden Szenenausschnitts steht Macbeth allein in einem Raum seines Schlosses, als seine Frau zu ihm tritt. Zwischen den Figuren herrscht eine gewisse Spannung. Macbeth scheint von der Anwesenheit seiner Gemahlin überrascht zu sein, sie zeigt sich dagegen verwundert darüber, dass er das gemeinsame Essen mit dem König vorzeitig verlassen hat (vgl. V. 3 ff.). Ob dieser nach ihm gefragt habe, will Macbeth wissen. Seine

Frau antwortet mit einer Gegenfrage: „Weißt du nicht, dass er's tat?" (V. 8) Lady Macbeth, die um die Mordpläne ihres Gatten weiß und diese aus eigenem Interesse unterstützt, erhebt damit einen Vorwurf. Sie gibt ihrem Mann zu verstehen, dass er die Zügel des Handelns aus der Hand gegeben hat und nun auf die Auskünfte anderer angewiesen ist. Wie um sich selbst zu beschwichtigen und um die schwelenden Gedanken an den Thron zu unterdrücken, legt Macbeth fest, „dies[e] Sache" (V. 9), mit der er beschönigend auf den geplanten Königsmord anspielt, nicht weiter verfolgen zu wollen. Als Argument führt er an, der König habe ihn „jüngst belohnt" (V. 10), wodurch Macbeth die „goldne Achtung" (V. 10) vieler Leute erworben habe und sein Ansehen „im neusten Glanz" (V. 12) erstrahle. Die ihm zuteilgewordene Ehre sei wie ein prunkvolles Gewand, so der bildliche Vergleich Macbeths, und für alle sichtbar. Sein Ansehen möchte er „nicht so plötzlich" (V. 13) wegwerfen.

gezielte Provokationen der Lady

Seine Frau aber stachelt seinen Ehrgeiz an. Ihre Fragen müssen Macbeth unangenehm sein, denn sie verunsichern ihn erneut. Was denn aus seiner Zuversicht geworden sei, fragt sie. Sie verdeutlicht ihm den Gegensatz zwischen dem „[s]o fröhlich" (V. 18) gefassten Plan und dem momentanen „bleich[en] und krank[en]" (V. 17) Zustand seiner Mutlosigkeit. Die gegensätzlichen Adjektive „bleich", „krank" und „fröhlich" zeigen, dass Lady Macbeth die inneren Kämpfe ihres Mannes kennt. Nach den beiden Fragen, die ihn aufrütteln sollten, hält die Lady im Sprechen kurz inne. Um ihr Ziel zu erreichen, muss sie ihren Mann herausfordern, ihn zu einer Reaktion bewegen. Also unterstellt sie ihm, zwar große Träume zu haben, aber doch „zu feige" (V. 19) zu sein, diese zu verwirklichen. Indem sie ihre Vorwürfe auf eine Beziehungsebene lenkt, versucht die Lady, ihren Mann zusätzlich zu reizen. So möchte sie Macbeth mit der Vermutung, er lege die gleiche Halbherzigkeit wohl in der Liebe zu ihr an den Tag (vgl. V. 18 f.), ganz gezielt kränken, um ihn aufzustacheln. Lady Macbeth drückt sich sehr direkt aus, umschreibt und beschönigt nicht, was sie ihm vorwirft. Sie wirft ihm vor, eine „Memme" (V. 23) zu sein, und vergleicht ihn wegen seines Wankelmuts auf herablassende Weise mit der „armen Katz' im Sprichwort" (V. 25), bei der einem „Ich möchte" (V. 24) stets ein „Ich fürchte" (ebd.) folge. Lady Macbeth redet sich regelrecht in Rage. Auffällig ist, dass ihr längerer Redebeitrag nur aus Fragen

besteht. Auf diese erwartet sie jedoch keine Antworten. Sie dienen lediglich einem Zweck: Macbeth zu provozieren und ihn in ihrem Sinne zu manipulieren.
Dieser lässt seine Frau ausreden, reagiert aber energisch, indem er ihr das Wort verbietet: „Sei ruhig!" (V. 26) Sehr bestimmt und kurz angebunden antwortet er auf die zahlreichen Vorhaltungen: „Ich wage alles, was dem Menschen ziemt;/Wer mehr wagt, der ist keiner." (V. 27 f.) Alles, was ein Mensch zu riskieren vermöge und was im Möglichen eines Menschen liege, das tue er. Wer aber einen Mord plane, handle nicht wie ein Mensch, sondern instinktgeleitet wie ein Tier, so Macbeths Argument.
Lady Macbeth gibt nicht auf. Dass sie das Gespräch bestimmt, wird nicht nur an den längeren Redeanteilen deutlich, sondern vor allem an dem, was sie sagt und wie. Das Fragezeichen am Ende jeder ihrer Vorhaltungen könnte auch ein Ausrufezeichen sein, so nachdrücklich und vorwurfsvoll sind diese „Fragen" gemeint. Denn mit der Haltung ihres Gatten ist sie absolut nicht einverstanden.

Ermutigung Macbeths und Herausstellen der eigenen Stärke

So lässt sie sich auch das Wort nicht verbieten, sie setzt im Gegenteil ihre Anwürfe fort. Jetzt ändert sie allerdings ihre Taktik. Sie stellt zu Beginn ihres nächsten Versuchs, ihren Mann zu ermutigen, noch eine rhetorische Frage: „Welch ein Tier/Hieß dich von deinem Vorsatz mit mir reden?" (V. 29 f.) In ironischem Ton erinnert sie ihn daran, dass humanes Verhalten für ihn auch nicht wichtig war, als er sie vor einiger Zeit in seine mörderischen Absichten eingeweiht hatte. Sofort danach redet sie eindringlich auf ihn ein und hält ihm vor Augen, wie sie ihn damals gesehen hat: „Als du es wagtest, da warst du ein Mann" (V. 31). Sie zeigt ihm nicht mehr ihre Verachtung für seine zweifelnde Einstellung, aber sie konfrontiert ihn mit seiner früheren, aus ihrer Sicht geradlinigen Haltung. Wenn sie erkennen lässt, den „Mann" in ihm geachtet zu haben, meint sie nicht nur seine körperliche Stärke, sondern, nach ihrem Konzept von Männlichkeit, auch die Klarheit seiner Pläne, seine Zielstrebigkeit und seinen Ehrgeiz. Der Appell an seine Männlichkeit gewinnt durch das Mittel der Steigerung noch an Eindringlichkeit. Lady Macbeth meint: „Und mehr sein, als du warst, das machte dich/Nur umso mehr zum Mann." (V. 32 f.) Ihr hatte imponiert, dass Macbeth genau wusste, was er erreichen wollte. Er habe damals keine Rücksicht darauf genommen, ob die äußeren Umstände für sein Vorhaben günstig wären („Nicht Zeit, nicht Ort/Traf damals zu",

V. 33 f.), er hätte beide in seinem Sinne beeinflusst und genutzt, er hätte sie aktiv bestimmt (vgl. V. 34). Nun aber ließe er sich von den Umständen beeinflussen, sich das Zepter aus der Hand nehmen und sei passiv. Die Klage gipfelt in der Anschuldigung, die Handlungsunfähigkeit „[m]ach[e] [ihn] zu nichts“ (V. 36). Den Höhepunkt dieses Redeanteils bildet der folgende Vergleich mit ihrem eigenen Verhalten, den die Lady als Beispiel für ihre Entschlusskraft anführt. Als Mutter wisse sie, „[w]ie süß [es sei], das Kind zu lieben, das [sie] tränke“ (V. 37). Hätte sie aber einen ähnlich großen Schwur geleistet wie Macbeth, sie hätte nicht gezögert, das sie anlächelnde Kind von ihrer Brust zu reißen und seinen Kopf an der Wand zu zerschmettern (vgl. V. 38–41). Mit diesem fürchterlichen Vergleich zeigt sie, wie ernst ihr die Ziele ihres Gatten sind. Spätestens jetzt wird den Zuschauern klar, welch große Bedeutung die Karriere ihres Mannes für die Lady selbst hat. Sie tritt als die Ehrgeizige, als die Energische auf, und es scheint nicht mehr viel zu brauchen, dass sie selbst zur aktiv Handelnden wird.

Macbeths Offenheit für die Pläne seiner Frau

Die folgende Antwort ihres Gegenübers markiert insofern einen Einschnitt im Gespräch, als Macbeth seine zurückweisende Gesprächshaltung aufgibt. Auf die Grausamkeit seiner Frau reagiert er weder mit Protest noch mit Abscheu. Wie in tiefen Gedanken versunken formuliert er einen Zweifel: „Wenn's uns misslänge – “ (V. 42) Seine Frau lässt ihn nicht aussprechen, sie fällt ihm ins Wort und will damit seine Bedenken im Keim ersticken („Uns misslingen! –“, V. 43). Sie ist sicher, dass der Plan aufgehen wird. Indem sie von „uns“ spricht, stellt sie sich deutlich an die Seite ihres Mannes und zeigt, dass es ihr sehr ernst ist mit den Plänen für ihren gesellschaftlichen Aufstieg und dem Erreichen von größerer Macht. Bevor Macbeth etwas sagen oder wieder Zweifel anmelden kann, appelliert die Lady nochmals an den Mut ihres Gatten. Er solle nur all seinen Mut zusammenfassen, dann werde das Vorhaben nicht misslingen. Sie ist sich sehr sicher: „[E]s misslingt uns nicht.“ (V. 45) Als sie Macbeth im Folgenden ihren Plan beschreibt, stellt sie ihre Rolle im Mordplan deutlich dar. Sie wolle die Kämmerlinge „mit würz'gem Weine so betäuben“ (V. 48), dass sie sich später an nichts erinnern können. Mit der Metapher, dass deren „Gedächtnis [...]/Ein Dunst sein wird“ (V. 49 f.) und der Kopf ein „Dampfhelm nur“ (V. 51), bringt sie zum Ausdruck, dass die Diener infolge ihres berauschten Zustands keine klare Sicht auf die Ereignisse haben werden. Während König Duncan, von den Anstrengungen der Reise erschöpft, unbewacht schlafen würde, könnte ganz leicht der Mord geschehen. Die Diener lägen „wie im Tode" (V. 52) vor der Kammer des Königs. Mit diesem Vergleich spielt sie zugleich auch auf das Schicksal König Duncans in der Mordnacht an. Ihre Fragen am Ende des Redebeitrags tragen im Grunde schon die Zustimmung ihres Mannes in sich („Was können du und ich dann nicht vollbringen/Am unbewachten Duncan?, V. 53 f.). Die Schuld an diesem Mord könne später leicht auf die „berauschten Diener" (V. 55) geschoben werden. Lady Macbeth hat keinerlei Skrupel, Unschuldige ins Verderben zu stürzen.

Preisgabe der letzten Bedenken

Macbeth ist von der Kaltblütigkeit seiner Gattin stark beeindruckt. Wie ein Stöhnen erscheint seine Reaktion auf ihre Worte: „Gebär mir Söhne nur!" (V. 57), fordert er von Lady Macbeth. Er ist überwältigt von der Energie und der Willenskraft seiner Frau. Ihrer Entschlossenheit kann er sich nicht entziehen, ihr Vorhaben hat er längst gebilligt. Für ihn geht es nur noch darum, sich abzusichern. Daher fragt er: „Wird man es nicht glauben,/Wenn wir mit Blut die zwei Schlaftrunknen färben, [...] und ihre Dolche brauchen,/Dass sie's getan?" (V. 59–62) Die euphemistische Formulierung („mit Blut färben") macht deutlich, dass er die Vorstellung von der Brutalität des Vorhabens beiseiteschiebt. Lady Macbeth bestärkt ihren Mann, indem sie folgende Gegenfrage stellt: „Wer darf was anders glauben,/Wenn unsers Grames lauter Schrei ertönt/Bei seinem Tode?" (V. 63 ff.) Sie will sich verstellen, Entsetzen und Mitgefühl heucheln und ist fest davon überzeugt, dass ihre Falschheit nicht durchschaut werden kann.

Einwilligung in den Mordplan

Das ist der Moment, der Macbeth vollends überzeugt. Am Ende des Gesprächs hat er seine anfänglichen Skrupel überwunden und ist zur geplanten Untat, zum Mord an seinem König, entschlossen. „Ich bin fest" (V. 66), bekräftigt der Feldherr. Er weiß, worauf er sich einlässt, denn er spricht selbst von einer „Schreckenstat" (V. 67). Aber sein Ehrgeiz und die Entschlossenheit seiner Frau haben über seine ohnehin nicht stark ausgeprägten moralischen Zweifel gesiegt. Macbeth muss nur zusehen, dass seine Absichten nicht erkannt werden, und fordert seine Frau auf: „Komm, täuschen wir mit heiterm Blick die Stunde" (V. 68). Sich selbst versucht er mit folgenden Worten zu beruhigen: „Birg, falscher Schein, des falschen Herzens Kunde!" (V. 69) Durch den Reim

der letzten beiden Verse („Stunde"/„Kunde") wirkt die Äußerung Macbeths wie eine Losung, die er sich immer wieder ins Gedächtnis rufen will, um sich selbst zu bestärken.
In vollkommener Einigkeit bezüglich ihrer Ziele und über die bevorstehende Tat gehen beide aus dem Raum. Die Zuschauerinnen und Zuschauer werden keinerlei Zweifel daran haben, dass der Königsmord ausgeführt werden wird.

Bedeutung der Szene

Auf eindrückliche Weise werden in der vorliegenden Szene menschliche Abgründe gezeigt. Deutlich wird, wie Machtgier und Geltungssucht dazu führen können, dass alle Menschlichkeit abgelegt wird. Dies trifft auf beide Figuren in der Szene zu. Lady Macbeth betrachtet die Folgen ihres Handelns nur von ihrem persönlichen Vorteil her. Um an der Seite ihres Mannes Königin zu werden, ist ihr jedes Mittel recht, auch wenn sie dafür über Leichen gehen muss. Gefühle, die sie daran hindern könnten, ihr Ziel zu erreichen, blendet sie aus. Obwohl die Lady ihren Mann im gegebenen Auszug gezielt provoziert, um ihn zum Handeln zu bewegen, ist Macbeth keineswegs in der Rolle des zum Bösen Verführten. Der Plan, König Duncan zu ermorden, stammt schließlich von ihm, auch wenn er sein Vorhaben zwischenzeitlich verworfen hatte. Er lässt es nicht zu, seinem Gewissen nachzugeben. Das zeigt allein die Tatsache, dass es seiner Frau recht schnell gelingt, ihn zur Wiederaufnahme seines Mordplans zu bewegen.

Schluss

unterschiedlicher Blick auf die Figuren

Daher bleibt abschließend festzuhalten: Als Angehörige des schottischen Adels genießen Macbeth und seine Frau hohes Ansehen am Königshof, vor den Augen der Zuschauerinnen und Zuschauer erscheinen sie dagegen wie Ungeheuer.

Thüringen – Besondere Leistungsfeststellung Deutsch 2021
Aufgabe 3: Gedichtinterpretation

Nele Heyse (geb. 1954): **Unter Freunden**

In die Schößе meiner Seelenfreunde fallen
furchtlos die Worte aus mir
suchen ihre Zusammenhänge ohne Plan
finden sie manchmal
und manches Mal
– auch nicht
den Ton treffen sie leicht
es hemmt sie kein Stöhnen
noch bremsen Antworten
aus geduldloser Hast
hier geht's nicht ums Gelingen
nicht darum dass die Pointe stimmt
grundlos darf das Lachen sich verschwenden
uferlos die Erinnerungsträne sich ergießen
gleich den furchtlosen Worten
aus furchtlosen Gedanken
in die Trosträume meiner Seelenfreunde

Quelle: Heyse, Nele: Unter Freunden. In: Heyse, Nele: Zeit ist eine Kugel. Gedichte. Mitteldeutscher Verlag, Halle/Saale 2016, S. 64.

Arbeitsauftrag

Interpretieren Sie das Gedicht.

Lösungsvorschlag

Die vorliegende Aufgabe fordert Sie dazu auf, ein ***Gedicht*** *zu* ***interpretieren****. Dazu gehört, dass Sie dessen* ***Form*** *untersuchen, seinen* ***Aufbau und Inhalt*** *thematisieren sowie auffällige* ***sprachlich-stilistische Mittel*** *erkennen und in ihrer Wirkungsweise beschreiben. Indem Sie all Ihre Einzelerkenntnisse aufeinander beziehen und zusammenführen, gelangen Sie am Ende zu einer überzeugenden* ***Gesamtdeutung*** *des Gedichts. Nele Heyses Text wirkt auf den ersten Blick leicht zugänglich und wenig hintergründig. Lassen Sie sich dadurch aber nicht dazu verleiten, das Gedicht nur oberflächlich anzuschauen, sondern* ***lesen Sie es mehrmals durch*** *und notieren Sie sich Auffälligkeiten am Rand. Fragen Sie sich, warum die Verfasserin genau diese Form und diese Worte gewählt haben könnte. So finden Sie leichter einen Zugang zu den* ***verschiedenen Ebenen*** *des Gedichts. Schließlich geht es bei einer Gedichtinterpretation nie nur darum, den Inhalt des vorliegenden Textes zu erfassen und nachzuerzählen, sondern im* ***Zusammenspiel von Form und Inhalt*** *eine übergeordnete, allgemeingültige Bedeutung herauszuarbeiten. Beziehen Sie auch den* ***Titel*** *des Gedichts in Ihre Interpretation mit ein, indem Sie zum Beispiel thematisieren, welche Erwartungen dieser bei Ihnen geweckt hat und ob sich Ihre Annahmen bestätigt haben. Auch so gelangen Sie zu einer umfassenden Gesamtdeutung des Gedichts.*
Beginnen Sie Ihren Aufsatz mit einer ***Einleitung****, die über das (vermutete) Thema des Textes zur Interpretation hinführt. Danach empfiehlt es sich, das Gedicht Vers für Vers durchzugehen und die entdeckten* ***sprachlich-stilistischen Mittel in Bezug auf den Inhalt*** *zu beschreiben. Dabei kommt es nicht darauf an, jedes einzelne Stilmittel zu erwähnen, sondern diejenigen auszuwählen, die Ihnen in ihrer Wirkungsweise am ergiebigsten erscheinen. Am Ende sollten Sie Ihren Aufsatz mit einem schlüssigen* ***Vorschlag zur Gesamtdeutung*** *abrunden.*

Einleitung
Hinführung zum Thema

Zusammen Spaß haben, gemeinsam etwas unternehmen, Freude und Sorgen miteinander teilen – es gibt viele Gründe, warum es schön ist, Freunde zu haben. Viele Menschen schätzen an einer Freundschaft aber vor allem auch das intensive Gespräch und den Gedankenaustausch mit einer vertrauten Person.

Autorin, Textsorte, Titel, Entstehungsjahr, Thema

Wie wichtig und urmenschlich die Sehnsucht danach ist, sich frei äußern und seine Gedanken ausdrücken zu können, zeigt auch das Gedicht mit dem Titel „Unter Freunden“ von Nele Heyse, das 2016 in ihrem Gedichtband „Zeit ist eine Kugel“ veröffentlicht wurde.

Hauptteil
formale Merkmale

Formal besteht das Gedicht aus 17 unterschiedlich langen Versen, die in einer einzigen Strophe ohne Reim und in freien Rhythmen angeordnet sind. Dadurch klingt das Gedicht wie ein innerer Monolog, was durch seinen Inhalt noch unterstützt wird, der das zwang- und planlose Gespräch zum Thema hat. Auffällig ist, dass das Gedicht bis auf einen Gedankenstrich keinerlei Satzzeichen aufweist. Damit wird schon allein formal unterstrichen, dass das lyrische Ich völlig ungefiltert und ohne jede Beschränkung oder Strukturierung seinen Gedanken und Gefühlen freien Lauf lassen kann. Nicht einmal am Ende von Vers 17 steht ein Punkt, was die Unabgeschlossenheit des Gesprächs verdeutlicht. Insgesamt passt die Form des Gedichts genau zu seinem Inhalt, da sie in ihrer Regellosigkeit das freie Fließen der Gedanken widerspiegelt.

Titel und damit einhergehende Erwartungen

Liest man den Titel des Gedichts, erwartet man im Folgenden die Wiedergabe von Vertraulichkeiten, eventuell sogar eine Beichte oder ein Geheimnis. Auf jeden Fall weckt der Begriff „Freunde" Assoziationen von Vertrautheit und Intimität. Genau darum geht es in Nele Heyses Text dann auch, allerdings eher auf einer beschreibenden Ebene: Anstelle eines beispielhaften Gesprächsinhalts „[u]nter Freunden" (Titel) werden ganz allgemein die besonderen Kennzeichen einer Unterredung mit einem oder einer Vertrauten charakterisiert.

Aufbau

Zwar ist das Gedicht nicht in einzelne Strophen gegliedert, aber dennoch lässt sich eine gewisse inhaltliche Dreiteilung erkennen. Die Verse 1 bis 7 beschreiben, wie ein offenes Gespräch vonseiten des lyrischen Ich abläuft, während die Verse 8 bis 12 auf das Verhalten der Gesprächspartner eingehen. Die Schlussverse 13 bis 17 bilden dann eine Klammer zum Anfang, indem sie erneut die Gesprächssituation charakterisieren, um schließlich die Worte des ersten Verses leicht variiert noch einmal aufzugreifen und dem Gedicht damit einen Rahmen zu geben.

Sinnabschnitt 1: Gesprächsverhalten des lyrischen Ich

Fast wie ein Psalm oder Gebet klingen die beiden durch ein Enjambement verbundenen Anfangsverse des Gedichts („In die Schöße meiner Seelenfreunde fallen/furchtlos die Worte aus mir", V. 1 f.). Das liegt sowohl an der Wortwahl („Schöße", „Seelenfreunde", V. 1; „furchtlos", V. 2) als auch an der durch den Zeilensprung entstandenen Alliteration von „fallen" und „furchtlos" sowie der Satzstellung, die das Personalpronomen „mir" am Ende positioniert. Das Wortspiel des ersten Verses mit dem Sprichwort „in den Schoß fallen" deutet schon an, mit welcher Leichtigkeit das lyrische Ich sich gegenüber seinen „Seelenfreunde[n]" (V. 1) äußern kann. Der hier verwendete Neologismus verstärkt den Begriff „Freunde" des Titels noch, indem er ihn mit dem Substantiv verknüpft, das gemeinhin das tiefste Innere und laut christlichem Verständnis den über den Tod hinaus existierenden Teil eines jeden Menschen bezeichnet. Gegenüber so engen Vertrauten kann das lyrische Ich sich ohne Angst ganz spontan und ziellos äußern. In den folgenden Versen werden die aus dem lyrischen Ich herausfallenden Worte personifiziert, was zusätzlich verdeutlicht, wie wenig gelenkt sie ihren Weg aus den Gedanken des lyrischen Sprechers finden. So heißt es in Vers 3 explizit, sie „suchen ihre Zusammenhänge ohne Plan", was ergänzt wird um die Feststellung, dass dies „manchmal" (V. 4) gelingt, „manches Mal" (Z. 5) aber auch nicht. Die mithilfe des Gedankenstrichs nachgestellte Verneinung betont die Offenheit und Zwanglosigkeit des Gesprächs, das auch einmal eine überraschende Wendung nehmen kann, weil ihm kein vorgefertigter Plan zugrunde liegt. In jedem Fall bewegen die Worte sich immer auf der passenden Stilebene (vgl. V. 7), was darauf hinweisen könnte, dass sie aus dem Herzen des lyrischen Ich kommen und damit unverstellt und ungekünstelt sind.

Sinnabschnitt 2: Reaktionen des Gegenübers

Allerdings treffen sie auch auf ein dankbares Gegenüber, das sie weder durch Unmutsäußerungen hemmt (vgl. V. 8), noch durch schnell hingeworfene Antworten bremst (vgl. V. 9 f.). Das neologistische Adjektiv „geduldlos" (vgl. V. 10) fällt hier besonders auf, da es im Kontrast zu den anderen im Gedicht verwendeten Adjektiven mit der Endung „-los" steht, die im Kontext allesamt eine positive Bedeutung haben und das beschriebene Gespräch kennzeichnen (vgl. V. 2, 13 ff.). „Geduldlos" transportiert dagegen noch negativere Bedeutungsnuancen als das eigentlich an dieser Stelle vermutete Adjektiv „ungeduldig", da der Neologismus für die absolute Abwesenheit von Geduld steht. Somit verstärkt das im Gedicht beschriebene Nichtvorhandensein von „geduldloser Hast" (V. 10), wie angenehm und ruhig das Gespräch zwischen dem lyrischen Ich und seinen „Seelenfreunde[n]" (V. 1, 17) abläuft. Mit der Aufzählung in den Versen 11 und 12 wird die Ziellosigkeit des Gesprächs, das keinerlei Erwartungen erfüllen muss, noch einmal ausdrücklich in Worte gefasst. Die umgangssprachliche Wortform „geht's" (V. 11) untermalt hier die Aussage, dass das lyrische Ich mit seinen Freunden reden kann, wie ihm der Schnabel gewachsen ist, und sich nicht kontrollieren oder selbst zensieren muss. Die genannten Verse enthalten außerdem eine Kritik an der Leistungsgesellschaft, in der jedes Wort immer einen Zweck haben und zu einem Ziel führen muss („dass die Pointe stimmt“, V. 12). Das Gespräch unter Freunden zeichnet dagegen genau das Gegenteil aus, da es „hier [eben] nicht ums Gelingen“ (V. 11) geht.

Sinnabschnitt 3: Charakterisierung der Gesprächssituation

Vielmehr ist es durch einen besonderen Freiraum charakterisiert, in dem sowohl Lachen als auch Weinen erlaubt ist (vgl. V. 13 f.). Die beiden parallel gebauten Verse machen in Kombination mit den an den jeweiligen Versanfang gestellten Adjektiven „grundlos“ und „uferlos“ (V. 13 f.) eindrücklich deutlich, dass im beschriebenen Gespräch keine falsche Zurückhaltung nötig ist. Stattdessen kann das lyrische Ich seinen Gefühlen ungehemmt freien Lauf lassen. Neben dem Lachen und der Erinnerungsträne werden zum Schluss die anfangs bereits erwähnten „furchtlosen Wort[e]“ (V. 15) noch einmal aufgegriffen und um „furchtlos[e] Gedanken“ (V. 16) ergänzt, aus denen erstere entstanden sind. Durch die Gleichsetzung von Worten und Gedanken mithilfe der Wiederholung des Adjektivs „furchtlos“ wird betont, wie nah sich das gesprochene Wort und die Gedanken des lyrischen Ich sind, ja, dass sie geradezu übereinstimmen. Dies ist in der Realität eine Seltenheit, weiß man doch, wie oft etwas anders gesagt als gedacht wird.

Schlussverse als Klammer zum Beginn: Variation des Anfangsverses

Der letzte Vers des Gedichts schließt mit einem leicht variierten Parallelismus zum Anfangsvers: Die anfänglichen „Schöße“ werden durch den Neologismus „Trosträume“ (V. 17) ersetzt, wobei beide Begriffe Assoziationen von Geborgenheit und Sicherheit wecken. Gleichzeitig steckt in letzterem auch das Wort „Träume“, das der beschriebenen Gesprächssituation etwas Poetisches und Hoffnungsfrohes verleiht. Das Gedicht endet mit der in Vers 1 eingeführten Wortneuschöpfung „Seelenfreunde“, bettet also den Rest des Gedichts sinnbildlich zwischen diesen beiden Ankerpunkten ein. Somit veranschaulicht das gesamte Gedicht allein durch seinen Aufbau und seine Gestaltung, wie sicher jegliche Geheimnisse bei den genannten „Seelenfreunden“ aufgehoben sind.

Schluss

Gesamtdeutung

So einfach Nele Heyses Gedicht auf den ersten Blick wirkt, eröffnen sich bei genauerem Hinsehen doch mehrere Bedeutungsebenen. So kann es sich, wie aufgrund des eindeutig scheinenden Titels angenommen, um die Charakterisierung eines vertraulichen Gesprächs unter Freunden handeln. Es ist aber auch möglich, das gesamte Gedicht als Metapher für das Dichten selbst zu verstehen. Die erwähnten „Seelenfreunde“ wären in diesem Fall die Gedichte, die jegliche Selbstkundgebung des lyrischen Ich geduldig hinnehmen und sowohl Trost spenden als auch Träumereien ermöglichen. Für diese Interpretation sprechen unter anderem die an einen inneren Monolog erinnernde Gestaltung, die Widerspruchslosigkeit des erwähnten Gesprächspartners, aber auch die Furchtlosigkeit des lyrischen Ich, sein Innerstes nach außen zu kehren, sowie das Übereinstimmen von Gedanken und geäußerten Worten. Das Dichten wäre demnach die Ausdrucksform, mit der sich das lyrische Ich am wohlsten fühlt, bei der es sich nicht verstellen muss, nicht unterbrochen, gehetzt oder gebremst wird und bei der es seine Gefühle frei heraus und ohne damit einen größeren Zweck zu verfolgen, wie „[u]nter Freunden“ (Titel), offenbaren kann.

Thüringen – Besondere Leistungsfeststellung Deutsch 2021
Aufgabe 4: Interpretation eines Prosatextes

Botho Strauß (geb. 1944): **Die Lücke**

In einem kleinen ausverkauften Theatersaal sind zwei Plätze leer geblieben in der vierten Reihe. Noch ehe die Vorstellung beginnt, entsteht um die beiden leeren Plätze der Herd einer Unruhe, die sich raschelnd und räuspernd über das gesamte Publikum ausbreitet. Die beiden Abwesenden, als trügen sie zu hohe Frisuren, reizen die hinter ihnen Sitzenden zu launigen Bemerkungen. Erst sind es leise Beschwerden, dann schnell gezischte Beleidigungen. Die beiden werden dafür, daß sie nicht da sind, gescholten. Obwohl niemand zu wissen vorgibt, um wen es sich eigentlich handelt, erregt man sich gegen sie, als wären es zwei für ihr Fernbleiben Berühmte. Wenn man genauer hinhört, kommt von diesem oder jenem Zuschauer ein Seufzer, mit dem er seine „ganz persönliche tiefe Enttäuschung" bekennt. Oder es wird jemandes Klage laut über den Mangel an Vollzähligkeit in kleinem abgeschlossenen Raum. Ein anderer nennt das: seinen Komplettheitskomplex. Ein dritter wiederum gesteht, daß ihm die beiden unbesetzten Plätze nicht weniger zu schaffen machten als zwei fehlende Klinken an einer Tür.

Man hat es mit einer Lücke zu tun, man kann diese Lücke nicht schließen, selbst wenn man sich noch so geschickt umsetzte und in der Reihe hin und her rückte. Die Lücke fällt nicht nur ins Auge, sie untergräbt auch das Behagen, reihenweise im Schulterschluß in einem Publikum zu sitzen und gleichgerichtet – miteinander – geradeaus auf die Bühne zu schauen. Denn ist es nicht dieses Behagen, um dessentwillen man überhaupt einen solchen Ort aufsucht? Sich wie nirgends sonst auf der Welt eingereiht zu wissen in einer vollzähligen Ordnung, unverzichtbar zu sein in einem Zuschauerraum, der bis auf den letzten Platz besetzt ist.

Quelle: Strauß, Botho: Die Lücke. In: Strauß, Botho: Mikado. Deutscher Taschenbuch Verlag GmbH & Co. KG, München 2009, S. 61–62.

Arbeitsauftrag

Interpretieren Sie die parabelhafte Erzählung.

Lösungsvorschlag

Der in der Aufgabenstellung genannte Operator verlangt von Ihnen eine ***Interpretation****, also die* ***Analyse und Deutung*** *des vorliegenden literarischen Textes. Zunächst sollten Sie die Erzählung von Botho Strauß mehrmals langsam und genau lesen. Es hilft, wenn Sie dabei* ***Markierungen im Text*** *vornehmen, sich Notizen zum Inhalt und zu* ***sprachlichen Besonderheiten*** *machen und den Text in* ***Sinnabschnitte*** *unterteilen. Ihnen wird auffallen, dass der kurze Text „Die Lücke" relativ handlungsarm ist. Nachdem die Ausgangssituation um die beiden leeren Plätze im Saal und die Reaktion der Anwesenden darauf geschildert wurden, folgen Kommentare des Erzählers zum Geschehen.*
In Ihrer ***Einleitung*** *sollten Sie die* ***Basisinformationen zum Text*** *nennen – Titel, Textart, Autor, Erscheinungsjahr – und* ***zum Thema der Erzählung hinführen****.*
Bei Ihrer ***Analyse im Hauptteil*** *gehen Sie am besten Satz für Satz und Sinnabschnitt für Sinnabschnitt vor. Achten Sie darauf, Ihre* ***Beobachtungen zum Inhalt, zur Sprache und zur Form*** *in einen funktionalen Zusammenhang zu bringen.*
Auf Grundlage dieser Analyse können Sie dann Ihre ***Deutung formulieren****. Einen wichtigen Hinweis dafür liefert Ihnen die Aufgabenstellung: Strauß' Erzählung wird darin als „****parabelhaft****" bezeichnet. Aktivieren Sie also Ihr im Unterricht erworbenes Wissen zur Textform Parabel. Hier ist vor allem die* ***Unterscheidung zwischen einer Bildebene und einer Sachebene*** *und die* ***Übertragbarkeit der Aussage*** *ausschlaggebend. Das in Strauß' Text Erzählte reicht über die beschriebene Situation im Theatersaal hinaus und ragt in eine tiefere Bedeutungsebene hinein. Fragen Sie, was der Erzähler eigentlich mit seiner Geschichte meint. Entscheidend ist hier, dass Sie begründen, wie Sie zu Ihrer Deutung der Parabel gelangen. Das erreichen Sie, indem Sie sich auf Ihre Analyseergebnisse und auf die inhaltlichen und sprachlichen Signale stützen, die in der Erzählung gegeben werden.*
Zum ***Schluss*** *können Sie in einem* ***Fazit*** *Ihre Ergebnisse zusammenfassen, einen aufschlussreichen Bezug zu geschichtlichen Ereignissen herstellen oder auch an Ihre Einleitung anknüpfen.*

In Zeiten des Coronavirus und den damit verbundenen Hygiene- und Abstandsregeln sind wir es gewohnt, dass Kino- und Theatersäle entweder geschlossen oder nicht vollständig besetzt sind. Botho Strauß erzählt in seinem 2009 erschienenen parabelhaften Prosatext „Die Lücke" von der Aufregung, die durch zwei leere Plätze in einem Vorstellungssaal hervorgerufen wird. Die Unruhe, die Strauß in seiner Erzählung beschreibt, ist allerdings nicht auf einen konkreten Störfall zurückzuführen, sondern hat vielmehr gesellschaftliche und geschichtliche Gründe.

Einleitung

Die kurze Erzählung gliedert sich in zwei Teile. Im ersten Abschnitt (vgl. Z. 1–14) wird die Ausgangssituation dargelegt und die unterschiedlichen Reaktionen der anwesenden Zuschauer werden geschildert. Im zweiten Abschnitt reflektiert der Erzähler die Geschehnisse und gibt seine Einschätzung dazu ab (vgl. Z. 15–22).

Hauptteil

Aufbau und Kerninhalt

Strauß' Erzählung beginnt mit einer lapidaren Feststellung. Obwohl eine Vorstellung in einem Theatersaal eigentlich ausverkauft ist, „sind zwei Plätze leer geblieben" (Z. 1 f.). Der Erzähler nennt weder eine genaue Stadt noch ein spezifisches Theaterstück. Auch der Grund für die Abwesenheit der beiden Personen wird nicht genannt. Er beschreibt hingegen die Wirkung, die die beiden leeren Plätze auf die übrigen Besucher, die auf den Beginn der Vorstellung warten, ausüben. Metaphorisch bezeichnet er die beiden leeren Plätze als „Herd einer Unruhe" (Z. 3), die sich im Saal ausbreitet. Dass sich diese unruhige Stimmung langsam unter den Zuschauern aufbaut, macht der Erzähler mit der lautmalerischen Alliteration „raschelnd und räuspernd" (Z. 3) deutlich.

Detailanalyse:

Ausgangssituation und Entstehen einer Unruhe

Anfangs handelt es sich lediglich um „launig[e] Bemerkungen" (Z. 5) – die Harmlosigkeit dieser Äußerungen wird durch einen Vergleich betont („als trügen sie zu hohe Frisuren", Z. 4). Mit einer Klimax zeigt der Erzähler aber, wie sich die Reaktionen der Anwesenden auf die Abwesenheit der beiden Personen steigern, über „leise Beschwerden" (Z. 5 f.) hin zu „gezischte[n] Beleidigungen" (Z. 6). Die Unverhältnismäßigkeit der Aufregung wird erneut in einem Vergleich dargestellt („als wären es zwei für ihr Fernbleiben Berühmte", Z. 8 f.).

zunehmende Aufregung

Im Folgenden (vgl. Z. 9–14) führt der Erzähler die unterschiedlichen Reaktionen einzelner Zuschauer genauer an – bis dahin war verallgemeinernd vom „Publikum" (Z. 4) bzw. den „hinter

Einzelreaktionen

ihnen Sitzenden“ (Z. 5) die Rede oder es wurden Passiv-Formulierungen (z. B. Z. 6 f.) bzw. das unpersönliche „man“ (vgl. Z. 8 f.) gewählt. Dennoch bleiben die Anwesenden auch weiterhin unpersönlich, ihre Reaktionen und Äußerungen können also als exemplarisch angesehen werden („diese[r] oder jene[r]“, Z. 9; „jeman[d]“, Z. 11; „[e]in anderer“, Z. 12); „[e]in dritter“, Z. 13). Die Reaktionen der im Theatersaal Versammelten werden zunehmend emotional, der Erzähler berichtet von Seufzern und Klagen (vgl. Z. 10 f.). In der einzigen direkten Rede des gesamten Textes hebt der Erzähler „‚die ganz persönliche [...] Enttäuschung‘“ (Z. 10) eines Zuschauers über das Fernbleiben der Personen hervor. Andere Zuschauer stören sich offensichtlich am meisten an der Tatsache, dass der Saal nicht vollständig besetzt ist. Dass dieses Leiden an der mangelnden Vollzähligkeit (vgl. Z. 11) krankhafte Züge trägt, wird mit dem Neologismus „Komplettheitskomplex“ (Z. 12 f.) angedeutet. Der Vergleich mit den beiden fehlenden Klinken einer Tür (vgl. Z. 13 f.) zeigt nochmals eindrücklich, dass die Abwesenheit der beiden Personen im Theatersaal als Gefährdung für die ganze Vorstellung empfunden wird. Wie eine Tür ohne Klinken verliere ein Theatersaal mit zwei leeren Plätzen seine eigentliche Funktion. Erst die Vollzähligkeit der Zuschauer ermöglicht das Gelingen des Theaterabends, so die Meinung der Anwesenden.

Reflexionen des Erzählers

Der zweite Teil der Erzählung (vgl. Z. 15–22) ist handlungsarm, der Erzähler reflektiert hier die Geschehnisse bzw. die Situation im Theatersaal. Erstmals spricht er von der titelgebenden „Lücke“ (Z. 15, 17), welche die beiden leeren Plätze im Saal hinterlassen. Er betont, dass es keine schnelle Lösung für die mangelnde Vollzähligkeit gibt, die Lücke könne nicht durch das Umsetzen der Zuschauer geschlossen werden (vgl. Z. 15 f.). Die Lücke störe das Wohlbefinden der anwesenden Zuschauer. Auffallend ist hier die Wortwahl des Erzählers, mit der er beschreibt, was sich das Publikum eigentlich vom Theaterbesuch erhoffe. Dieses würde gerne „reihenweise im Schulterschluß [...] und gleichgerichtet – miteinander – geradeaus auf die Bühne [...] schauen“ (Z. 17 ff.). Die verwendeten Begriffe haben etwas Militärisches an sich und rufen das Bild von eng beieinanderstehenden Soldatenreihen hervor. Die nur durch Bindestriche abgetrennte, also aneinandergereihte Auflistung „gleichgerichtet – miteinander – geradeaus“ (Z. 18 f.) bringt auch auf sprachlicher Ebene den Wunsch nach Konformität, Zusammenhalt und Gleichheit zum Ausdruck.

Gegen Ende des kurzen Textes macht der Erzähler mit einer rhetorischen Frage klar, dass genau dieses Behagen an Gleichförmigkeit der Hauptgrund für einen Theaterbesuch sei (vgl. Z. 19 f.). Die geschilderten Reaktionen der Zuschauer auf die beiden leeren Plätze im ersten Teil der Erzählung werden damit auf psychologische Weise erläutert. Die Erwartung der Anwesenden an diese Veranstaltung wurde durch die Abwesenheit der beiden Personen enttäuscht. Das Ereignis im Saal erscheint dadurch nebensächlich: Das Theaterstück oder die Veranstaltung, die im Saal stattfindet – möglicherweise auch ein Konzert, ein Auftritt oder eine Rede – ist laut Erzähler also nicht das Entscheidende. Im Mittelpunkt stehe das Gefühl, in eine „vollzählig[e] Ordnung" (Z. 21) eingereiht zu sein und dadurch „unverzichtbar zu sein" (ebd.). Dieses Gefühl könne nur ein Ort wie der Theatersaal vermitteln („wie nirgends sonst auf der Welt", Z. 20 f.). Im Umkehrschluss bedeutet das, dass sich die Anwesenden durch die Lücke im Saal „verzichtbar", also in ihrem Wert herabgesetzt fühlen.

Deutung der parabelhaften Erzählung:

politische Lesart des Textes

Die handlungsarme Erzählung trägt Züge einer Parabel, wobei das Verhältnis zwischen Bildebene und Sachebene nicht eindeutig zu bestimmen ist. Auf der Bildebene stehen zwei leere Plätze in einem Theatersaal im Fokus, die beim Publikum für Aufregung und Unruhe sorgen. Die Zuschauer sehen ihre Erwartungen an die Veranstaltung, nämlich Vollständigkeit und Gleichheit der Anwesenden, enttäuscht. Wie gezeigt, verwendet der Erzähler Vokabular aus dem militärischen Bereich (z. B. „Ordnung", Z. 21; „gleichgerichtet", Z. 18; „geradeaus", Z. 19), das einen Hinweis darauf gibt, dass man die Erzählung auf politische Weise deuten kann. Das Publikum steht auf der Sachebene für eine Gesellschaft, die von einer Sehnsucht nach Uniformität geprägt ist und in der kein Abweichen von der gemeinsamen Linie toleriert wird. Übertragt man die Situation im Theatersaal auf ein politisches System, dann zeigen sich Züge einer totalitären Diktatur, in der sich jeder Bürger bzw. jede Bürgerin in die vorgegebene Ordnung einzugliedern hat und alle „gleichgerichtet" (Z. 18) in ihrer politischen Gesinnung sein müssen.

Schluss

Der Autor der Erzählung, Botho Strauß, wurde im Jahr 1944 geboren, hat also die unmittelbare Nachkriegszeit miterlebt und ist in einer Welt aufgewachsen, die von den Zerstörungen des Zweiten Weltkrieges gezeichnet war. Mit seiner parabelhaften Erzählung „Die Lücke" zeigt er anhand der Geschichte von zwei leeren

Theaterplätzen auf hintergründige Art und Weise die psychologischen Mechanismen und die intolerante Geisteshaltung auf, die in eine diktatorische, auf völlige Gleichheit getrimmte Gesellschaft wie die des NS-Regimes führen kann.

2021-27

Dominik Dombrowski (geb. 1964): **Fooddesign**

Passt mein Essen noch zu mir – und wie
verhält sich das junge
Gemüse zu meinen Sneakers?
Beißt sich nicht all das
Panierte mit meinem T-Shirt – und wie
beeinflusst eigentlich der Dampf der Fritteuse mein
Aftershave an den Wangen?
Ich glaube ich esse / heute einen Apfelbrei

zu meiner Frisur / mit einer Lebensmittelfarbe
bläue ich das Fleisch selten
gekreuzter schwedischer Hochleistungsschafe / und kombiniere
dies alles sanft mit meinen Sommerkontakt-
linsen / mein Kühlschrank ist jetzt innen / immer so lind-

grün / ich garniere ihn für eine Viertelwoche lang
mit Lollo-Rosso-Salaten / schenke sie später einigen
Cheerleadergirls zum Wedeln her / bin ich doch scharf
auf ein neues / weißes Gerät / ich suche da noch
nach einem spannenden Käse / einem stylischen
der meinem Kind Spaß machen könnte

Dombrowski, Dominik: Fooddesign. In: Buchwald, Christoph; Gomringer, Nora (Hrsg.): Jahrbuch der Lyrik 2015. Deutsche Verlags-Anstalt, München 2015, S. 42.

Arbeitsauftrag

Interpretieren Sie das Gedicht.

Lösungsvorschlag

Die vorliegende Aufgabe verlangt von Ihnen eine ***Gedichtinterpretation****. Diese Arbeitsanweisung umfasst mehrere Teilbereiche:*

- *Beschreibung* ***formaler Aspekte*** *(mit Wirkung)*
- *Darstellung von* ***Inhalt und Aufbau***
- *Untersuchung* ***sprachlicher Mittel*** *(mit Wirkung)*
- ***Deutung*** *des Gedichts auf Grundlage Ihrer Erkenntnisse*

Eine gründliche Vorarbeit ist die Voraussetzung für eine gelungene Interpretation. Lesen Sie das Gedicht deshalb mehrfach durch. ***Markieren*** *Sie dabei – möglichst mit verschiedenen Farben –* ***alles, was Ihnen auffällt****, sei es formal, inhaltlich, sprachlich oder den Aufbau betreffend. Beziehen Sie dabei auch den* ***Titel*** *mit ein, indem Sie zum Beispiel auf die Erwartungen eingehen, die er in Ihnen geweckt hat. Überlegen Sie, welche Auswirkungen die einzelnen Phänomene auf den Gesamteindruck des Gedichts haben. Wichtig ist es, nicht nur einzelne Stilmittel oder formale Merkmale aufzuzählen, sondern diese* ***mit ihrer Funktion zu benennen*** *und miteinander zu verknüpfen. Im Zusammenspiel von Form und Inhalt sollten Sie zu einer* ***übergeordneten Deutung*** *des Gedichts kommen. Dabei gibt es nicht die eine richtige Lösung. Sie dürfen auch mehrere Lesarten nennen, sofern Sie diese plausibel am Text begründen.*

Ihren Aufsatz beginnen Sie mit einer ***Einleitung****, in der Sie zum* ***Thema*** *des Gedichts hinführen und die* ***Basisinformationen*** *(Autor, Textsorte, Titel, Entstehungsjahr) nennen. Im* ***Hauptteil*** *führen Sie Ihre Feststellungen zu* ***Form, Inhalt, Aufbau und sprachlichen Mitteln*** *aus, wobei Sie die Phänomene mit ihrer Wirkung beschreiben und aufeinander beziehen. Eine* ***abschließende Deutung*** *rundet Ihre Interpretation ab.*

Einleitung

Hinführung zum Thema

Essen – eine lebenswichtige Notwendigkeit, die den Alltag eines jeden Menschen prägt. Deshalb verwundert es nicht, dass das Thema auch in der Literatur immer wieder auf unterschiedlichste Weise aufgegriffen wird: Autorinnen und Autoren thematisieren Hunger ebenso wie Überfluss, quälende Essstörungen ebenso wie genussvolles Essen. Trotz der Allgegenwärtigkeit des Themas sowohl in der alltäglichen als auch in der literarischen Welt

Autor, Textsorte, Entstehungsjahr, Thema

ist es dem Dichter Dominik Dombrowski in seinem im „Jahrbuch der Lyrik 2015“ veröffentlichten Gedicht „Fooddesign“ gelungen, einen innovativen Zugang dazu zu finden. Das lyrische Ich geht im Text über den Geschmack oder Nährwert der Lebensmittel hinaus und betrachtet stattdessen ihren ästhetischen Wert.

Hauptteil

formale Merkmale

Das Gedicht besteht formal aus drei Strophen, die fünf bis acht Verse umfassen (Strophe 1: acht Verse, Strophe 2: fünf Verse,

Strophe 3: sechs Verse). Neben der ungleichmäßigen Verteilung der Verse auf die Strophen fallen die Reimlosigkeit und die freien Rhythmen auf. Diese unregelmäßige Struktur lässt das Gedicht wie eine lose Aneinanderreihung von Gedanken wirken. Zu diesem Eindruck tragen zudem die scheinbar willkürlich gesetzten Zeilen- und Strophensprünge bei, die teils sogar mitten im Wort erfolgen (vgl. V. 12 f., 13 f.). Des Weiteren springen die weitgehend fehlenden Satzzeichen ins Auge. Zu Beginn des Gedichts ist die Zeichensetzung mit jeweils zwei Fragezeichen und Gedankenstrichen noch unauffällig. Ab Vers acht kommen ausschließlich Schrägstriche vor, die teils zwischen zwei Sätzen, teils mitten im Satz stehen. Dabei wirken sie wie kurze Pausen im Gedankenfluss. Das lyrische Ich scheint einen Moment innezuhalten, um sich seine nächsten Worte zurechtzulegen oder zu einer Entscheidung zu kommen. Der weitgehend parataktische Satzbau verleiht dem lyrischen Text einen prosanahen Stil und trägt zum Eindruck einer losen Gedankenreihung bei.

Titel und damit einhergehende Erwartungen

Bereits der Titel „Fooddesign“ legt nahe, dass in dem Gedicht weder der Zweck noch der Geschmack des Essens thematisiert wird, sondern die Ästhetik von Lebensmitteln im Vordergrund steht. Der titelgebende Begriff lässt an Foodstylisten denken, die Nahrungsmittel in Szene setzen, beispielsweise für Werbeprospekte oder Kochbücher. Diese erste Assoziation erweist sich bei einem genaueren Blick auf das Gedicht jedoch als unzutreffend. Bei Dombrowski geht es nicht um das optisch ansprechende Anrichten von Speisen, sondern um die angestrebte Harmonie zwischen den Lebensmitteln und der Kleidung bzw. dem Aussehen des lyrischen Ich.

Aufbau

Das Gedicht lässt sich in drei Sinnabschnitte unterteilen, die nicht mit den Strophen übereinstimmen. In den ersten sieben Versen stellt das lyrische Ich sich selbst Fragen. Von Vers acht bis zum Schrägstrich in Vers 15 geht es um die daraufhin gefassten Entschlüsse, die noch am selben Tag umgesetzt werden sollen. Das Gedicht endet (zweite Hälfte von Vers 15 bis Vers 19) mit den Plänen des lyrischen Sprechers für die folgenden Tage.

Sinnabschnitt 1:

Fragen des lyrischen Ich an sich selbst

Der Einstieg mit „Passt mein Essen noch zu mir“ (V. 1) führt beim ersten Lesen in die Irre. Er lässt an eine Ernährungsumstellung denken, zum Beispiel aufgrund veränderter Lebensgewohnheiten oder Überzeugungen. Die anschließende Frage des lyrischen Ich, ob das Gemüse zu den Schuhen passt, würde sich wohl kaum ein Leser bzw. kaum eine Leserin selbst stellen (vgl.

V. 1 ff.). Diese Abweichung zwischen Erwartung und Gedichttext löst Irritation aus. In den nächsten Versen folgen ähnliche Fragen, die darauf abzielen, ob bestimmte Lebensmittel mit der Kleidung und dem Aftershave des lyrischen Sprechers harmonieren (vgl. V. 4–7). Sprachlich fällt die Doppeldeutigkeit des Verbs „Beißt" (V. 4) auf, das sich einerseits auf nicht zueinanderpassende Dinge bezieht, sich andererseits aber auch dem Themenbereich Essen zuordnen lässt. Dies unterstreicht die im Gedicht vollzogene Verknüpfung zweier Bereiche, die auf den ersten Blick wenig miteinander zu tun haben.

Sinnabschnitt 2: Entschlüsse des lyrischen Ich

Im zweiten Sinnabschnitt fallen die scheinbar willkürlich erfolgenden Zeilensprünge auf. Diese verleihen den Gedanken des lyrischen Ich etwas Sprunghaftes. Die unpassend wirkenden Verknüpfungen von „Apfelbrei" (V. 8) und „Fleisch" (V. 10) mit „Frisur" (V. 9) und „Sommerkontaktlinsen" (V. 12 f.) scheinen das Ergebnis einer spontanen Eingebung zu sein. Ebenso merkwürdig mutet der Plan des lyrischen Ich an, Fleisch mit blauer Lebensmittelfarbe einzufärben (vgl. V. 9 f.). Gleichzeitig machen seine Überlegungen einen wohldurchdachten Eindruck. Dies steht im Kontrast zum Inhalt, denn beim Lesen stellen sich Fragen nach dem Sinnzusammenhang ein. Die Vorstellung, bei den Gedanken des lyrischen Ich handle es sich um einen ausgeklügelten Plan, entsteht durch eine präzise Beschreibung hochwertiger Nahrungsmittel („Fleisch selten / gekreuzter schwedischer Hochleistungsschafe", V. 10 f.). Die Formulierung „kombiniere / dies alles sanft" (V. 11 f.) erinnert an die Beschreibung eines Kochrezepts. Auf ein detailliert geplantes Vorhaben deutet auch der Neologismus „Sommerkontakt- / linsen" (V. 12 f.) hin, der eine gewöhnliche Sehhilfe durch die Zuordnung zu einer Jahreszeit präzisiert. Das lyrische Ich stimmt seine Nahrungsmittel nicht nur auf sein eigenes Aussehen ab, sondern nutzt sie außerdem zur Dekoration seines Kühlschranks (vgl. V. 13 ff.). Die Verwendung des Verbs „garniere[n]" (V. 14) in Bezug auf die Verschönerung des Küchengeräts erweckt Assoziationen an sorgfältig angerichtete Speisen. Auffallend ist des Weiteren die ungewöhnliche Zeitangabe „eine Viertelwoche lang" (V. 14). Diese klingt einerseits durch den enthaltenen mathematischen Bruch nach einer genauen Überlegung seitens des lyrischen Sprechers, andererseits bleibt sie für flüchtige Leserinnen und Leser unbefriedigend vage, denn sieben Tage lassen sich nicht exakt durch vier teilen, ohne eine aufwendige Berechnung anzustellen. Daran zeigt sich abermals der Kontrast zwischen scheinbarer Genauigkeit und merkwürdiger Beliebigkeit, der den gesamten Sinnabschnitt durchzieht.

Sinnabschnitt 3:

Pläne für die kommenden Tage

Zu Beginn des dritten Sinnabschnitts äußert das lyrische Ich seinen Plan, Salat als Pompon-Ersatz an Cheerleaderinnen zu verschenken (vgl. V. 15 f.). Dies ist ein weiterer Hinweis darauf, dass Lebensmittel in Dombrowskis Gedicht nicht anhand ihres Nährwerts oder Geschmacks, sondern anhand ihres Aussehens ausgewählt und beurteilt werden. Anschließend fällt mit „scharf" (V. 16) wie schon in den beiden vorherigen Sinnabschnitten ein Wort auf, dessen Doppeldeutigkeit das Beschriebene – in diesem Fall einen Wunsch des lyrischen Sprechers – mit dem Themenbereich Essen verknüpft. Den ungewöhnlichen, auf Erlebnisse und Ästhetik fokussierten Blickwinkel auf Lebensmittel verdeutlichen die beiden Adjektive „spannen[d]" und „stylisc[h]" (V. 18), die nicht den gängigen Beschreibungen von Käse entsprechen. Abschließend verrät das lyrische Ich, dass es besagten Käse sucht, um sein Kind zu erfreuen (vgl. V. 19). Damit könnte ein Sohn oder eine Tochter des lyrischen Ich gemeint sein. Die zuvor geäußerten merkwürdig anmutenden Einfälle lassen jedoch eher an das innere Kind denken, das im lyrischen Ich zum Vorschein kommt und das gerne mit Lebensmitteln spielen würde.

Schluss

zusammenfassende Deutung

Dombrowskis Gedicht lässt in seiner Widersprüchlichkeit mehrere Deutungen plausibel erscheinen. Es könnte sein, dass der lyrische Sprecher dem Kind in sich freien Lauf lässt. Dies würde den Gegensatz zwischen den kindlich scheinenden Überlegungen mit merkwürdigen Verknüpfungen und der erwachsen wirkenden, präzisen Planungsweise erklären. Nach dieser Lesart könnte das Gedicht ein Plädoyer dafür sein, seinen spontanen Eingebungen zu folgen und das zu tun, was einem persönlich guttut, auch wenn man dafür belächelt wird. Andererseits ist eine gesellschaftskritische Deutung des Gedichts denkbar. Dabei würden auf überspitzte Weise Menschen aufs Korn genommen, die ihr Leben in allen Aspekten durchplanen, sodass nichts dem Zufall überlassen bleibt – beispielhaft dargestellt anhand der skurrilen Frage, ob ein Lebensmittel mit der Kleidung harmoniert. Die verwunderlichen Einfälle des lyrischen Ich wären in diesem Fall als ironische Übertreibungen zu verstehen. Dieser Deutung zufolge stellt das Gedicht einen Appell dar, einmal die Zügel lockerer zu lassen und das Leben auf sich zukommen zu lassen.

Daniel Kehlmann (geb. 1975): **Die Vermessung der Welt: Die Reise**

Im September 1828 verließ der größte Mathematiker des Landes zum erstenmal seit Jahren seine Heimatstadt, um am deutschen Naturforscherkongreß in Berlin teilzunehmen. Selbstverständlich wollte er nicht dorthin. Monatelang hatte er sich geweigert, aber Alexander von Humboldt[1] war hartnäckig geblieben, bis er in einem schwachen Moment und in der Hoffnung, der Tag käme nie, zugesagt hatte.

Nun also versteckte sich Professor Gauß[2] im Bett. Als Minna ihn aufforderte aufzustehen, die Kutsche warte und der Weg sei weit, klammerte er sich ans Kissen und versuchte seine Frau zum Verschwinden zu bringen, indem er die Augen schloß. Als er sie wieder öffnete und Minna noch immer da war, nannte er sie lästig, beschränkt und das Unglück seiner späten Jahre. Da auch das nicht half, streifte er die Decke ab und setzte die Füße auf den Boden.

Grimmig und notdürftig gewaschen ging er die Treppe hinunter. Im Wohnzimmer wartete sein Sohn Eugen mit gepackter Reisetasche. Als Gauß ihn sah, bekam er einen Wutanfall: Er zerbrach einen auf dem Fensterbrett stehenden Krug, stampfte mit dem Fuß und schlug um sich. Er beruhigte sich nicht einmal, als Eugen von der einen und Minna von der anderen Seite ihre Hände auf seine Schultern legten und beteuerten, man werde gut für ihn sorgen, er werde bald wieder daheim sein, es werde so schnell vorbeigehen wie ein böser Traum. Erst als seine uralte Mutter, aufgestört vom Lärm, aus ihrem Zimmer kam, ihm in die Wange kniff und fragte, wo denn ihr tapferer Junge sei, faßte er sich. Ohne Herzlichkeit verabschiedete er sich von Minna; seiner Tochter und dem jüngsten Sohn strich er geistesabwesend über den Kopf. Dann ließ er sich in die Kutsche helfen.

Die Fahrt war qualvoll. Er nannte Eugen einen Versager, nahm ihm den Knotenstock[3] ab und stieß mit aller Kraft nach seinem Fuß. Eine Weile sah er mit gerunzelten Brauen aus dem Fenster, dann fragte er, wann seine Tochter endlich heiraten werde. Warum wolle die denn keiner, wo sei das Problem?

Eugen strich sich die langen Haare zurück, knetete mit beiden Händen seine rote Mütze und wollte nicht antworten.

Raus mit der Sprache, sagte Gauß.

Um ehrlich zu sein, sagte Eugen, die Schwester sei nicht eben hübsch. Gauß nickte, die Antwort kam ihm plausibel vor. Er verlangte ein Buch.

Eugen gab ihm das, welches er gerade aufgeschlagen hatte: Friedrich Jahns *Deutsche Turnkunst*. Es war eines seiner Lieblingsbücher.

Gauß versuchte zu lesen, sah jedoch schon Sekunden später auf und beklagte sich über die neumodische Lederfederung der Kutsche; da werde einem ja noch übler, als man es gewohnt sei. Bald, erklärte er, würden Maschinen die Menschen mit der Geschwindigkeit eines abgeschossenen Projektils von Stadt zu Stadt tragen. Dann komme man von Göttingen in einer halben Stunde nach Berlin.

Eugen wiegte zweifelnd den Kopf.

Seltsam sei es und ungerecht, sagte Gauß, so recht ein Beispiel für die erbärmliche Zufälligkeit der Existenz, daß man in einer bestimmten Zeit geboren und ihr verhaftet sei, ob man wolle oder nicht. Es verschaffe einem einen unziemlichen Vorteil vor der Vergangenheit und mache einen zum Clown der Zukunft.

Eugen nickte schläfrig.

Sogar ein Verstand wie der seine, sagte Gauß, hätte in frühen Menschheitsaltern oder an den Ufern des Orinoko[4] nichts zu leisten vermocht, wohingegen jeder Dummkopf in 200 Jahren sich über ihn lustig machen und absurden Unsinn über seine Person erfinden könne. Er überlegte, nannte Eugen noch einmal einen Versager und widmete sich dem Buch. Während er las, starrte Eugen angestrengt aus dem Kutschenfenster, um sein vor Kränkung und Wut verzerrtes Gesicht zu verbergen.

In der *Deutschen Turnkunst* ging es um Gymnastikgeräte. Ausführlich beschrieb der Autor Vorrichtungen, die er sich ausgedacht hatte, damit man auf ihnen herumklimmen könne. Eine nannte er Pferd, eine andere den Balken, wieder eine andere den Bock.

Der Kerl sei von Sinnen, sagte Gauß, öffnete das Fenster und warf das Buch hinaus. Das sei seines gewesen, rief Eugen.

Genau so sei es ihm vorgekommen, sagte Gauß, schlief ein und wachte bis zum abendlichen Pferdewechsel an der Grenzstation nicht mehr auf.

[...]

Kehlmann, Daniel: Die Vermessung der Welt. Rowohlt Verlag GmbH, Reinbek bei Hamburg 2005, S. 7–9.

1 von Humboldt, Alexander (1769–1859): Forschungsreisender, Naturwissenschaftler, Universalgelehrter
2 Gauß, Johann Carl Friedrich (1777–1855): deutscher Mathematiker, Statistiker, Astronom, Physiker aus Göttingen
3 Knotenstock: Gehstock mit verdickten Auswüchsen
4 Orinoko: Fluss in Südamerika

Arbeitsauftrag

Interpretieren Sie den Romananfang.

Lösungsvorschlag

*Mit der Wahl der Aufgabe 2 haben Sie sich für die **Interpretation eines literarischen Textes** entschieden. Dabei sollen Sie zeigen, dass Sie die dafür erforderlichen Schritte der inhaltlichen **Erfassung, Analyse und Deutung des vorliegenden Romanauszugs** angemessen anwenden können.*
*Ihren Text gliedern Sie in Einleitung, Hauptteil und Schluss. Beginnen Sie Ihren Aufsatz mit einem sogenannten **Übersichtssatz**, in dem die grundlegenden Informationen gegeben werden: Titel des Werkes sowie sein Verfasser, das Erscheinungsjahr sowie die Textsorte und das Thema des Textes. Das Formulieren eines **Einstiegs**, der das Interesse der Leserinnen und Leser weckt, ist eine Möglichkeit, mehr als nur die bloßen Basisinformationen zu nennen. So könnten Sie beispielsweise ausgehend vom Namen des Protagonisten, der Ihnen als historische Persönlichkeit vielleicht bekannt ist, Ihren Einstiegsgedanken entwickeln.*
*Im Hauptteil sollte der **Inhalt des Textes kurz zusammengefasst** werden. Dabei gilt es, die zentralen Handlungsschritte des Romanauszugs wiederzugeben und das Geschehen kompakt darzustellen. Bei der sich anschließenden **Textanalyse** bietet es sich im vorliegenden Fall an, die **Charakterisierung der Hauptfigur** ins Zentrum des Hauptteils zu stellen, da auch der Ausgangstext darauf abzielt, die Hauptfigur zu Beginn des Romans durch ihr markantes Auftreten einzuführen. In die Charakterisierung können Sie auch Ihre Beobachtungen zur **sprachlich-stilistischen Gestaltung des Textes** einarbeiten. In die Analyse sollten unbedingt auch Bemerkungen zur **Erzählperspektive** sowie zum **Erzählverhalten** einfließen. Ebenso können Sie auf die Zeitgestaltung des Erzählens hinweisen. Achten Sie bei diesem Teil auch auf die korrekte Verwendung von Fachbegriffen und denken Sie daran, Ihre Befunde durch **passende Zitate** zu stützen.*
*Fassen Sie am Ende Ihre Ergebnisse im Rahmen einer **abschließenden Deutung** zusammen. Fragen Sie sich dabei, was das Besondere an der Darstellung der ambivalenten Hauptfigur ist.*

Einleitung
Einstiegsgedanke

Johann Carl Friedrich Gauß – auch über 150 Jahre nach seinem Tod ist der Name dieses Mathematikers vielen Menschen ein Begriff. Wie wäre es gewesen, den Gelehrten zu seinen Lebzeiten getroffen zu haben? Wäre man beeindruckt von seiner Weisheit und fasziniert von seiner Leidenschaft für Mathematik? In seinem 2005 erschienenen Roman „Die Vermessung der Welt“ zeichnet Daniel Kehlmann ein wenig schmeichelhaftes Bild von Gauß. Im vorliegenden Textauszug wird erzählt, wie Gauß nur widerwillig sein Zuhause in Göttingen verlässt, um an einem Naturforscherkongress in Berlin teilzunehmen. Seinen Unmut über die bevorstehende Reise lässt Gauß auch seinen Sohn Eugen

Grunddaten zum Romanauszug

spüren, der ihn auf der Kutschfahrt nach Berlin begleitet. Daniel Kehlmann thematisiert dabei die Vielschichtigkeit großer Persönlichkeiten, die nicht nur Außerordentliches geleistet haben, sondern auch ihre Eigenheiten und Fehler hatten.

Hauptteil

Zusammenfassung des Inhalts

Der gegebene Textauszug gliedert sich in zwei Teile. Zunächst erfolgt im ersten Teil in einer Art Exposition eine räumliche und zeitliche Einordnung der Handlung. An einem Septembertag im Jahr 1828 bricht Gauß von seiner Heimatstadt nach Berlin auf, um dort auf Einladung Alexander von Humboldts an einer Zusammenkunft von Naturforschern teilzunehmen. Anschließend wird geschildert, wie der Gelehrte nur unter Protest sein Haus verlässt. Als ihn seine Frau Minna am Morgen zum Aufbruch mahnt, beleidigt er diese und kommt nur zögerlich aus dem Bett. Seinen Missmut lässt er auch seinen Sohn spüren, der ihn im Wohnzimmer erwartet. Nachdem auch gutes Zureden seiner Frau und seines Sohnes ohne Erfolg bleibt, sind es erst die Ermutigungen von Gauß' Mutter, die den Gelehrten dazu bewegen, in die Kutsche zu steigen. Den zweiten Teil des Auszugs bildet ein Gespräch zwischen Gauß und seinem Sohn Eugen während der Kutschfahrt nach Berlin. Darin äußert Gauß seine Verwunderung darüber, dass seine Tochter noch ledig ist, lamentiert über die vermeintliche Rückständigkeit seiner Zeit und wirft, bevor er einschläft, das Lieblingsbuch seines Sohnes aus dem Fenster.

Charakterisierung der Hauptfigur und sprachliche Mittel

Alter, Beruf, Familie, soziale Stellung

Im Zentrum des Romanauszugs steht der Protagonist Johann Carl Friedrich Gauß. Dieser ist zum Zeitpunkt der Handlung über 50 Jahre alt (vgl. Z. 1 bzw. Anmerkung zur Person) und lebt zusammen mit seiner Frau Minna (vgl. Z. 9 f.), seinen beiden Söhnen (vgl. Z. 13, 21 f.), seiner Tochter (vgl. Z. 31) sowie seiner hochbetagten Mutter (vgl. Z. 19) in Göttingen (vgl. Z. 39). Gleich im ersten Satz wird er als „der größte Mathematiker des Landes“ (Z. 1) bezeichnet. Der Superlativ verdeutlicht, dass es sich bei Gauß um einen hochbegabten Mann handelt, der zur geistigen Elite seiner Zeit zählt. Sein Titel als „Professor“ (Z. 6) deutet auf eine Tätigkeit an der Universität und damit einhergehend auf eine hohe soziale Stellung hin. Das legt auch die Tatsache nahe, dass er von einem anderen angesehenen Gelehrten, nämlich Alexander von Humboldt (vgl. Z. 4), zu einem Naturforscherkongress eingeladen worden ist (vgl. Z. 2 f.).

scharfer Verstand

Die hohe Intelligenz der Hauptfigur zeigt sich auch im weiteren Textverlauf. Auf der Kutschfahrt teilt er Eugen seine visionären Ideen über das Reisen in naher Zukunft mit. Er prognostiziert, dass dann „Maschinen die Menschen mit der Geschwindigkeit eines abgeschossenen Projektils von Stadt zu Stadt tragen" (Z. 37 ff.) werden. Eugen jedoch zweifelt an dieser Vorhersage. Gauß lässt sich davon aber nicht irritieren und führt seine Gedanken konzentriert fort (vgl. Z. 42–46). Die Leserinnen und Leser wissen natürlich, dass sich Gauß' Vision als richtig erweisen wird – wir reisen heute in schnellen Zügen oder legen im Flugzeug riesige Entfernungen in wenigen Stunden zurück. Gauß erscheint dadurch als hochintelligenter und scharfsinniger Visionär, der seiner Zeit weit voraus ist.

infantiles Verhalten

Umso erstaunlicher ist es, dass der Protagonist in seinem sozialen Umfeld ein äußerst unreifes Verhalten an den Tag legt. Das lässt sich etwa daran erkennen, dass er wie ein Kind agiert und nicht in der Lage ist, seine Affekte zu kontrollieren. Als der Reisetag anbricht, versteckt er sich im Bett, klammert sich ans Kissen und schließt die Augen, als könne alles Unliebsame um ihn herum verschwinden, wenn er es nicht mehr sieht (vgl. Z. 6–9). Den Hinweis seiner Frau Minna auf die wartende Kutsche und den weiten Weg ignoriert er nicht nur, sondern er beleidigt seine Frau, indem er ihr vorwirft, „lästig, beschränkt und das Unglück seiner späten Jahre" (Z. 10) zu sein. Durch diese Beschimpfungen, die in Form einer Klimax angeordnet sind, lässt Gauß erkennen, dass er zunehmend in Rage gerät. Beim Anblick der gepackten Reisetasche überkommt den Gelehrten ein Wutausbruch und er zerbricht einen „Krug, stampf[t] mit dem Fuß und [schlägt] um sich" (Z. 15). Die Aufzählung solcher Verhaltensweisen lässt Gauß wie ein bockiges und jähzorniges Kleinkind erscheinen. Womöglich ist ein solches cholerisches Verhalten seiner Familie nicht fremd, denn sowohl Minna als auch Eugen reagieren besonnen darauf und versuchen, Gauß zu beruhigen. Sie legen „ihre Hände auf seine Schultern" (Z. 16 f.) und reden sanft auf ihn ein. Der Vergleich, die Reise müsse ihm „wie ein böser Traum" (Z. 18) erscheinen, lässt sogar erkennen, wie sehr sich Ehefrau und Sohn in Gauß' Situation einfühlen. Aber erst das Erscheinen seiner Mutter, die nicht nur als alt, sondern emphatisch als „ural[t]" (Z. 19) bezeichnet wird, führt zur Auflösung der Situation. Sie kneift ihren Sohn in die Wange und fragt, „wo denn ihr tapferer Junge sei" (Z. 20). Die verniedlichende Anrede führt dazu, dass Gauß schließlich ruhig wird.

Dieser Gegensatz zwischen dem Scharfsinn des mathematischen Genies und seinem wenig ausgeprägten Sozialverhalten, das auf dem Stand eines Kleinkindes ist, ist womöglich eine Ursache für die Unzufriedenheit der Hauptfigur. Gauß äußert sich zum einen in einer Reihe von Klagen über die Unannehmlichkeiten und Rückständigkeit seiner Zeit. So beschwert er sich etwa über die neue Federung der Kutsche (vgl. Z. 35 ff.) und bedauert, nicht in naher Zukunft geboren worden zu sein, in der ein schnelleres Reisen möglich sei (vgl. Z. 37–40). Daneben jammert er über die Zufälligkeit der eigenen Existenz (Z. 42–46). Letzteres teilt Gauß in einem längeren Redebeitrag mit. Die hypotaktische Formulierung weist an dieser Stelle darauf hin, dass sich der ansonsten eher wortkarge Gelehrte nur dann umfassend äußern möchte, wenn er sich über etwas beschweren kann.

allgemeine Verdrossenheit

Daneben wird die Unzufriedenheit des Mathematikers in dem distanzierten und wenig empathischen Verhalten gegenüber seiner Familie deutlich. Seiner Frau Minna wirft Gauß mehrere Beleidigungen an den Kopf, als sich diese darum kümmern will, dass er rechtzeitig die Reise nach Berlin antritt (vgl. Z. 9 f.). Bei seinem Abschied trennt er sich „[o]hne Herzlichkeit“ (Z. 21) von seiner Ehefrau. Diese wenig einfühlsame Haltung legt er auch seinen Kindern gegenüber an den Tag. Das zeigt sich etwa daran, dass er seiner Tochter und dem jüngsten Sohn vor dem Besteigen der Kutsche „geistesabwesend über den Kopf“ (Z. 22) streicht. Seinem ältesten Sohn gegenüber ist Gauß sogar aggressiv. Er bezeichnet in mehrmals als „Versager“ (Z. 24, 52), wirft dessen Lieblingsbuch aus dem Fenster der Kutsche (vgl. Z. 59 f.) und übt auch physische Gewalt gegen Eugen aus (vgl. Z. 25). Ebenso scheint die väterliche Bindung zur Tochter wenig ausgeprägt. In nüchternem Ton fragt er Eugen, „[w]arum […] die denn keiner [wolle]“ (Z. 27). Auffällig ist, dass er seine Tochter dabei nicht beim Namen nennt, sondern lediglich das Pronomen „die“ verwendet. Daran zeigt sich auch in Gauß’ Sprache die Distanz gegenüber seinen Kindern. Auf die Erklärung Eugens, „die Schwester sei nicht eben hübsch“ (Z. 31), bleibt der zu erwartende Protest des Vaters aus, denn „die Antwort [kommt] ihm plausibel vor“ (Z. 32). Auch bei seiner Beurteilung familiärer Angelegenheiten legt der Mathematiker also rein logische Maßstäbe an, tiefergehende Gefühle scheinen für ihn keine Rolle zu spielen.

emotionale Kälte gegenüber seiner Frau und seinen Kindern

Dass Gauß zu Beginn des Romans so markant in Erscheinung tritt, liegt nicht allein an den charakterlichen Merkmalen der Figur selbst, sondern auch am Gebrauch der erzähltechnischen Mittel. Der auktoriale Erzähler fokussiert sich vorwiegend auf das Verhalten und die Gefühle des Protagonisten. Nur an wenigen Stellen erhält man beim Lesen auch einen Einblick in die Innensicht anderer Figuren (vgl. z. B. Z. 53 f.). Der Erzählerbericht, bei dem die Ereignisse am Morgen des Reisetags zeitraffend wiedergegeben werden, trägt zu einer Straffung des Geschehens bei. Schlag auf Schlag werden jene Äußerungen und Verhaltensweisen des Mathematikers wiedergegeben, bei denen seine Gereiztheit und mangelnde Beherrschung zutage treten. Andere Vorgänge, die in Bezug auf die Charakterisierung der Hauptfigur nebensächlich sind, werden ausgeblendet oder nur kurz erwähnt. So meint der Erzähler zur Kutschfahrt lediglich: „Die Fahrt war qualvoll." (Z. 24) Somit kann er sich auf das Geschehen in der Kutsche konzentrieren. Das darin stattfindende Gespräch zwischen Vater und Sohn wird durch Gauß' längere Redebeiträge annähernd zeitdeckend erzählt. Die Handlung ist hier in eine Szene eingebettet, bei der sich der Erzähler von der Hauptfigur deutlich abgrenzt. Diese Distanzierung des Erzählers, die den gesamten Romanauszug kennzeichnet, kommt auf unterschiedliche Weise zum Ausdruck. Der Erzähler verzichtet auf Kommentierungen und charakterisiert den Protagonisten überwiegend indirekt über sein Auftreten und seine Äußerungen anderen gegenüber. Am auffälligsten ist aber, dass die Wiedergabe der Gespräche fast ausschließlich in der indirekten Rede unter Verwendung des Konjunktiv I erfolgt (einzige Ausnahme in Z. 30). Zum einen schafft der Erzähler damit eine gewisse Fremdheit, die der unterkühlten Vater-Sohn-Beziehung entspricht und das distanzierte Verhältnis des Protagonisten zu seiner Familie und zur Welt unterstreicht. Zugleich werden die Leserinnen und Leser dadurch aber auch in eine Art Zuschauerrolle gedrängt, bei der sie von außen – wie in einem Film – auf das Geschehen blicken. Das Erzählverhalten am Beginn des Romans lässt also darauf schließen, dass es gar nicht auf die Identifikation mit der Hauptfigur ankommt, sondern es im Gegenteil eher darum geht, von dieser abzurücken.

Distanzierung von der Hauptfigur durch erzähltechnische Mittel

Zusammenfassend kann festgehalten werden, dass der Romananfang darauf abzielt, den Mathematiker Gauß als höchst zwiespältige Figur darzustellen. Einerseits enthält der Text Hinweise

Schluss

zusammenfassende Deutung

auf die Genialität des Göttinger Gelehrten, andererseits wird die Figur angesichts ihrer infantilen Verhaltensweisen ins Lächerliche gezogen. Darüber hinaus trägt das Erzählverhalten dazu bei, dass man sich als Leser bzw. als Leserin von dem Protagonisten distanziert. Eine mögliche Lesart des Textes könnte darin bestehen, herausragende Persönlichkeiten nicht allein nach ihren besonderen Leistungen zu beurteilen, sondern im Hinterkopf zu behalten, dass diese auch „nur Menschen" sind und ihre Schwächen und Eigenheiten haben.

Anuschka Eberhardt: Endlich Kinderzeit

Laufend ist die Rede davon, Schulkinder zu Hause seien eine Zumutung. Höchste Zeit, mal das Positive zu sehen

Wenn man in den vergangenen Wochen die Zeitungen aufschlug, bekam man den Eindruck, Kinder seien nicht mehr als eine Zumutung. Corona sei für Familien mit Kindern eine „Belastungskrise" hieß es da, Frauen drohe eine „entsetzliche Retraditionalisierung", und in der *ZEIT* sagte Umweltministerin Svenja Schulze auch noch, sie fände es „besorgniserregend", dass Frauen „den größten Teil der Kinderbetreuung übernähmen".

Ich finde es irritierend, dass in der aktuellen Diskussion von Kindern nur noch als einem Belastungsfaktor und Karrierekiller für Eltern im Allgemeinen und Mütter im Besonderen gesprochen wird, den es endlich wieder wegzuorganisieren gilt. Ich und die Eltern in meinem Bekanntenkreis erleben diese Zeit anders.

Es stimmt, die lange währende Situation mit geschlossenen Kitas und Schulen ist nicht leicht zu bewältigen, vor allem natürlich für Familien, die in beengten, vielleicht prekären Verhältnissen leben. Auch ich mit Haus und großem Garten komme beim Homeschooling mit unseren zwei Grundschulkindern und der Betreuung unseres Sechsjährigen regelmäßig an meine nervlichen Grenzen. Aber es ist ja nicht so, als wäre der familiäre Alltag ansonsten spannungsfrei.

Es wird suggeriert, dass es momentan keine größere Belastung gäbe, als sich einige Wochen oder Monate ausschließlich persönlich um die eigenen Kinder zu kümmern. Man könnte den Eindruck gewinnen, in unserem Gesellschaftssystem sei dies nicht mehr vorgesehen. Wenn Kinder nur noch ein Faktor sind, den es gilt, möglichst früh möglichst umfangreich fremdbetreuen zu lassen, frage ich mich schon: wozu welche bekommen? All die politischen Versprechungen nach dem Motto „Ihr könnt alles haben: erfülltes Familienleben, Selbstverwirklichung im Beruf, steile Karriere und Quality-Time für euch selbst" werden gerade stark infrage gestellt – für Mütter und für Väter.

Immer wieder werden Familien in Studien gefragt, was sie verändern möchten. Die Antwort bleibt dieselbe: Sie wünschen sich mehr gemeinsame Zeit. Et voilà, da ist sie! Kann die nun gewonnene termin- und pendelfreie Zeit nicht auch ein Gewinn sein? So erlebe ich dies in unserem Bekanntenkreis durchaus: Familien, die deutlich mehr gemeinsam unternehmen, oder Geschwister, die durch gemeinsames Spiel wieder zusammenfinden.

Schon von einigen Müttern habe ich gehört, dies sei nun eine gute Gelegenheit, sich zu überlegen, was man wirklich will, welche Termine man beibehalten möchte und ob man den ohnehin ungeliebten Flötenunterricht vielleicht streichen kann.

Was ebenfalls unterschlagen wird: Kinder brauchen nicht rund um die Uhr Betreuung und Bespaßung! In der Regel sind sie in der Lage, sich einige Zeit selbst zu beschäftigen. Auch ohne Ruhigstellung durch Tablet, Netflix und Co – die sicher in vielen Haushalten in den vergangenen Wochen zum Einsatz kamen. Kinder kommen, wenn man sie nur lässt, mitunter auf pfiffige Ideen – zugegebenermaßen nicht immer zur Freude der Eltern. Unser Jüngster betreibt nun „Ameisenstudien“, die Tiere schleppt er an und leider oft ins Haus. Die Größte setzt das Badezimmer unter Wasser, weil die Barbies gebadet werden müssen. Na und? Gebe ich ihnen kleine Freiheiten, gewinne ich auch Zeit für mich.

Die *Süddeutsche Zeitung* schrieb in der vergangenen Woche, dass gerade gut situierte Eltern die „Erziehungs- und Bildungsverantwortung“ abgegeben haben, und fragte: Haben sie „dabei die eigene Kompetenz als Eltern verloren?“

Hoffentlich nicht! Ich möchte keine Lebensentwürfe gegenüberstellen, ich wünsche mir in der momentanen Debatte jedoch, dass von Kindern mehr als Bereicherung gesprochen wird – auch und gerade angesichts der momentanen Herausforderungen! Wie mögen die Kinder sich fühlen, wenn von ihnen nur noch als häuslichem Störfaktor die Rede ist?

Eberhardt, Anuschka: Endlich Kinderzeit. In: DIE ZEIT N°24, 4. Juni 2020, S. 20.

Arbeitsauftrag

Analysieren Sie die argumentative Entfaltung der Autorenposition.
Setzen Sie sich mit dem Thema *Kinder im Spannungsfeld zwischen Bereicherung und Belastung* auseinander.

Lösungsvorschlag

Der Arbeitsauftrag verlangt von Ihnen zwei Aufgaben: Zuerst sollen Sie den vorliegenden Text, den Kommentar „Endlich Kinderzeit“ von Anuschka Eberhardt, in seiner ***argumentativen Ausgestaltung analysieren****. In einem zweiten Schritt geht es darum, sich mit dem darin enthaltenen Thema in Form einer dialektischen* ***Erörterung*** *auseinanderzusetzen und* ***eine eigene, begründete Position zu entwickeln*** *mit Beleuchtung der beiden Seiten: bereichernde und belastende Aspekte bei der Betreuung von Kindern innerhalb der Familie.*
Dazu lesen Sie sich den Text am besten mindestens zweimal durch. Markieren Sie dabei ***Sinnabschnitte****, wichtige Begriffe und* ***Auffälligkeiten bei der sprachlichen Gestaltung****. Dazu ist es hilfreich, sich am Rand des Textes bereits* ***Beobachtungen zur Argumentation*** *Eberhardts zu notieren. Bei der Ausarbeitung achten Sie darauf, sich von der Sprache des Textes zu lösen und die Kernaussagen mithilfe des eigenen Wortschatzes neu zu formulieren. Die Analyse erfolgt im* ***Präsens****.*
Ihre ***Einleitung*** *soll dazu dienen, zum Thema von Eberhardts Text hinzuführen. Außerdem enthält sie* ***die wichtigsten Informationen zum Text*** *(Autorin, Titel, Textsorte, Erscheinungsort und -jahr, Kernthema).*
Im ***Hauptteil*** *Ihres Aufsatzes* ***analysieren*** *Sie zunächst abschnittsweise den Text und achten dabei insbesondere auf die* ***Argumentationsstruktur der Autorin:*** *ihre Thesen, Begründungen, Beispiele und deren Ausgestaltung. Berücksichtigen Sie dabei aber auch sämtliche Auffälligkeiten des Textes wie* ***sprachliche und stilistische Mittel****, die Eberhardt verwendet, um ihrer Argumentation Nachdruck zu verleihen. Zeigen Sie auf, wie diese Mittel ihre Argumentation stützen. Auch die* ***Leserlenkung*** *kann einen weiteren Analyseaspekt darstellen. Achten Sie jeweils auf das korrekte Zitieren des Textes mit Zeilenangaben.*
Der zweite Teil besteht aus der ***Erörterung*** *des Themas. Verlangt ist eine dialektische Herangehensweise, da Sie darlegen sollen, inwiefern Kinder* ***sowohl eine Bereicherung als auch eine Belastung*** *sein können. Dazu können Sie Argumente aus dem Text aufgreifen, überlegen sich aber auch eigene Argumente zu dieser Fragestellung. Nehmen Sie sich also bei der Stoffsammlung ausreichend Zeit, um über den Text hinauszudenken und eigene Argumente zu entwickeln. Bevor Sie mit dem Schreiben beginnen, sollten Sie sich Gedanken zum Aufbau Ihrer Argumentation machen. Sie können die Pro- und Kontra-Argumente* ***entweder nach dem Reißverschlussverfahren****, d. h. im Wechsel, anordnen,* ***oder Sie wählen eine blockweise Darstellung****. Schließen Sie mit einem Argument auf der Seite, der Sie sich selbst eher anschließen.*
Am Ende kommen Sie im ***Schlussteil*** *zu einem persönlichen Fazit, das entweder mit der Meinung der Autorin übereinstimmt oder mehr oder weniger davon abweicht.*

Bis vor zweieinhalb Jahren hätte sich kaum jemand in Deutschland ernsthaft vorstellen können, dass es einmal flächendeckende Schulschließungen geben würde und das für sehr lange Zeit. Die Corona-Krise führte zu dieser Situation und damit auch zu einem veränderten Alltag für Familien. Für viele stellten Homeschooling und Kinderbetreuung eine große Herausforderung dar. Im Kommentar „Endlich Kinderzeit", der von Anuschka Eberhardt verfasst wurde und am 04. 06. 2020 in der Wochenzeitung „DIE ZEIT" erschienen ist, bemängelt die Autorin, dass in diesem Zusammenhang die Betreuung von Kindern in Politik, Medien und Gesellschaft einseitig als Belastung gesehen wird und die damit verbundenen positiven Aspekte zu wenig in den Blick rücken.

Einleitung

Hinführung zum Thema

Autorin, Textsorte, Titel, Entstehungsjahr, Thema

Zu Beginn ihrer Argumentation macht Anuschka Eberhardt eine Bestandsaufnahme von Zeitungsberichten der letzten Wochen zum Thema „Kinderbetreuung in Coronazeiten". Dabei führt sie mehrere Zitate an, in denen Kinder einseitig als „Zumutung" (Z. 2) bezeichnet werden. Zudem zitiert sie eine Aussage der Politikerin Svenja Schulze, die die Tatsache, dass Kinderbetreuung überwiegend von Frauen geleistet wird, negativ wertet (vgl. Z. 5 f.). Durch die Aneinanderreihung mehrerer Zitate schafft die Autorin aufseiten der Leserschaft ein Problembewusstsein. Die zitierten Aussagen werden im Konjunktiv wiedergegeben. Das ist zum einen auf die indirekte Zitierweise zurückzuführen. Zum anderen möchte sich Eberhardt dadurch aber auch deutlich von dem negativen Bild abgrenzen, das ihrer Meinung nach in Medien und Politik von der Kinderbetreuung gezeichnet wird.

Hauptteil, Teil 1

Analyse der Argumentation

Sensibilisierung für die Thematik

Daran anschließend formuliert die Autorin ihre These, Kinder seien nicht in erster Linie als Störfaktor zu betrachten. Dazu führt sie ihre eigene Wahrnehmung und die anderer Eltern als Erfahrungsargument an (vgl. Z. 10). Die beiden Sätze, die auf den ersten Absatz folgen, leitet die Autorin jeweils mit dem Personalpronomen „[i]ch" (Z. 7, 10) ein. Dadurch hebt sie ihre subjektive Sicht hervor und stellt sie gezielt den Eingangszitaten gegenüber. Neben der eigenen Wahrnehmung führt sie auch das Erleben anderer Eltern an.

eigene Positionierung: Kinder als Bereicherung

Hier räumt Eberhardt ein, dass die Kita- bzw. Schulschließungen zu Lockdown-Zeiten eine große Herausforderung für Familien seien. Dabei geht sie nicht nur von ihrer eigenen Situation mit Haus und Garten aus, sondern denkt auch an „Familien, die in beengten, vielleicht prekären Verhältnissen leben" (Z. 12 f.). Unmittelbar danach entkräftet sie dies jedoch mit dem Hinweis

Entkräften eines Einwands

darauf, dass Spannungen und nervliche Belastungen prinzipiell zum Familienleben dazugehörten (vgl. Z. 15 f.). Indem die Autorin auch auf Einwände gegen ihre eigene Position eingeht, demonstriert sie ihr Bemühen um eine ausgewogene Darstellung. Bei vielen Leserinnen und Lesern wird das dazu führen, sich auf die weitere Argumentation der Autorin einzulassen, auch wenn sie nicht ihrer Meinung sind. Durch das emphatisch vorgebrachte Eingeständnis, „[a]uch [sie] […] komme beim Homeschooling […] an [ihre] nervlichen Grenzen“ (Z. 13 ff.), sichert sich die Verfasserin die Zuneigung ihrer Leserschaft.

Entfaltung der Argumentation: Infragestellungen gängiger Ideale

Im Folgenden argumentiert Eberhardt gegen eine einseitig negative Darstellung der familiären Kinderbetreuung, indem sie provokativ fragt: „Wenn Kinder nur noch ein Faktor sind, den es gilt, möglichst früh möglichst umfangreich fremdbetreuen zu lassen, frage ich mich schon: wozu welche bekommen?“ (Z. 20 ff.) Dabei übt sie Kritik an Gesellschaft und Politik, die ihrer Meinung nach zweifelhafte Versprechungen einer völlig problemlosen Vereinbarkeit von Kind und Karriere machen würden. Die Autorin zählt mehrere Ideale in Bezug auf das Selbstverwirklichungsstreben im Beruf und der Familie auf und deutet dadurch an, dass nicht alle Ziele in gleichem Maße zu erreichen seien (vgl. Z. 23 ff.).

Wunsch nach mehr gemeinsamer Zeit seitens der Familien

Zur Untermauerung ihrer Sichtweise verweist die Autorin auch auf Studien, die belegen sollen, dass in vielen Familien der zentrale Wunsch nach mehr gemeinsamer Zeit geäußert werde (vgl. Z. 26 f.). Auch an dieser Stelle bezieht sie die Leserinnen und Leser mit ein, indem sie die suggestive Frage stellt: „Kann die nun gewonnene termin- und pendelfreie Zeit nicht auch ein Gewinn sein?“ (Z. 28 f.) Dies bejaht sie mit Erfahrungen aus ihrem Bekanntenkreis und nennt als Beispiele gemeinsame Unternehmungen innerhalb der Familie (vgl. Z. 30) und die Verbesserung der Beziehung von Geschwistern durch gemeinsames Spiel (vgl. Z. 30 f.). Auch die Gelegenheit zur Priorisierung von Freizeitaktivitäten führt Eberhardt als einen von vielen Müttern empfundenen Vorteil an (vgl. Z. 32 ff.).

Ausweitung des Gedankengangs: Förderung des freien Spiels

Nun wendet sich die Autorin zur Begründung ihrer These einem weiteren Gesichtspunkt zu: Aus ihrer Sicht benötigen Kinder keine ständige Aufsicht und Unterhaltung durch Erwachsene und wissen auch ohne „Tablet, Netflix und Co“ (Z. 37), wie sie ihre Freizeit gestalten können. Der negativ konnotierte Begriff „Ruhigstellung“ (ebd.) lässt erkennen, dass Eberhardt von einem Zeitvertreib durch elektronische Medien wenig hält. Anhand von

Beispielen, wie ihre eigenen Kinder die Zeit verbringen, veranschaulicht sie, dass Heranwachsende auch ohne mediale Ablenkung dazu in der Lage seien, sich selbst zu beschäftigen, was wiederum Freiräume für die Eltern mit sich bringe (vgl. Z. 40–43). Wie bereits zuvor stellt die Autorin den Leserinnen und Lesern erneut eine provokative Frage, die einem Artikel der „Süddeutschen Zeitung" entnommen ist: Haben Erziehungsberechtigte „die eigene Kompetenz als Eltern verloren" (Z. 46)? „Hoffentlich nicht!" (Z. 47), antwortet die Autorin in Form eines elliptischen Ausrufs, der zugleich als Appell, in der Erziehung Verantwortung zu übernehmen, zu verstehen ist. Abschließend fasst Eberhardt ihre Argumentation in Form eines persönlichen Wunsches zusammen, und zwar, „dass von Kindern mehr als Bereicherung gesprochen wird – auch und gerade angesichts der momentanen Herausforderungen" (Z. 48 ff.). Die Autorin beendet ihre Ausführungen nachdrücklich, indem sie sich auf die Wahrnehmung derjenigen besinnt, um die es im Text eigentlich geht. Sie fragt: „Wie mögen die Kinder sich fühlen, wenn von ihnen nur noch als häuslichem Störfaktor die Rede ist?" (Z. 50 f.)

Appell zur Veränderung der Debattenkultur

In Übereinstimmung mit Eberhardt ist festzuhalten, dass Kinder eine große Bereicherung sein können. Es darf jedoch nicht außer Acht gelassen werden, dass es auch mit Einschränkungen bzw. Belastungen verbunden ist, Kinder großzuziehen. Dieses Spannungsfeld soll im Folgenden näher beleuchtet werden.

Hauptteil, Teil 2

Texterörterung

Hinführung

Sich für Kinder zu entscheiden, bedeutet in jedem Fall, einen Teil der eigenen Freiheiten aufzugeben. Die Zeit, die man für die Fürsorge und Erziehung der Kinder benötigt, fehlt in anderen Lebensbereichen. So muss man beispielsweise für sich persönlich ausloten, wie stark man berufliches Fortkommen und Familienzeit jeweils gewichtet (vgl. Z. 23 ff.). Möchte man Zeit in Weiterbildungen investieren oder lieber viel Zeit für die Kinder haben? Auch die verfügbare Zeit für den Partner oder die Partnerin schwindet und schließlich ist es nicht mehr so einfach möglich, soziale Kontakte mit Freunden oder Bekannten zu pflegen oder Hobbys nachzugehen, die oftmals ein wichtiger Ausgleich zur Arbeit sind. Das verdeutlicht auch die Aussage der Autorin, die meint, sie müsse im Familienleben Zeit für sich „gewinne[n]" (Z. 43). Als Vater oder Mutter ist es ohne Zweifel nicht immer leicht, Momente zu finden, in denen man eigenen Interessen nachgehen kann.

Kinder als Belastung:

Einschränkung persönlicher Freiheiten

Anstrengungen bei Erziehung und Förderung der Kinder

Eine weitere Belastung kann die Erziehung und Förderung der Kinder sein. Denn dies ist mit großen Herausforderungen verbunden. Beispielsweise erfordert ein guter Umgang des Nachwuchses mit Medien viel Erziehungsarbeit: ein gesundes Maß an Medienkonsum, der richtige Gebrauch des Smartphones, eine zeitlich begrenzte Beschäftigung mit Computerspielen – das alles muss erst erlernt werden. Besonders die oft hohen Leistungsanforderungen in der Schule müssen bewältigt werden. Häufig ist häusliche Unterstützung notwendig, damit die Kinder zurechtkommen. Während des Corona-Lockdowns war das durch das Homeschooling verstärkt notwendig (vgl. Z. 14) und brachte nicht wenige Eltern an ihre „nervlichen Grenzen" (Z. 15). Auch in ihrer Freizeit brauchen Kinder Förderung und Unterstützung bei der Ausbildung ihrer Fähigkeiten. Das kann für die Eltern bedeuten, ihre Kleinen jede Woche zum Flötenunterricht (vgl. Z. 34) oder zum Fußballtraining zu fahren. Erziehung und Förderung des Nachwuchses verlangen Vätern und Müttern also viel ab.

finanzielle Belastung

Nicht zuletzt können Kinder auch in finanzieller Hinsicht eine Belastung darstellen. Auch wenn Familien mit Kindern staatliche Unterstützung bekommen und in manchen Bereichen entlastet werden, gehen mit der Versorgung eines Kindes oder mehrerer Kinder zahlreiche Ausgaben einher. Kosten fallen nicht nur für die Verpflegung, die Förderung und die materiellen Bedürfnisse der Kinder an – angefangen vom Kinderzimmer über Schulmaterialien bis hin zu Anschaffungen für Hobbys. Es ist auch daran zu denken, dass mit Kindern mehr Wohnraum benötigt wird. Viele Familien stellt das vor finanzielle Herausforderungen. Die Folge ist, dass Familien teilweise unter schwierigen Bedingungen leben und z. B. unter beengten Wohnverhältnissen leiden. Dieses Problem hat sich während der pandemiebedingten Lockdown-Phasen durch Homeoffice und Homeschooling häufig verschärft (vgl. Z. 12 f.).

Überleitung

In Übereinstimmung mit Eberhardt sollte jedoch bei all den möglichen Belastungen nicht übersehen werden, wie bereichernd Kinder für Eltern sein können.

Kinder als Bereicherung:

Freude an der familiären Gemeinschaft

Innerhalb der Familie kann auf besondere Art und Weise Freude und Gemeinschaft erlebt werden. Mit Kindern wird es nie langweilig. So kann z. B. das gemeinsame Abendessen als Gemeinschaftserlebnis gestaltet werden, indem man zusammen gutes Essen genießt und schöne Erlebnisse des Tages teilt. Die engen Familienbande und das vertraute Miteinander tragen dazu bei, dass auch solche Alltagserfahrungen intensiv wahrgenommen werden. Aber auch besondere Unternehmungen – etwa gemeinsame Ausflüge am Wochenende – können viel Spaß und Freude bereiten. Deshalb äußern viele Familien den Wunsch, noch „mehr gemeinsame Zeit“ (Z. 27) füreinander zu haben.

Darüber hinaus kann die Begleitung der Entwicklung von Kindern sehr erfüllend sein. Die Erfahrung, Fortschritte zu beobachten, die ein Kind beispielsweise in der persönlichen Entwicklung macht, wird von vielen Eltern als beglückend erlebt. Kinder lernen oft in kurzer Zeit erstaunlich viel. Die ersten Worte und Schritte, der Aufbau von Freundschaften im Kindergarten, der erste Schultag – an diesen Entwicklungen und Erfahrungen haben Väter und Mütter Anteil und können sich daran erfreuen, wie ihr Kind bzw. ihre Kinder Stück für Stück die Welt entdecken. Bei der Entfaltung der individuellen Fähigkeiten ist es faszinierend, wie Kinder diese mehr und mehr ausprägen – sei es im musikalischen, sportlichen oder künstlerischen Bereich.

Begleiten der kindlichen Entwicklung als erfüllende Erfahrung

Nicht zuletzt sind Kinder oft „Lehrer“ für Erwachsene. Kinder verfügen über wertvolle Fähigkeiten: Sie leben meist ganz in der Gegenwart, können über die Natur staunen und ihre Gefühle häufig besser ausdrücken als Erwachsene. Schon Babys zeigen durch ihr Lachen, wenn sie glücklich sind und sich freuen. Das haben Erwachsene oft verlernt. Auch die Neugierde von Kindern, ihre Begeisterungsfähigkeit und ihr Drang, die Welt zu erkunden, kann für Erwachsene eine Inspiration sein. Die Autorin könnte von ihrem Sohn etwa lernen, Ameisen nicht nur als Ungeziefer, sondern auch als faszinierende Insekten zu betrachten (vgl. Z. 40 f.). So können Erwachsene durch das Verhalten von Kindern dazu angeregt werden, den eigenen, vielleicht in Vergessenheit geratenen Leidenschaften und Interessen mehr Raum zu geben und wieder mehr im Hier und Jetzt zu leben.

kindliche Freude am Entdecken als Inspiration

Schluss

Synthese

Zweifelsohne können Kinder Bereicherung und Belastung zugleich bedeuten. Wichtig scheint mir, sich nicht einseitig auf die Belastungen zu fokussieren und dabei die vielen bereichernden Aspekte zu übersehen. Gerade angesichts der vielen Herausforderungen unserer Zeit stellt das eine Gefahr dar. Gleichzeitig ist es aber auch eine Aufgabe der Politik, für mehr Familienfreundlichkeit und Unterstützung, insbesondere finanziell schwacher und hilfsbedürftiger Familien, zu sorgen.

Thüringen – Besondere Leistungsfeststellung Deutsch 2022
Aufgabe 4: Sachtextanalyse

Harald Martenstein (geb. 1953):
Über die großen Lügner der Weltgeschichte, geschickte und plumpe Schwindeleien und das sinkende Niveau der Lügenkultur

Fast jeder lügt manchmal. Auch ich habe manchmal gelogen. Wenn nun jemand ob dieses Geständnisses empört ist, erlaube ich mir die Frage: Haben Sie etwa in Ihrem Leben immer die Wahrheit gesagt? Wer diese Frage bejaht, ist sofort als ein viel schlimmerer Lügner enttarnt, als ich es bin, als ein Lügner, der obendrein scheinheilig ist.

Fürs Lügen gibt es viele Motive, darunter ehrenwerte, zum Beispiel jemanden schonen zu wollen, nicht selten sich selbst. Auch Menschen, die hin und wieder lügen, verurteilen allerdings in der Regel das Lügen als solches, sozusagen im Grundsatz. Sie selber, so denken sie, möchten nicht gern angelogen werden.

Aber da irren sie sich. Wenn ihnen jemand sagt, dass sie kein bisschen älter aussehen als vor zehn Jahren, ändern sie nämlich sofort ihre Grundsätze. Dazu fällt mir ein Zitat Otto von Bismarcks ein: „Wenn man sagt, dass man einer Sache grundsätzlich zustimmt, so bedeutet es, dass man nicht die geringste Absicht hat, sie in der Praxis durchzuführen."

Bismarck war ein geschickter Lügner. Er fälschte die sogenannte Emser Depesche, um den deutschen Kaiser in einen Krieg gegen Frankreich zu treiben. Sein Ziel, die deutsche Einheit, war seiner Ansicht nach anders nicht zu erreichen. Eine solche Abwägung nehmen die meisten Lügner vor. Die meisten Leute lügen also nicht gewohnheitsmäßig. Sie lügen nur, wenn sie glauben, ein höheres Ziel sei die Lüge wert. Als „höheres Ziel" gilt unter anderem das eigene Wohlbefinden. Ein bisschen Eigenliebe darf der Mensch ruhig besitzen, die Psychologen raten dazu.

Ich beurteile Lügner also milde, zumindest prüfe ich vor einem Urteil das Motiv des Lügenden. Aber ich verlange, mit Niveau angelogen zu werden, ob mit gutem Motiv oder ohne.

Um das Niveau der Lüge steht es schlecht. Als Walter Ulbricht[1] kurz vor dem Mauerbau sagte: „Niemand hat die Absicht, eine Mauer zu errichten", konnte man ihm seine Lüge in diesem Moment immerhin schwer nachweisen. Als Donald Trump sagte, wegen seiner Corona-Politik seien mindestens zwei Millionen Menschen weniger gestorben, war die Lüge sofort durchschaubar. Das Unbegreifliche an Trump oder Putin oder Erdogan ist für mich nicht, dass sie lügen, sondern dass ihre Lügen häufig so leicht durchschaubar sind. Bismarck wäre das nicht passiert. 2015 hieß es während der Flüchtlingskrise vielerorts, Grenzen könnten sowieso nicht geschlossen werden. Auch da war ich nicht wegen der Lüge beleidigt, sondern wegen ihrer Plumpheit. Als Corona kam, ging's dann sofort. Wer mich anlügt, soll sich gefälligst Mühe geben.

Eine Tatsache ist das, was alle, womöglich irrtümlich, für wahr halten. Diese Erkenntnis verdanke ich Wilhelm von Humboldt, sie ist, etwas umständlicher formuliert, das Motto des Buches *Die größten Lügen der Geschichte*[2]. Julius Cäsar, Mohammed, Martin Luther, Napoleon, alle haben sie manchmal gelogen. Eine Lüge, die etwas Gutem dient, nannte das Schlitzohr Luther sogar eine „Liebespflicht". Nach der ersten der beiden Corona-Großdemos in Berlin sagten die Veranstalter, es hätten mehr als eine Million Menschen teilgenommen, die Polizei sprach anfangs von 20.000 und korrigierte sich immerhin später. Beide Zahlen waren für jeden, der sich den Aufzug im Netz angeschaut hat, sofort als absurd zu durchschauen. Für wen halten die uns? Ich habe Bücher gelesen, ich war auf dem Gymnasium, ich fordere eine Lügenkultur, die meinem Bildungslevel entspricht. Eine Lüge, die nicht mindestens so schwer zu knacken ist wie ein Sudoku, erfüllt den Tatbestand der Beleidigung.

Martenstein, Harald: Über die großen Lügner der Weltgeschichte, geschickte und plumpe Schwindeleien und das sinkende Niveau der Lügenkultur. In: ZEIT-Magazin, 24. 09. 2020, S. 11.

1 Walter Ulbricht (1893–1973): ehemaliger Staatsratsvorsitzender der DDR
2 Fabian, Frank: Die größten Lügen der Geschichte. Wie „historische Wahrheiten" gefälscht wurden. Bassermann Verlag, München 2009.

Arbeitsauftrag

Analysieren Sie den Text.

Lösungsvorschlag

Die vorliegende Aufgabenstellung verlangt von Ihnen eine Analyse des Textes von Harald Martenstein. Eine gründliche Vorarbeit hilft Ihnen, Ihrer Ausarbeitung eine sinnvolle Struktur zu verleihen. Lesen Sie den Text zunächst im Ganzen durch, um die ***Gesamtaussage*** *zu erfassen. In weiteren Lesedurchgängen* ***markieren Sie Schlüsselwörter und Stilmittel****, am besten in unterschiedlichen Farben.* ***Notizen*** *am Rand des Textes, zum Beispiel zu* ***Kernaussagen*** *und zur* ***Argumentationsstruktur****, dienen Ihnen als Gedankenstütze für Ihre Ausführungen.*
In der ***Einleitung*** *Ihres Aufsatzes nennen Sie* ***Textsorte, Titel, Autor*** *sowie* ***Erscheinungsort*** *und* ***-datum*** *des Textes. Außerdem geben Sie knapp das* ***Thema*** *von Martensteins Kommentar wieder.*
Im ***Hauptteil*** *Ihrer Analyse haben Sie* ***zwei Möglichkeiten:*** *Entweder Sie schreiben (wie in diesem Lösungsvorschlag) erst eine* ***knappe Inhaltszusammenfassung*** *in eigenen Worten und analysieren anschließend die* ***Argumentationsstruktur*** *sowie die* ***sprachliche Gestaltung*** *des Textes. Oder Sie* ***verflechten alle drei Teilbereiche*** *miteinander und folgen dabei Abschnitt für Abschnitt der Chronologie des Textes. Geben Sie Aussagen des Autors in jedem Fall in* ***indirekter Rede*** *wieder. Ihre Beobachtungen zur Argumentationsweise und zu sprachlichen Mitteln sollten Sie* ***mit Textbelegen*** *stützen und ihre Funktion bzw.* ***Wirkung erläutern****. Aus Ihren Ergebnissen muss die* ***Aussageabsicht*** *des Textes deutlich werden.*
Im ***Schlussteil*** *Ihres Aufsatzes fassen Sie das* ***Resultat*** *Ihrer Analyse zusammen. Außerdem dürfen Sie an dieser Stelle Ihre* ***eigene Meinung*** *zum Text äußern.*

Einleitung

Textsorte, Titel, Erscheinungsdatum und -ort, Autor, Thema

In seinem Kommentar „Über die großen Lügner der Weltgeschichte, geschickte und plumpe Schwindeleien und das sinkende Niveau der Lügenkultur", der am 24. 09. 2020 im „ZEIT-Magazin" erschienen ist, äußert sich Harald Martenstein zum Thema Lügen. Seiner Ansicht nach ist es grundsätzlich in Ordnung, die Unwahrheit zu sagen. Allerdings sollten falsche Behauptungen schwer zu durchschauen sein, um keine Beleidigung für den Empfänger darzustellen. Dieses „niveauvolle Lügen" vermisst der Autor in der heutigen Gesellschaft zunehmend.

Hauptteil

Zusammenfassung des Inhalts

Harald Martenstein beginnt seinen Kommentar mit der Feststellung, nahezu jeder würde gelegentlich lügen. Dafür gebe es viele Gründe, die zum Teil durchaus moralisch vertretbar seien. Allerdings verurteilten viele Menschen Lügen pauschal, weil sie überzeugt davon seien, sie selbst würden von anderen stets die Wahrheit hören wollen. Letzteres entlarvt der Autor anhand von Komplimenten, die man zwar gern hört, die aber nicht immer der Wahrheit entsprechen, als Irrtum. Anschließend leitet der Autor mit einem Lob für die gekonnten Lügen Bismarcks zu dem Abwägungsprozess über, den die meisten Menschen durchliefen, bevor sie die Unwahrheit sagen. Die Erreichung höherer Ziele, darunter die Wahrung des eigenen Wohlbefindens, gelte in den Augen vieler als Legitimation für gelegentliches Schwindeln. Der Autor betont, grundsätzlich Verständnis für Lügner zu haben, fordert allerdings, niveauvoll angelogen zu werden. Anhand von Falschaussagen zweier Politiker zeigt er das seiner Meinung nach gesunkene Niveau auf: Während man dem DDR-Staatsratsvorsitzenden Ulbricht seine Lüge bezüglich des geplanten Mauerbaus zum damaligen Zeitpunkt kaum hätte nachweisen können, sei die Tatsachenverschleierung des US-Präsidenten Trump hinsichtlich der Auswirkungen seiner Corona-Politik offenkundig gewesen. Martenstein äußert sein Unverständnis über die leicht durchschaubaren Lügen in der Politik von heute. Seine Ansicht bekräftigt er durch das Beispiel der Grenzschließungen, die während der Flüchtlingskrise angeblich nicht möglich gewesen seien, sich aber während der Pandemie problemlos realisieren ließen. Anschließend zitiert der Autor eine Aussage Wilhelm von Humboldts, der zufolge Tatsachen jene Sachverhalte seien, die alle für wahr hielten, auch wenn diese kollektiven Annahmen ein Irrtum seien. Im Folgenden betont Martenstein die Üblichkeit des Schwindelns bei historischen Persönlichkeiten. Durch das Beispiel widersprüchlicher Angaben zu Teilnehmerzahlen bei Corona-Demonstrationen zeigt er abermals die leichte Durchschaubarkeit heutiger Lügen auf. Abschließend fordert er, nur auf schwer aufzudeckende Weise angelogen zu werden, da er sich ansonsten in seinem Intellekt beleidigt fühle.

Analyse von Inhalt und Sprache

1. Abschnitt: Allgegenwärtigkeit von Lügen

– abschwächende Wörter → Widerspruch vorbeugen

Bereits im Titel seines Kommentars gibt Martenstein seine grundsätzliche Akzeptanz von Lügen zu erkennen, indem er vom „Niveau der Lügenkultur“ (Überschrift) spricht, wodurch er der Schwindelei den Anschein einer bewahrungswerten Errungenschaft verleiht. Den Haupttext beginnt er mit einer im Grunde starken These („jeder lügt“, Z. 1), die er allerdings durch die Wörter „[f]ast“ und „manchmal“ (Z. 1) erheblich abschwächt. Diese vorsichtige Formulierung macht die Aussage unwiderlegbar, denn sie lässt Ausnahmen zu. Somit wahrt der Autor die Glaubwürdigkeit seines Kommentars. Im folgenden Satz gibt er zu, selbst gelegentlich zu lügen (vgl. Z. 1). Dieses Geständnis nimmt der Leserschaft die Scheu, sich eigene Schwindeleien einzugestehen und der einleitenden These zuzustimmen. Für den

Fall, dass dieser Kniff seine Wirkung verfehlt, wendet sich Martenstein anschließend mit einer direkten Frage an die Lesenden („immer die Wahrheit gesagt?“, Z. 3). Wer daraufhin immer noch der Meinung ist, niemals gelogen zu haben, wird vom Autor aus diesem Grund der Lüge bezichtigt (vgl. Z. 3 ff.). Im einleitenden Absatz hält er der Leserschaft somit in einem imaginären Zwiegespräch den Spiegel vor und verfolgt damit das Ziel, den Wahrheitsgehalt seiner eingangs formulierten These aufzuzeigen.

Zwiegespräch mit Leserschaft

Im Folgenden rechtfertigt Martenstein das Lügen, indem er viele Gründe dafür als „ehrenwer[t]“ (Z. 6) bezeichnet. Anschließend weist er auf die ablehnende Haltung der meisten Menschen bezüglich des Schwindelns hin (vgl. Z. 7 ff.). Damit scheint er seiner vorherigen Aussage selbst zu widersprechen.

2. Abschnitt: Rechtfertigung des Lügens

Der nächste Absatz zeigt allerdings, dass der Autor nur deshalb auf diese negative Sichtweise eingeht, um der Leserschaft abermals eindrücklich die Inkonsequenz ihres eigenen Verhaltens aufzuzeigen. Anhand des Beispiels von unzutreffenden Komplimenten, die dennoch stets gerne angenommen werden, veranschaulicht er, dass auch die grundsätzliche Verurteilung von Unwahrheiten im Grunde eine Lüge ist (vgl. Z. 10 f.). Durch ein Zitat Otto von Bismarcks, eine bedeutende historische Persönlichkeit, hebt der Autor hervor, dass es gängige Praxis sei, den eigenen Grundsätzen zuwiderzuhandeln (vgl. Z. 12 ff.).

3. Abschnitt: Widerlegung negativer Ansichten bezüglich des Lügens

– Beispiel Komplimente

– Bismarck-Zitat

Anhand des als „geschickte[n] Lügner“ (Z. 15) bezeichneten Bismarcks zeigt Martenstein auf, wie eine Lüge als Mittel zur Erreichung eines Ziels eingesetzt werden kann. Von diesem konkreten Einzelfall geht der Autor zu der generellen Aussage über, dass die meisten Menschen stets abwägen würden, ob es gerechtfertigt ist, die Unwahrheit zu sagen. Durch die Formulierung, „ein höheres Ziel sei die Lüge wert“ (Z. 19 f.), erweckt der Autor den Eindruck, damit uneigennützige Absichten zu meinen. Diese möglicherweise bei den Lesenden entstehende Vorstellung korrigiert er im nächsten Satz, indem er darauf hinweist, dass auch persönliche Motive als gute Gründe für Lügen gelten könnten. Seiner Aussage, es sei in Ordnung, an das eigene Wohlbefinden zu denken, verleiht er mithilfe einer Expertenmeinung („die Psychologen raten dazu“, Z. 21) Glaubwürdigkeit. Die positive Wortwahl „Eigenliebe“ (Z. 21) verleitet dazu, der Ansicht des Autors zuzustimmen, anders als es beispielsweise der negativ besetzte Begriff „Egoismus“ tun würde.

4. Abschnitt: gerechtfertigte Gründe für Lügen

– Verallgemeinerung des Beispiels

– Expertenmeinung → Glaubwürdigkeit

In einem knappen Zwischenfazit stellt der Autor nochmals seine grundsätzliche Akzeptanz des Lügens heraus. Mit der Einschränkung, er wolle anspruchsvoll angelogen werden, ändert er die thematische Ausrichtung des Kommentars weg von der Rechtfertigung des Schwindelns hin zum Niveau der Lügenkultur (vgl. Z. 22 ff.).

5. Abschnitt: Zwischenfazit und Überleitung

Die zu Beginn des sechsten Absatzes formulierte neue These, es stehe schlecht „[u]m das Niveau der Lüge“ (Z. 25), leitet den zweiten Teil des Kommentars ein. Als Beleg für seine Beobachtung führt Martenstein zwei politische Beispiele aus der ferneren und jüngeren Vergangenheit an. Diese sollen aufzeigen, dass die Lügen von Politikern heutzutage leichter zu durchschauen seien als früher (vgl. Z. 25–29). Mithilfe einer Aufzählung umstrittener internationaler Politiker, die zum Zeitpunkt des Erscheinens seines Kommentars an der Macht waren, drückt der Autor abermals sein Unverständnis angesichts der unglaubwürdigen Schwindeleien aus (vgl. Z. 29 ff.). Durch einen Verweis auf das höhere Lügenniveau bei Bismarck stellt Martenstein einen Bezug zum ersten Teil seines Textes her (vgl. Z. 31 bzw. Z. 15 ff.). Mittels eines weiteren Beispiels aus der Politik, bei dem sich eine Aussage wenige Jahre später als unwahr erwiesen hat, bekräftigt er nochmals die Durchschaubarkeit falscher Behauptungen in der heutigen Zeit (vgl. Z. 32 ff.). Die Apokope „ging's“ (Z. 34) und das umgangssprachliche „gefälligst“ (Z. 35) verleihen seiner Forderung nach sorgfältig durchdachten Lügen einen saloppen Ton.

6. Abschnitt: gesunkenes Niveau von Lügen

– Beispiele → Stützung der These

– Rückbezug → Bekräftigung

– Umgangssprache → salopper Ton

Im letzten Absatz seines Kommentars sichert sich Martenstein die Aufmerksamkeit seiner Leserschaft durch die Wiedergabe einer paradox anmutenden Aussage Wilhelm von Humboldts (vgl. Z. 36 f.). Die Nennung eines Buches zum Thema Lügen historischer Persönlichkeiten sowie eine Aufzählung entsprechender Namen unterstreichen nochmals die vom Autor behauptete Allgegenwärtigkeit des Lügens (vgl. Z. 38 f.). Seine wohlwollende Sichtweise zeigt sich zudem durch die anerkennende Bezeichnung Luthers, der gerne für die gute Sache gelogen habe, als „Schlitzohr“ (Z. 40). Von diesem historischen Exkurs schlägt Martenstein den Bogen zu einem aktuellen Beispiel für leicht zu entlarvende Lügen. Die problemlos widerlegbaren Behauptungen hinsichtlich der Teilnehmerzahl bei Corona-Demonstrationen kanzelt der Autor als „absurd“ (Z. 44) ab. Seinem Unmut macht er zudem durch die rhetorische Frage „Für wen halten die

7. Abschnitt: beleidigende Wirkung niveauloser Lügen

– historische Argumentation

– rhetorische Frage → Infragestellungen der heutigen Lügenkultur

uns?“ (Z. 45) Luft. Die anschließende Aufzählung „Ich habe Bücher gelesen, ich war auf dem Gymnasium, ich fordere eine Lügenkultur, die meinem Bildungslevel entspricht“ (Z. 45 f.) erweckt den Anschein, als sei seine Forderung ein Anrecht, das sich zwingend aus den beiden erstgenannten Punkten ergebe. Durch den Vergleich einer niveauvollen Lüge mit einem Sudoku (vgl. Z. 47) veranschaulicht Martenstein auf ironische Weise den Anspruch, den er an Schwindeleien stellt. Schlechte Lügen würden dagegen „den Tatbestand der Beleidigung [erfüllen]“ (Z. 48), so der Autor im Schlusssatz. Durch den juristischen Ausdruck verleiht er seiner Forderung nach glaubwürdig präsentierten Unwahrheiten Nachdruck.

– Wiederholung der Kernforderung

– ironischer Vergleich

– juristische Formulierung → scheinbar legitime Forderung

Zusammenfassend lässt sich festhalten, dass es Harald Martensteins Intention ist, die Leserschaft zum einen zur grundsätzlichen Akzeptanz des Lügens anzuregen und zum anderen die in seinen Augen negative Entwicklung hinsichtlich des Niveaus von Schwindeleien aufzuzeigen. Durch ein imaginäres Zwiegespräch mit der Leserschaft sowie die Wiedergabe eines Bismarck-Zitats und einer Expertenmeinung versucht der Autor, die Leserinnen und Leser seines Kommentars von der Rechtmäßigkeit des Lügens, auch in ihrem eigenen Leben, zu überzeugen. Anhand zahlreicher Beispiele, hauptsächlich aus der Politik, möchte Martenstein anschließend aufzeigen, wie leicht durchschaubar Lügen seiner Ansicht nach in den letzten Jahrzehnten geworden sind, um im gleichen Atemzug eine Korrektur dieser Entwicklung zu fordern.

Schluss

Zusammenfassung der Hauptintentionen des Autors

Fraglich erscheint allerdings, ob die Entwicklung hin zu leicht widerlegbaren Lügen im politischen Bereich tatsächlich so negativ zu werten ist, wie Martenstein behauptet. Eine Schwindelei, die so geschickt ist, dass kaum jemand sie durchschaut, kann immensen Schaden anrichten. Ein charismatischer Lügner könnte beispielsweise aus persönlichem Machtstreben einen Krieg anzetteln und der Bevölkerung nachvollziehbare Motive dafür vorgaukeln. Was gute Gründe für eine Lüge sind, liegt schließlich im Auge des Betrachters. So gesehen sollten durchschaubare Schwindeleien begrüßt werden, schließlich ist das Gefahrenpotenzial weitaus geringer, wenn die meisten Menschen die Unwahrheit als solche erkennen.

persönliche Wertung

Thüringen – Besondere Leistungsfeststellung Deutsch 2023
Aufgaben 1 bis 4

Um Ihnen die Lösung zur Prüfung 2023 schnellstmöglich zur Verfügung stellen zu können, bringen wir sie in digitaler Form heraus.

Sobald die Original-Prüfungsaufgaben 2023 freigegeben sind, können die dazugehörigen Lösungen als PDF auf der Plattform **MyStark** heruntergeladen werden (Zugangscode vgl. Umschlaginnenseite vorne im Buch).

Aktuelle Prüfung

www.stark-verlag.de/mystark